Ansgar Beckermann
Glaube

Grundthemen Philosophie

Herausgegeben von
Dieter Birnbacher
Pirmin Stekeler-Weithofer
Holm Tetens

Ansgar Beckermann

Glaube

DE GRUYTER

ISBN 978-3-11-027985-6
e-ISBN 978-3-11-030879-2

Library of Congress Cataloging-in-Publication Data
A CIP catalog record for this book has been applied for at the Library of Congress.

Bibliografische Information der Deutschen Nationalbibliothek
Die Deutsche Nationalbibliothek verzeichnet diese Publikation in der Deutschen Nationalbibliografie; detaillierte bibliografische Daten sind im Internet über http://dnb.d-nb.de abrufbar.

© 2013 Walter de Gruyter GmbH & Co. KG, Berlin/Boston
Satz: fidus Publikations-Service GmbH, Nördlingen
Druck und Bindung: Hubert & Co. GmbH & Co. KG, Göttingen
Printed on acid-free paper
Printed in Germany

www.degruyter.com

Für Demokrit, Epikur und besonders Lukrez
mit seinem wunderbaren Lehrgedicht *De rerum natura*

Inhalt

1. Einleitung —— 1

2. Wovon dürfen wir überzeugt sein? —— 9
2.1 Religiöse Überzeugungen —— 9
2.2 Vernunft und Glaube —— 16
2.3 Gründe —— 18
2.4 Clifford und James —— 19
2.5 Epistemische und nicht-epistemische Gründe —— 26

3. Empirische Belege für die Existenz des Übernatürlichen —— 39
3.1 Kann das Eingreifen übernatürlicher Kräfte empirisch nachgewiesen werden? —— 40
3.2 Hilft Beten? —— 43
3.3 Gibt es Belege für das Eingreifen übernatürlicher Kräfte? —— 47

4. Ontologische Argumente für die Existenz Gottes —— 51
4.1 Argumente —— 51
4.2 Anselms Gottesbeweis —— 52
4.3 Kants Kritik am ontologischen Gottesbeweis und Freges Begriff der Existenz —— 57
4.4 Modallogische Versionen des ontologischen Gottesbeweises —— 62

5. Kosmologische Argumente für die Existenz Gottes —— 67
5.1 Die fünf Wege des Thomas von Aquin —— 67
5.2 Leibniz' Version des kosmologischen Arguments —— 73
5.3 Das Prinzip vom zureichenden Grund —— 76

6. Teleologische Argumente für die Existenz Gottes —— 85
6.1 Die Grundstruktur teleologischer Argumente —— 85
6.2 Humes Kritik an teleologischen Argumenten für die Existenz Gottes —— 87
6.3 Darwin —— 90
6.4 Intelligent Design —— 97
6.5 Fine Tuning —— 104
6.6 Gott und die Evolution —— 105

7.   Das Problem des Übels —— 109
7.1   Versionen des Problems des Übels —— 109
7.2   Das evidentielle Problem des Übels —— 112
7.3   Theodizeeversuche —— 116
7.4   Das logische Problem des Übels —— 128
7.5   Analoge Begriffsverwendung und negative Theologie —— 132

8.   Religiöse Erfahrungen —— 137
8.1   Sinnliche Wahrnehmung —— 137
8.2   Religiöse Wahrnehmung —— 142
8.3   Reformierte Erkenntnistheorie —— 147

9.   Nachwort: Ohne Glauben leben —— 151

Anmerkungen —— 161

Literatur —— 171

Personenregister —— 177

Sachregister —— 181

1. Einleitung

Bertrand Russell, ein dezidierter Atheist, wurde anlässlich eines Dinners der *Voltaire Society*, deren Schirmherr er war, von jungen Studenten gefragt: Angenommen, Sie haben in Hinblick auf die Existenz Gottes Unrecht und die ganze Geschichte ist doch wahr. Sie kommen an die Himmelspforte, wo der heilige Petrus auf Sie wartet. Was würden Sie Gott sagen – Sie, der sein ganzes Leben die Existenz Gottes geleugnet hat? Russell antwortete ohne zu zögern: „Well, I would go up to Him, and I would say, ‚You didn't give us enough evidence!'".[1] Für Russell ist also entscheidend, welche *Belege*, welche *epistemischen Gründe* es gibt, die für und die gegen die Existenz Gottes sprechen. Gibt es Tatsachen, die eindeutig für die Existenz eines christlich verstandenen Gottes sprechen? Oder überwiegen die Tatsachen, die eher die Annahme stützen, dass es diesen Gott nicht gibt? Es geht um religiöse Überzeugungen und darum, was für und was gegen diese Überzeugungen spricht.

Russell hat Recht. Wer immer einer Religion anhängt, kann der Frage nicht ausweichen, welche Gründe für die Überzeugungen sprechen, die für diese Religion konstitutiv sind. Es gibt keine Religion, die nicht mit bestimmten Überzeugungen einher geht, die jeder Anhänger dieser Religion teilt.[2] Und wenn es um Überzeugungen geht, geht es immer auch um Gründe. Welche Gründe sprechen für die Wahrheit dieser Überzeugungen, welche dagegen? Gibt es überhaupt Gründe, die sich für oder gegen religiöse Überzeugungen anführen lassen?

In den letzten Jahren ist – besonders in der deutschsprachigen Diskussion – diese entscheidende Frage allerdings mehr und mehr in den Hintergrund getreten. Man könnte sagen, dass die Frage, welche Gründe für die Wahrheit religiöser Überzeugungen sprechen, aus der Mode gekommen ist. So schrieb etwa Mathias Schreiber im April 2007 im Magazin *Der Spiegel* in einem Artikel zum Osterfest:

> [Bei Spaemann] begegnet der verblüffte Leser einem alten Bekannten, der längst vom Zweifel der Moderne zermalmt schien: einem Gott, der den Tod besiegt. Spaemann [...] bekennt sich ohne dialektische Verrenkungen zu der Überzeugung, „dass das Grab leer war", ebenso zu dem Glauben, dass auch die naturwissenschaftlich erkaltete Welt als „Wirkung eines kontinuierlichen Aktes göttlicher Freiheit" gedacht werden könne; dass es „eine Auferstehung der Toten gibt"; und dass das endliche Subjekt Unendlichkeit ahnt, indem es „sich selbst erfährt als ein solches, das nicht nur weiß, sondern das gewusst wird". *Bei alldem geht es nicht nur um Beweise und Gegenbeweise.* Wie sich einer entscheidet, hängt auch davon ab, was für ein Charakter er ist. Des Menschen bester Freund ist noch immer einer, der die Unsterblichkeit der Seele für möglich hält. (Schreiber 2007, 134 – meine Hervorh.)

Doch die Frage ist nicht, wovon es abhängt, ob jemand an Gott glaubt, sondern wovon es abhängen *sollte*. Und hier sollten „Beweise und Gegenbeweise" – oder besser: Argumente und Gegenargumente – in der Tat eine entscheidende Rolle spielen. Wenn Spaemann glaubt, dass Jesus wirklich von den Toten auferstanden ist, darf man fragen, was für und was gegen diese Überzeugung spricht. Und dieser Frage könnte Spaemann nicht mit der Bemerkung ausweichen, entscheidend sei allein, was für einen Charakter er habe und mit welchem Glauben er sich wohl fühle. Und: Selbst wenn es wahr wäre, dass des „Menschen bester Freund […] noch immer einer [ist], der die Unsterblichkeit der Seele für möglich hält", würde das dafür sprechen, dass wir tatsächlich eine unsterbliche Seele besitzen? Dass eine Überzeugung nützlich oder hilfreich ist, spricht nicht *per se* für ihre Wahrheit.

Nur einen Monat später schrieb Alexander Smoltczyk am Ende eines Artikels über die Religionskritiker Onfray, Odifreddi und Dawkins:

> Der Glaube wird nicht aussterben, jedenfalls nicht, solange wir noch Angst vor dem Sterben haben und vor dem Dunkel und vor dem Unbekannten und voreinander. Nichts spricht gegen die tiefe Gewissheit, dass alle Erfahrung und Wissen nicht der Weisheit letzter Schluss sind. Alles Weitere ist Privatsache. (Smoltcyk 2007, 69)

Psychologisch gesehen mag diese Bemerkung richtig sein. Und es mag auch sein, dass „alle Erfahrung und Wissen nicht der Weisheit letzter Schluss sind". Aber bedeutet das wirklich, dass Religion in dem Sinne Privatsache ist, dass man über dieses Thema nicht rational diskutieren kann? Bedeutet das, dass man nicht nach den Gründen fragen darf, die für und die gegen religiöse Überzeugungen sprechen? Bedeutet das, dass diese Gründe letzten Endes irrelevant sind?

Nicht nur in der allgemeinen Presse, auch in fachspezifischen Veröffentlichungen findet die Frage nach den Gründen für religiöse Überzeugungen immer weniger Gehör. Ich will das an zwei weiteren Beispielen belegen – Richard Schröders Buch *Abschaffung des Glaubens? Wissenschaftlicher Fanatismus und die Folgen* und Michael Pawliks Rezension des Buches *Die Frage nach Gott* von Norbert Hoerster.

Schröders Buch ist eine polemische Antwort auf die polemische Provokation Richard Dawkins' (2007). Daran ist nichts auszusetzen. Schröder macht gegen Dawkins geltend, dass nicht alle Übel und Verbrechen dieser Welt der Religion angelastet werden können. Vor dem Hintergrund seiner eigenen Erfahrung mit dem real existierenden Sozialismus führt er all die Grausamkeiten und Verbrechen ins Feld, die atheistische Ideologien wie der Kommunismus zu verantworten haben. Und damit hat er sicher Recht. Zweitens kritisiert Schröder, dass Dawkins' vollkommen auf die Naturwissenschaften fixiert sei und damit den ganzen Bereich der Kultur ausblende. Menschen haben zu ihrer Kultur ein Verhältnis. Kultur beruhe geradezu darauf, dass Menschen zu sich und ihrer Welt ein – mit den anderen Mitgliedern dieser Kultur geteiltes – Verhältnis haben (Schröder 2008, 33).

> [Es ist] eine Binsenweisheit, dass Kinder zunächst die Sitten, Gewohnheiten und Überzeugungen, zuerst aber die Sprache ihrer Eltern und Umgebung übernehmen. In Wahrheit aber wird alles Kulturelle – Sprache, Religion, Kunst, Technik, Recht, Wissenschaft inbegriffen – gelernt und nicht vererbt. Überlieferungsprozesse vollziehen sich zwar auch durch Nachahmung, im Wesentlichen aber im Medium der Sprache. Da wird erzählt und besprochen, gefragt und zurückgefragt. Das ewige Warum der Kinder im entsprechenden Alter wird ja manchen Erwachsenen sogar zu viel. Ruhe geben sie erst, wenn sie das Vermittelte, Angebotene, Wahrgenommene irgendwie, zunächst auf kindliche Weise, verstanden haben, und das heißt sich in ihm und mit ihm zurechtfinden. Das Medium der Sprache eröffnet eine eigentümliche Distanz, die es erlaubt, von Aneignung oder Erwerb zu sprechen. (ebd., 35)

Kultürliche Phänomene lassen sich, so Schröder weiter, nicht mit naturwissenschaftlichen Methoden ergründen. Nehmen wir etwa das Phänomen der Verantwortung: „Was Verantwortung ist, erfahren wir, indem wir sie praktizieren und andere praktizieren sehen. [...] Lebensweltliche Erfahrungen und naturwissenschaftliche experimentelle Erfahrungen sind also zwei Paar Schuhe [...]" (ebd., 52f.).

> Verstehen wir Wissenschaft in der alten Bedeutung des Wortes als Gesamtheit des Wissens, müssen wir sagen: Es gibt verschiedene Wissenschaften, die sich nicht zu einer Einheitswissenschaft vereinigen lassen. Verstehen wir unter Wissenschaft, wie heute zumeist üblich, lediglich dasjenige Wissen, das durch messende Verfahren erworben wird, müssen wir sagen: Neben dem wissenschaftlichen Wissen gibt es noch andere Weisen des Wissens, die für uns sogar gewichtiger sind. Dazu gehört an erster Stelle unser gelebtes Selbstverständnis mitsamt unseren lebensweltlichen Erfahrungen und lebensleitenden Überzeugungen. Auf diesem Feld praktizieren wir unsere Antworten auf die Frage: „Wer sind wir?" oder eben: „Was ist der Mensch", auch wenn wir diese von uns praktizierten Antworten schlecht oder gar nicht in Worte fassen können. Und in diesem Felde geben Religionen und nichtreligiöse Weltanschauungen ihre Antworten. (ebd., 56f.)

Ich glaube, dass diese Überlegungen von einem unzutreffenden Verständnis dessen ausgehen, was Wissenschaft ausmacht.[3] Schröder übersieht, dass wissenschaftliches Wissen immer auf Gründen beruht. Er, so scheint mir, möchte insbesondere Religionen von diesem Begründungszwang ausnehmen. Deshalb spricht er von lebensweltlichen Erfahrungen und lebensleitenden Überzeugungen oder Lebensorientierungen, wobei er den Eindruck vermittelt, dass wir solche Lebensorientierungen beim Hineinwachsen in eine Kultur ohne Begründung einfach annehmen – so wie wir die Sprache dieser Kultur annehmen oder grundlegende Normen und Gebräuche oder simple Regeln wie die, dass man auf der Straße rechts fährt.

Damit wird jedoch ein zentraler Punkt ausgeblendet. Mit dem Hineinwachsen in eine Kultur übernehmen wir in der Regel auch ein Weltbild. Und ein solches Weltbild enthält nicht nur Orientierungen, sondern auch eine Menge von Überzeugungen, die wahr oder falsch sein können. Antike Menschen etwa wuchsen in Kulturen auf, in denen es weitgehend selbstverständlich war, die Erde für eine Scheibe zu halten und zu glauben, dass sich die anderen Himmelskörper um die Erde drehen (das entspricht ja auch dem Augenschein), in denen es selbstverständlich war, an die Existenz einer Vielzahl von Göttern zu glauben, und in denen die Überzeugung selbstverständlich war, dass es Herren und Sklaven gibt. Aber nichts davon ist wirklich selbstverständlich; alle diese Überzeugungen werden heute mit guten Gründen als falsch angesehen.

Auch Schröder geht davon aus, dass zu jeder Religion der „Bezug auf übermenschliche Macht, Unbedingtes, Heiliges oder Tranzendentes" gehört (ebd., 87). Aber auch die Überzeugung, dass es übermenschliche Mächte, Heiliges oder Transzendentes gibt, ist nicht selbstverständlich – auch wenn sie manchen religiösen Menschen so erscheinen mag. Sie bedarf also einer Begründung oder zumindest einer kritischen Prüfung. Es gehört zur intellektuellen Redlichkeit, Fragen nach den Gründen für und wider nicht auszuweichen. Doch darauf will sich Schröder nicht einlassen. Er lehnt Dawkins' naturalistische Weltsicht unter anderem ab, weil er sich mit ihr nicht wohl fühlt.

> Ich bleibe lieber Christ. [...] Ich möchte lieber in Frieden mit meinem Schöpfer leben, als mich gegen meine Schöpfer auflehnen zu müssen. Ich möchte lieber einen Körper haben (und ein Verhältnis zu ihm: sei nett zu ihm, aber lass ihn nicht diktieren) als bloß ein Körper zu sein. Ich möchte mich lieber meines Lebens als eines Geschenkes freuen und Gott überlassen, was aus mir wird, wenn ich sterbe, als nach Unsterblichkeit zu jagen. (ebd., 148)

Die Frage nach den Gründen für und wider seinen Glauben an Gott lehnt er rundweg ab.

> Mich selbst möchte ich dann Gott anvertrauen. „Den musst du mir erst mal beweisen!" *Mir* muss ich ihn nicht beweisen. Ich lebe mit ihm und bin dabei bisher nicht enttäuscht worden. Es entlastet mich, es hebt geradezu meine Lebensqualität, dass ich nicht um Unsterblichkeit kämpfen muss. (ebd., 149)

Das ist nicht ungeschickt formuliert. Aber es geht gar nicht um Beweise. Es geht um die Frage, ob es den Gott, an den Schröder so gern glauben möchte, tatsächlich gibt. Und das heißt, es geht um die Frage, ob es wirklich gute Gründe für die Existenz dieses Gottes gibt oder ob nicht die uns zugänglichen Tatsachen eher gegen seine Existenz sprechen. Es sind diese Fragen, die Schröder gar nicht erst zulassen möchte. Die Frage, welche Gründe für oder gegen die mit einer Religion verbundenen Annahmen sprechen, sind für ihn irrelevant – solange er sich mit seiner Religion wohl fühlt, solange sie ihm Halt und Orientierung gibt, solange er durch seine Religion entlastet wird.

In diesem Punkt unterscheidet sich Schröder deutlich von Dawkins. Dawkins sind Argumente wichtig. Deshalb setzt er sich ausführlich (wenn auch vielleicht nicht immer mit der größten Kompetenz) mit den klassischen Gottesbeweisen als den vermeintlich stärksten Gründen für die Existenz Gottes auseinander sowie mit dem Problem des Übels als dem vermeintlich stärksten Grund gegen diese Existenz. Und er betont, dass auch empirische Befunde hier eine wichtige Rolle spielen. Denn Dawkins hat völlig Recht, wenn er darauf hinweist, dass sich ein Universum, das von einem übernatürlichen intelligenten Wesen geschaffen wurde und von diesem Wesen heute noch gelenkt wird, auch empirisch deutlich von einem Universum ohne ein solches Wesen unterscheidet.

> Der Unterschied zwischen diesen beiden hypothetischen Universen könnte kaum grundsätzlicher sein, auch wenn er sich in der Praxis nicht ohne weiteres überprüfen lässt. Er untergräbt überdies den selbstgefällig-verführerischen Grundsatz, wonach die Naturwissenschaft im Zusammenhang mit der zentralen Existenzberechtigung der Religion zu schweigen habe. Dabei ist die Gegenwart oder Abwesenheit einer schöpferischen Überintelligenz eindeutig eine wissenschaftliche Frage, auch wenn sie in der Praxis nicht – oder noch nicht – entschieden ist. Das Gleiche gilt für den Wahrheits- oder Unwahrheitsgehalt jeder einzelnen jener Wundergeschichten, auf die die Religionen zurückgreifen, um die Massen der Gläubigen zu beeindrucken. (Dawkins 2007, 85)

Für all das fehlt Schröder der Sinn. Bei ihm kommen Fragen nach der *Wahrheit* religiöser Überzeugungen oder Fragen nach ihrer – epistemischen – *Vernünftigkeit* einfach nicht vor.

Ein letztes Beispiel – Michael Pawliks Rezension des Buches *Die Frage nach Gott* von Norbert Hoerster.[4] In diesem Buch geht Hoerster religionskritisch auf die klassischen Themen ein – die Gottesbeweise und das Problem des Übels, die Bedeutung von Wundern und mystischen Erfahrungen, auf die Frage, ob es eine Moralbegründung ohne religiöses Fundament geben kann, sowie die Frage, ob nur die Religion unserem Leben einen Sinn verleiht. Doch für Pawlik ist dieser – durchaus traditionelle – Ansatz grundsätzlich verfehlt. Hoerster fehle es einfach an Verständnis für die Tradition, an Einfühlungsvermögen für das Anliegen seiner Gegner, kurz: er verstehe nicht, worum es gehe.

Erstens wirft Pawlik Hoerster vor, er belaste „die sogenannten Gottesbeweise […] mit einem Anspruch, den sie weder einlösen wollen noch einlösen können, nämlich dem Anspruch, aus sich heraus zur Erkenntnis des christlichen Gottes zu führen" (Pawlik 2006, 35). In Thomas' *Summa theologiae* etwa nähmen Gottesbeweise nur eine marginale Stellung ein.

> Keineswegs will der Aquinate dort einen Beweis im heutigen Sinne des Wortes führen. Für ihn ist klar, daß der wichtigste Grund für den Glauben an Gott dessen Selbstoffenbarung ist. In den „fünf Wegen" geht es ihm lediglich darum, der im Glauben erkannten Wahrheit durch den Rückgriff auf alltägliche Erfahrungen seiner Leser zusätzliche Plausibilität zu verschaffen. (ebd.)

Mir scheint, dass Pawlik die Intentionen der Hauptvertreter der christlichen Theologie zu sehr herunterspielt. Deren Ziel ist unter anderem die Versöhnung von Glaube und Vernunft, d. h., sie wollen zumindest zeigen, dass der Glaube vernünftigen Gründen nicht widerspricht. Anspruchsvollere Theologen wollen mehr; sie wollen zeigen, dass solche Gründe – recht betrachtet – sogar für die religiösen Überzeugungen sprechen, die dem Christentum zugrunde liegen. Es geht um die *Vernünftigkeit* des Glaubens, die Frage, ob die uns zugänglichen Tatsachen eher für oder gegen diese religiösen Überzeugungen sprechen.

Pawlik dagegen wirft Hoerster vor, ihm mangele es an Einfühlungsvermögen z. B. für die Vertreter des kosmologischen Gottesbeweises. Diesem liege nämlich „eine menschliche Urerfahrung zugrunde, das tiefe Erstaunen, daß überhaupt etwas existiert und nicht vielmehr nichts" (ebd.). Was für ein Einwand! Es geht doch nicht darum, wie die Frage *entstanden* ist, auf die die Gottesannahme eine Antwort geben soll; es geht um die Plausibilität der Antwort. Es geht darum, ob die Existenz einer kontingenten Welt für die Annahme eines notwendigen Wesens spricht, das diese Welt erschaffen hat. Mag schon sein, dass diese Frage auf der menschlichen Urerfahrung, dem tiefen Erstaunen darüber beruht, „daß überhaupt etwas existiert und nicht vielmehr nichts". Aber wofür ist das ein Argument? Spricht diese „Urerfahrung", dieses „tiefe Erstaunen" dafür, dass es einen Gott gibt, der diese Welt erschaffen hat?

Hoerster und viele, viele Philosophen vor ihm stellen eine einfache Frage: „Ist es *vernünftig*, an die Existenz eines (christlich verstandenen) Gottes zu glauben?" Und der Begriff der Vernünftigkeit, der hier gemeint ist, ist leicht erklärt: Es ist vernünftig, p zu glauben, wenn die Gründe, die für p sprechen, stärker sind als die, die gegen p sprechen. Und um auch dies noch hinzuzufügen: Ein Grund für p ist ein Umstand, dessen Vorliegen es zumindest wahrscheinlich macht, dass p der Fall ist.[5] Genau darum geht es auch beim kosmologischen und beim teleologischen Gottesbeweis: Ist die Tatsache, dass es kontingente Dinge, eine kontingente Welt gibt, ein Umstand, der für die Existenz eines (christlich verstandenen) Gottes spricht? Und ist die Tatsache, dass die Welt zweckmäßig eingerichtet ist bzw. dass es in der Welt zweckmäßige Wesen gibt, ein Umstand, der für die Existenz eines solchen Gottes spricht? Ich kann nicht sehen, wie man jemandem, der genau diese Fragen diskutiert, vorwerfen kann, er verfehle das Thema.

Merkwürdig ist auch Pawliks Umgang mit dem Problem des Übels.

Der Gläubige ist sich darüber im klaren, daß die Welt keineswegs gut ist, sondern der Erlösung bedarf. Er weiß aber auch, daß Gott seinem Sohn das Leiden nicht erspart hat, daß durch dessen Kreuz das Heil in die Welt gekommen ist und daß jeder Leidende in der Nachfolge Christi steht und daher hoffen darf, mit diesem zu leben, so wie er mit ihm sterben muß. Der christliche Umgang mit dem Leiden wird trivialisiert, wenn man ihn auf das Problem der Vereinbarkeit zweier Prädikatoren des Gottesbegriffs verkürzt. (ebd.)

Ist es nicht Pawlik, der hier das Thema verfehlt? Schön, auch der Gläubige gibt zu, dass es in der Welt unermesslich viel Schmerz und Leid gibt. Aber die Frage war doch: *Warum?* Wie konnte ein allmächtiger, allwissender und vollkommen guter Gott eine Welt schaffen, die so voller Leid ist? In dem Hinweis, dass Gott selbst seinem Sohn das Leiden nicht erspart hat, liegt jedenfalls keine Antwort auf diese Frage. Außerdem geht es nicht um den christlichen Umgang mit dem Leiden, sondern allein darum, warum es überhaupt so viel Leid gibt. Dass Pawlik das Problem des Übels abschätzig als „das Problem der Vereinbarkeit zweier Prädikatoren des Gottesbegriffs" bezeichnet, dient in meinen Augen nur der Ablenkung von der wirklich ernsthaften Frage, ob die Tatsache, dass es in der Welt so viel und so übergroßes Leid gibt, ein Umstand ist, der *gegen* die Existenz eines (christlich verstandenen) Gottes spricht.

Dieser Frage weicht Pawlik aus, genauer: er lässt sie gar nicht erst zu. „Die Frage der Theodizee [ist] eine religiös überflüssige Frage, denn es hätte moral- und lebenszerrüttende Folgen, die Anerkennung des Sinns des Lebens auf die Basis eines Urteils über seine moralische Rechtfertigungsfähigkeit stellen zu wollen" (ebd.). Wieder nur ungläubiges Staunen! Man darf bestimmte Fragen nicht stellen, weil ihre Beantwortung „moral- und lebenszerrüttende Folgen" haben könnte? Kann man mit einer solchen Bemerkung das Problem des Übels tatsächlich einfach vom Tisch wischen?

Pawliks Rezension endet mit dem Urteil: „Bei all seinem Scharfsinn entwirft der Autor eine ontologisch wie ethisch ärmliche Welt. Den lebendigen Gott, den man bejahen oder verneinen will, erreicht er nicht" (ebd.). Hier zeigt sich noch einmal, dass Pawlik versucht, sich um die entscheidende Frage herumzudrücken. In der Religionsphilosophie geht es primär doch nicht darum, eine ontologisch wie ethisch weniger ärmliche Welt zu entwerfen oder den lebendigen Gott zu erreichen. Primär geht es, wie schon gesagt, um die Frage, ob es vernünftig ist, an die Existenz eines solchen Gottes zu glauben. Es gibt viele, vielleicht sogar legitime, Motive, die jemanden veranlassen können, religiös zu sein – vielleicht kann er nur so den Verlust eines geliebten Menschen ertragen, vielleicht kann er ganz generell ohne den Trost und Halt einer Religion sein Leben nicht meistern. Aber von all diesen Motiven sind die Gründe zu unterscheiden, die für und gegen bestimmte religiöse Überzeugungen sprechen – Umstände, die es zumindest wahrscheinlich machen, dass diese Überzeugungen wahr oder falsch sind.

Mit diesem Buch möchte ich einen Beitrag dazu leisten, dass die Diskussion dieser Gründe – und damit die Frage nach der *epistemischen Vernünftigkeit* religiöser Überzeugungen – wieder mehr in den Fokus religionsphilosophischer Überlegungen rückt; auf jeden Fall möchte ich dazu beitragen, dass diese Frage strikt von der Frage getrennt wird, welche anderen Motive möglicherweise dafür sprechen, religiös zu sein. Wer immer sich für oder gegen eine Religion entscheidet, muss sich *auch* der Frage stellen, was für und was gegen die *Wahrheit* der entsprechenden religiösen Überzeugungen spricht. In diesem Buch geht es genau um diese Frage. Es geht darum, Argumente zu sichten und zu bewerten, die für oder gegen die Existenz übernatürlicher Wesen und Kräfte und die speziell für oder gegen die Existenz eines christlich verstandenen Gottes sprechen.

2. Wovon dürfen wir überzeugt sein?

2.1 Religiöse Überzeugungen

Religiöser Glaube, so wird oft gesagt, habe mit Wissen oder mit Glauben im Sinne von Für-wahr-Halten nichts zu tun.

> Für gläubige Christen gilt Glaube als keine antike oder mittelalterliche Vorstufe vom Wissen, sondern etwas vom Wesen her anderes. Damit ist auch kein bloßes Für-wahr-Halten, auch keine Vermutungsäußerung gemeint. (URL: http://de.wikipedia.org/wiki/Glaube – Abruf 02.10.2012, 17.15 Uhr)

Bei religiösem Glauben gehe es gar nicht um Überzeugungen, sondern um eine besondere Einstellung zur Welt, um die Frage, wie wir unser Leben führen wollen, wie wir uns zu uns selbst und unseren Mitmenschen verhalten sollen. Mir scheint, dass sich an vielen Beispielen zeigen lässt, dass dies zumindest nicht die ganze Wahrheit ist. Überzeugungen bilden den Kern vieler Religionen; und wenn sich zeigen sollte, dass diese Überzeugungen falsch sind, würde allen auf diesen Überzeugungen beruhenden Einstellungen und Praxen die Basis entzogen.

Zu den Religionen der griechischen und römischen Antike gehörte die Überzeugung, dass es eine große Anzahl von Göttern gibt, die sich von den Menschen besonders durch ihre Unsterblichkeit und ihre weit übermenschlichen Kräfte unterscheiden. Diese Götter haben die Welt zwar nicht erschaffen – vielmehr entstehen die ersten Götter *Gaia*, *Tartaros*, *Eros*, *Erebos* und *Nyx* der Theogonie Hesiods zufolge wie die Welt selbst aus dem Chaos[1] –, aber sie sind doch jederzeit in der Lage, in diese Welt hineinzuwirken. Sie verursachen Erdbeben, Missernten, Unwetter und Stürme; letztlich sind sie für den Ausgang aller menschlichen Unternehmungen verantwortlich. Eine Seefahrt erfolgreich zu Ende führen oder einen Krieg gewinnen kann nur der, den die Götter unterstützen oder den sie zumindest gewähren lassen. Kein Wunder, dass Griechen und Römer zumindest vor jeder größeren Unternehmung versuchten, die Götter durch Gebete und Opfer geneigt zu stimmen.

Zum Judentum, zum Christentum und zum Islam gehört die Überzeugung, dass es genau einen Gott gibt, der Himmel und Erde erschaffen hat, alles Sichtbare und Unsichtbare, wie es im Glaubensbekenntnis von Nicäa und Konstantinopel heißt, und der die Welt auch heute noch erhält und lenkt. Dieser Gott wird als ein personales, körperloses und absolut vollkommenes Wesen vorgestellt. Christen glauben darüber hinaus, dass Gott aus drei Personen besteht – Vater, Sohn und heiliger Geist –,[2] dass der Sohn Mensch wurde – ein Mensch, der unter Pontius Pilatus gekreuzigt, gestorben und begraben wurde, der aber am dritten

Tage wieder auferstand. Und sie glauben an die Gemeinschaft der Heiligen, die Vergebung der Sünden, an die Auferstehung der Toten und das ewige Leben.[3] Auch im Judentum, im Christentum und im Islam spielen Gebet und Opfer eine große Rolle. Sie dienen zum Teil der Verehrung des einen Gottes, zum Teil aber auch wieder dazu, Gott, Maria und die Heiligen um Hilfe und Beistand zu bitten.

Vielen afrikanischen Religionen ist die Überzeugung gemeinsam, dass die Ahnen nach dem Tod weiter existieren und dass sie das Leben der noch nicht Gestorbenen erheblich beeinflussen können.

Schon diese wenigen Beispiele zeigen meiner Meinung nach eindeutig: Zu vielen (wenn nicht allen) Religionen gehört auch ein System religiöser Überzeugungen. Es ist daher sachlich unangemessen, wenn man versucht, Religion grundsätzlich gegen kognitive Kritik zu immunisieren, indem man behauptet, „[r]eligiöse Sätze träten zwar im Gewande indikativischer Behauptungen [...] auf, [...] in Wahrheit [seien sie aber] Ausdrücke eines Lebensgefühls bzw. einer Grundeinstellung zur Wirklichkeit, oder Ausdrücke einer Hoffnung, Handlungsanweisungen, moralische Gebote, Bekenntnisse zu einem bestimmten Lebensstil, oder ähnliches" (Löffler 2006, 123).[4] Wer glaubt, dass die Geister der Verstorbenen in die Welt der Lebenden eingreifen oder dass die Welt von einem allmächtigen Gott geschaffen wurde, der am Ende alles zum Guten führen wird, der drückt damit auf jeden Fall nicht nur ein Lebensgefühl aus; er hat vielmehr ganz bestimmte Überzeugungen und muss sich deshalb fragen lassen, was für diese Überzeugungen spricht, ob er in diesen Überzeugungen gerechtfertigt ist.[5]

In dieser Hinsicht stehen Glaubenssätze nicht anders da als andere Überzeugungen. Wenn jemand davon überzeugt ist, dass es gar keine Mondlandung gegeben hat und dass die Fernsehbilder alle in einem Fernsehstudio in Kalifornien produziert wurden, darf man ihn nach seinen Gründen fragen. Und wenn diese Gründe nicht stichhaltig sind, darf man seine Überzeugung in Frage stellen. Wenn jemand auch heute noch glaubt, dass die Erde eine Scheibe ist, darf man ihn fragen, ob er denn die vielen Argumente, die gegen diese Überzeugung sprechen, nicht zur Kenntnis genommen hat; und natürlich darf man seine Auffassung kritisieren und ihm vorwerfen, dass es irrational ist, diese Überzeugung zu haben.

Allerdings: Es gibt auch Philosophen, die zwar zugeben, dass zu Religionen religiöse Überzeugungen gehören, die aber trotzdem meinen, dass diese – anders als „normale" – Überzeugungen weder durch Gründe gestützt noch mit Gründen kritisiert werden können. So interpretiert etwa Christoph Jäger mit einer gewissen Sympathie Ludwig Wittgensteins Überlegungen zum religiösen Glauben.[6] Bei Wittgenstein lassen sich, so Jäger, im Hinblick auf religiöse Überzeugungen vier „Leitmotive" ausmachen: 1. Dem Gläubigen kann man im Hinblick auf seine religiösen Überzeugungen in gewisser Weise nicht widersprechen. 2. Religiöse

Überzeugungen sind keine Hypothesen. 3. „[R]eligiöser Glaube beruht nicht auf ‚gewöhnlichen', empirischen Gründen und ist auch nicht durch solche Gründe zu erschüttern". 4. „Glaube ist kein System von Meinungen – kein Konglomerat doxastischer Einstellungen, wie wir sie Sachverhalten der Alltagswelt oder wissenschaftlichen Hypothesen entgegenbringen" (Jäger 2003, 227).

Wenn jemand sagt, er glaube an das Jüngste Gericht, und ich antworte „Ich nicht", widerspreche ich ihm dann? Wittgenstein: „Keineswegs, oder nicht immer" (Wittengenstein 1966, 55). Warum nicht? Jäger rekonstruiert Wittgensteins Antwort so:

> Der Gläubige und der Nichtgläubige, so Wittgenstein, stünden auf „einer ganz anderen Ebene" (*on an entirely different plane* [Wittgenstein 1966], S. 53, S. 56), sie bewegten sich in „völlig verschiedenen Denkweisen" ([ebd.], S. 55). Diese Verschiedenheit müsse nicht dadurch zum Ausdruck kommen, daß der eine dieses, der andere etwas anderes *sage* ([ebd.], S. 55, meine Hervorhebung). Zumindest ein direkter Widerspruch gegen den Glauben eines Gläubigen ist laut Wittgenstein nicht möglich, weil ein Widerspruch nur innerhalb desselben „Sprachspiels" möglich ist. (Jäger 2003, 228f.)

Für das zweite Leitmotiv – religiöse Überzeugungen sind keine Hypothesen – finden sich bei Wittgenstein Jäger zufolge drei Argumente. Erstens: „[D]er Gläubige [ist] bereit, etwas für seinen Glauben aufs Spiel zu setzen, was er selbst im Falle der bestgesicherten Hypothesen nicht aufs Spiel setzt: Welche Risiken man eingehen würde, nicht was man sage, werde als Maßstab für die Festigkeit religiösen Glaubens angesehen ([Wittgenstein 1966], S. 55)." (Jäger 2003, 230). Zweitens: „Die Gründe des Gläubigen für seinen Glauben sehen üblicherweise ganz anders aus als Gründe für wissenschaftliche Hypothesen oder gewöhnliche Alltagsüberzeugungen" (ebd., 232). Drittens: Religiöser Glaube bestimmt das ganze Leben des Gläubigen. „Wahrer Glaube ‚zeigt sich nicht durch rationales Erwägen oder den Rückgriff auf gewöhnliche Glaubensgründe, sondern dadurch, daß er sein [des Gläubigen, C. J.] ganzes Leben regelt' ([Wittgenstein 1966], S. 54)" (ebd., 234).

Was das dritte Leitmotiv betrifft, findet sich bei Wittgenstein zunächst die Beobachtung, dass wahrer Glaube unerschütterlich ist. Gläubige sind bereit, für ihren Glauben weit mehr zu riskieren, als sie es normalerweise tun würden. Glaube besitzt also eine außergewöhnliche Stärke; aber es wäre ein Fehler, diese Stärke als einen besonders hohen Grad „an subjektiver Sicherheit empirischen Glaubens" misszuverstehen. „Daher gilt, daß er, ebenso wie er nicht durch ‚gewöhnliche Gründe' begründet, auch nicht durch gewöhnliche Gegengründe bezweifelt und erschüttert werden kann" (ebd., 237).

Schließlich: „Sämtliche der soweit skizzierten Überlegungen sind Facetten einer übergreifenden These, die lautet: Mit religiösen Aussagen werden keine Meinungen kundgegeben; religiöser Glaube ist kein System gewöhnlicher doxastischer Einstellungen" (ebd.). Denn gerade die Unerschütterlichkeit religiöser Überzeugungen durch empirische Gründe spricht dafür, dass wir es hier nicht mit einem System gewöhnlicher doxastischer Einstellungen zu tun haben.

Was spricht für diese Überlegungen Wittgensteins? Jäger versucht, Wittgensteins Thesen dadurch zu stützen, dass er eine Parallele zieht zwischen religiösen Überzeugungen und Überzeugungen, die so genannte „Moore-Propositionen" betreffen – Propositionen, die uns so selbstverständlich sind, dass es geradezu verrückt erscheint, an ihrer Wahrheit zu zweifeln. Zu diesen Moore-Propositionen gehören etwa:

> „Es existiert gerade ein lebendiger menschlicher Körper, der mein Körper ist", „Seit seiner Geburt ist dieser Körper nicht weit von der Erdoberfläche entfernt gewesen", „In jedem Augenblick seit seiner Geburt haben noch viele andere dreidimensionale Dinge existiert", „Die Erde hat schon viele Jahre vor der Geburt meines Körpers existiert", „Ich habe zu verschiedenen Zeitpunkten seit der Geburt meines Körpers viele verschiedene (geistige) Erlebnisse gehabt", „Es gibt (und gab) andere menschliche Wesen, die während ihres Lebens viele verschiedene Erlebnisse haben (bzw. gehabt haben)", oder auch „Hier ist eine Hand, und dort ist noch eine". (Jäger 2003, 240)

Diese Propositionen sind laut Moore offensichtlich wahr und gehören zur Grundlage unseres Alltagsverständnisses der Welt. Und: Für Moore-Propositionen gilt nach Wittgenstein Ähnliches wie für religiösen Glauben: 1. Im Hinblick auf sie begeht man keine gewöhnlichen Irrtümer. 2. Sie sind keine Hypothesen. 3. Sie sind unbezweifelbar. 4. Sie sind keine Gegenstände von Wissen (ebd., Abschnitt 4).

In *Über Gewissheit* geht Wittgenstein der Cartesischen Frage nach, was denn das Fundament unseres Wissens über die Welt ausmacht. Als erkenntnistheoretischer Fundamentalist meinte Descartes, dass dieses Fundament aus Aussagen bestehen müsse, die selbst nicht aus anderen Aussagen abgeleitet werden. Das Fundament unserer Erkenntnis könne daher nur aus *intuitiv gewissen* Aussagen bestehen, die so einleuchtend sind, dass wir an ihrer Wahrheit nicht zweifeln können. Und unser Wissen um die Wahrheit dieser Aussagen beruhe gerade auf ihrer Unbezweifelbarkeit.[7] Moore sieht die Sache ähnlich. Auch er denkt, dass wir bestimmte Dinge zweifellos wissen und dass wir von diesem Fundament ausgehend weiteres Wissen erwerben können. Selbst Wittgenstein bleibt der fundamentalistischen Grundidee verpflichtet, dass unser Wissen hierarchisch aufgebaut ist und dass es daher auf Aussagen beruhen muss, die selbst nicht aus anderen Aussagen hergeleitet werden. Aber – anders als Descartes und Moore – ist Wittgenstein der Meinung, dass man gerade bei den fundamentalen Überzeugungen, den Überzeugungen, auf denen alle anderen aufruhen, *nicht* von Wissen reden könne. Genau dies ergebe sich aus den im letzten Abschnitt angeführten Merkmalen von Moore-Propositionen.

Schon daraus, dass wir im Hinblick auf diese Propositionen keine gewöhnlichen Irrtümer begehen können, folge, dass man bei ihnen nicht von Wissen sprechen kann. Denn

> [e]in Wissensanspruch wird laut Wittgenstein nur dort sinnvoll erhoben, wo auch die Möglichkeit von gewöhnlichen Fehlern, Irrtümern oder mangelnder Information besteht. [...] Worum es geht, ist, daß ein Irrtum im Falle von Moore-Propositionen insofern nicht in Frage kommt, als der *Begriff* des Irrtums hier nicht sinnvoll anwendbar ist. [...] Wenn Moore ernsthaft das Gegenteil dessen behauptete, was er für gewiß erklärt, so Wittgenstein, dann würden wir ihn keines Irrtums bezichtigen. Vielmehr würden wir ihn entweder für geistesgestört halten ([Wittgenstein 1984] 155) oder bezweifeln, ob er versteht, was er sagt: „Wenn ich gewisse falsche Aussagen mache, wird es dadurch unsicher, ob ich sie verstehe" ([ebd.] 81). Gewöhnliche Irrtümer sind ausgeschlossen, aber „nicht jeder fälschliche Glaube ... ist ein Irrtum" ([ebd.] 72). (Jäger 2003, 244f.).

Von Wissen könne man bei Moore-Propositionen auch deshalb nicht reden, weil sie keine Hypothesen sind, weil sich für sie keine empirischen Begründungen finden lassen. Trotzdem sind Moore-Propositionen natürlich kontingent; es ist logisch möglich, dass sie sich als falsch erweisen. Doch das bedeutet nicht, dass sie denselben Status haben wie gewöhnliche empirische Propositionen. „Der Unterschied liegt darin, daß mit einem Zweifel an Moore-Propositionen unsere gesamte Praxis des Glaubens, Zweifelns und Begründens zusammenbräche" (ebd., 247f.).

> Moore-Propositionen hätten [so Wittgenstein] zwar oft die äußere Form von Erfahrungssätzen; anders als letztere dienten sie jedoch nicht in der Weise als Fundamente unseres Umgangs mit Gedanken, daß es möglich wäre, sie, wenn sie sich als falsch erwiesen, durch andere zu ersetzen ([Wittgenstein 1984] 397–402). Zweifelsfreiheit gehört bei bestimmten Gewißheiten in einer Weise zum Wesen des Sprachspiels, „daß ich vor dem Nichts stünde, sowie ich auch nur versuchen wollte zu zweifeln" ([ebd.] 370). Bei bestimmten Gewißheiten würde „ein Zweifel alles nach sich ... ziehen und in ein Chaos ... stürzen" ([ebd.] 613); wenn mir hier „von allen Seiten widersprochen würde ..., dann würde mir ... die Grundlage alles Urteilens entzogen" ([ebd.] 614). (Jäger 2003, 247)

Während Descartes glaubte, auf dem Weg über den methodischen Zweifel zu einem Fundament von nicht mehr bezweifelbaren Wahrheiten zu gelangen, meint Wittgenstein im Gegenteil, dass der Prozess des Zweifelns schon voraussetzt, dass wir bestimmte Propositionen nicht in Zweifel ziehen. Der methodische Zweifel endet nicht mit unbezweifelbaren Überzeugungen; er beginnt mit ihnen. Und diese Propositionen sind unbezweifelbar, weil „ich vor dem Nichts stünde, sowie ich auch nur versuchen wollte zu zweifeln". Unsere fundamentalen Überzeugungen beruhen also nicht auf Gründen und sie können auch nicht mit Gründen angegriffen werden. Und eben deshalb kann man hier nicht von Wissen sprechen.

Ich will auf Wittgensteins Überlegungen zur Unbezweifelbarkeit von Moore-Propositionen nicht weiter eingehen.[8] Denn entscheidend scheint mir in diesem Zusammenhang, ob es plausibel ist anzunehmen, dass religiöse Überzeugungen einen ähnlichen Status haben wie Moore-Überzeugungen – Überzeugungen, die Moore-Propositionen betreffen. Und, um es gleich vorwegzunehmen: Anders als Jäger erscheint mir diese Annahme äußerst unplausibel.

Zunächst einmal fehlen religiösen Überzeugungen die allgemeine Zustimmung und die Alternativlosigkeit, die für Moore-Überzeugungen charakteristisch sind. Dies zeigt sich schon daran, dass mit unterschiedlichen Religionen ganz unterschiedliche Überzeugungssysteme verbunden sind, die sich teilweise deutlich widersprechen. Offenbar kann man davon überzeugt sein, dass es ein Leben nach dem Tod gibt, aber auch davon, dass mit dem Tod alles zu Ende ist. Man kann davon überzeugt sein, dass jeder Mensch solange wiedergeboren wird, bis er im günstigsten Fall ins Nirwana eingeht, aber auch davon, dass jeder nur einmal lebt. Man kann davon überzeugt sein, dass es eine Vielzahl von Göttern gibt, aber auch davon, dass es einen und nur einen Gott gibt. Man kann davon überzeugt sein, dass Gott die Welt aus dem nichts geschaffen hat, aber auch davon, dass er nur Ordnung in ein Urchaos brachte. Man kann davon überzeugt sein, dass Gott die Welt auch heute noch regiert und lenkt, aber auch davon, dass Gott nach der Schöpfung die Welt sich selbst überlassen hat. Und man kann davon überzeugt sein, dass es zwar keine Götter gibt, dass aber die Ahnen nach ihrem Tod einen großen Einfluss auf das Leben ihrer Nachfahren haben. Bei Moore-Propositionen dagegen fehlen solche Alternativen. Kein „vernünftiger" Mensch bezweifelt, dass es außer ihm eine Welt mit vielen dreidimensionalen Dingen gibt, dass die Erde schon viele Jahre vor seiner Geburt existierte, dass es andere Menschen gibt, die während ihres Lebens verschiedene Erlebnisse haben (bzw. gehabt haben) und dass er einen Kopf, Hände, Füße und andere Gliedmaßen hat.

Wer diese letztgenannten Tatsachen bezweifeln würde, der stünde vielleicht tatsächlich „vor dem Nichts". Für einen solchen Menschen gäbe es vielleicht tatsächlich keine Möglichkeit mehr, sich weiter in vernünftiger Weise um Erkenntnis zu bemühen. Aber warum sollte das auch für jemanden gelten, der bezweifelt, dass es ein Leben nach dem Tod gibt oder dass es einen Gott gibt, der die Welt geschaffen hat und lenkt, oder dass wir für unsere Taten nach dem Tod belohnt oder bestraft werden? Warum sollte ein solcher Mensch „vor dem Nichts" stehen? Tatsächlich gibt es doch viele Menschen, die wirklich diese Zweifel hegen, ohne dass sich die fatalen Folgen zeigen, die sich (vermeintlich) einstellen, wenn man Moore-Propositionen bezweifelt.

Mit diesen Überlegungen hängt ein zweiter Punkt zusammen: Was spricht eigentlich für Wittgensteins Auffassung, man könne religiösen Überzeugungen nicht widersprechen? Wir hatten gerade schon gesehen, dass mit unterschiedlichen Religionen Überzeugungen verbunden sind, die offensichtlich unvereinbar sind. Und darüber hinaus: Wenn jemand sagt, er glaube an ein Leben nach dem Tode, und ein anderer erwidert, seiner Meinung nach sei mit dem Tod alles zu Ende, dann sehe ich nicht, was dafür spricht, dass die beiden auf ganz verschiedenen „Ebenen" stehen, die ihre Aussagen sozusagen inkommensurabel machen. Die natürliche Analyse dieser Situation ist doch, dass der eine bestreitet, was der andere behauptet, dass sich die beiden also sehr wohl widersprechen.

Drittens kann ich nicht sehen, warum empirische Befunde für religiöse Überzeugungen irrelevant sein sollen. Wenn jemand behauptet, er könne durch seine Tänze Regen herbeiführen, dann lässt sich doch empirisch überprüfen, ob er tatsächlich erfolgreich ist. Genau so lässt sich testen, ob Christophorus-Plaketten zu weniger Autounfällen führen oder ob Bittgebete tatsächlich helfen.[9] Vor Kurzem erschien in der *Neuen Westfälischen* folgende Meldung:

> Statistiken zeigen, dass an dem als Unglückstag verschrienen Datum [Freitag, den 13.] nicht mehr Unfälle passieren als an anderen Freitagen. Das gilt im Straßenverkehr genauso wie im Berufsalltag. Am Arbeitsplatz sei die Quote der Arbeitsunfälle an einem Freitag, den 13., nicht auffallend anders als sonst, sagte Jörg Feldmann von der Bundesanstalt für Arbeitsschutz und Arbeitsmedizin. Auch bei den Krankmeldungen gebe es keine ungewöhnliche Zunahme an diesem Tag, erklärte Feldmann. Statistisch gesehen sei das Risiko für einen Arbeitsunfall an Montagen gegen 10 Uhr am höchsten. (NW 13.07.2012, S. 1)

Sicher, hier geht es nicht um Glauben, sondern um Aberglauben; aber das macht in meinen Augen systematisch gesehen keinen Unterschied.

Viertens führt Wittgenstein ins Feld, dass Gläubige bereit sind, für ihren Glauben viel größere Risiken einzugehen als für andere Überzeugungen, und dass die Motive, die Menschen veranlassen, einen Glauben anzunehmen oder abzulegen, „üblicherweise ganz anders [aussehen] als Gründe für wissenschaftliche Hypothesen oder gewöhnliche Alltagsüberzeugungen". Das mag beides stimmen; aber es ist kein Argument für die These, dass religiöse Überzeugungen durch „normale" Gründe weder gestützt noch widerlegt werden können. Ob ich bereit bin, für eine Überzeugung ein großes Risiko auf mich zu nehmen, hängt nur davon ab, wie wichtig mir diese Überzeugung ist. Manche Vertreter von Greenpeace stellen sich mit gewagten Störmanövern selbst großen Walfangschiffen in den Weg – Manövern, bei denen sie schwere gesundheitliche Schäden, vielleicht sogar ihr Leben riskieren. Sie tun das, weil sie der Meinung sind, dass der kommerzielle Walfang tendenziell das Aussterben bestimmter Walarten befördert, und weil sie fest davon überzeugt sind, dass das Aussterben dieser Arten unbedingt verhindert werden muss. Mir scheint aber völlig klar, dass die Tatsache, dass Umweltaktivisten bereit sind, große Risiken einzugehen, nicht dazu führt, dass es unangemessen wäre zu fragen, ob ihre Überzeugungen gut begründet sind oder ob es vielleicht Tatsachen gibt, die gegen diese Überzeugungen sprechen. Das eine hat mit dem anderen ganz offensichtlich nichts zu tun.

Schließlich mag es auch sein, dass das, was jemanden tatsächlich dazu bringt, bestimmte religiöse Überzeugungen zu haben, nur sehr wenig oder gar nichts mit rationalen Gründen zu tun hat. Doch auch deshalb ist es nicht inadäquat, die Frage zu stellen, was für und was gegen diese Überzeugungen spricht. Nehmen wir etwa einen Rassenfanatiker, der fest daran glaubt, dass die arische Rasse allen anderen Rassen deutlich überlegen ist und von der Vorsehung dazu bestimmt wurde, die Menschen anderer Rassen zu beherrschen. *Eine* Frage ist, warum er das glaubt, was ihn tatsächlich zu dieser Überzeugung gebracht hat. Möglich ist z. B., dass er diese Überzeugung von seinen Eltern übernommen hat oder dass er in eine Gruppe von Menschen geraten ist, in der diese Überzeugung mit großer Vehemenz vertreten wird – eine Gruppe, in der er selbst soziale Geborgenheit und Anerkennung findet. Das mag auch der Grund sein, warum er seinen Rassenwahn nicht aufgibt. Er müsste sein Welt- und Selbstbild radikal ändern, wäre völlig verunsichert und würde darüber hinaus aus der Gruppe ausgestoßen, die ihm bisher Halt gegeben hat. Alle diese Motive sehen in der Tat „ganz anders aus als Gründe für wissenschaftliche Hypothesen oder gewöhnliche Alltagsüberzeugungen". Doch auch das macht die *andere* Frage nicht unangemessen, was denn rational gesehen dafür spricht, dass die arische Rasse allen anderen Rassen deutlich überlegen sei. Gibt es tatsächlich Umstände, die dafür sprechen, dass diese Überzeugung wahr ist, oder spricht nicht alles, was wir wissen, dagegen? Und natürlich hindert uns die Tatsache, dass der Rassenfanatiker nicht durch rationale Gründe zu seiner Überzeugung gekommen ist, nicht daran, ihn zu kritisieren und ihm vorzuhalten, dass – rational gesehen – seine Überzeugung ganz offensichtlich auf Sand gebaut ist.

Kurz: Mich überzeugen Wittgensteins Überlegungen nicht. Man kann den religiösen Überzeugungen anderer durchaus widersprechen. Und an vielen Beispielen lässt sich zeigen, dass es alles andere als unangemessen ist, auch bei religiösen Überzeugungen nach Gründen zu fragen – nach Umständen, die für oder gegen die Wahrheit dieser Überzeugungen sprechen.

2.2 Vernunft und Glaube

Wenn es um die Vernünftigkeit religiöser Überzeugungen geht, wird manchmal auch ein vermeintlicher Gegensatz von Glaube und Vernunft ins Feld geführt. Es gibt, so wird argumentiert, Wahrheiten, die unserer Vernunft nicht zugänglich, die vielmehr nur im Glauben fassbar sind. Dieses Motiv klingt auch bei Friedo Ricken an, der in der Einleitung seiner *Religionsphilosophie* schreibt:

> Die Frage, welche die Philosophie an die Religion stellt, wurde für die Neuzeit und Gegenwart von Hume und Kant formuliert: Welches Verhältnis besteht zwischen Religion und Vernunft? Welche Grundlage, so fragt Hume am Anfang der *Naturgeschichte der Religion*, hat die Religion in der Vernunft? [...] Bereits diese wenigen Bemerkungen lassen den vielfachen Sinn der Frage nach dem Verhältnis von Religion und Vernunft deutlich werden. Ist Religion in dem Sinn vernünftig, daß sie sich auf Vernunft reduzieren läßt? [...] Hat die Religion ihre Wurzeln ausschließlich in der Vernunft, was immer unter ‚Vernunft' zu verstehen ist, oder hat sie noch eine andere Grundlage in der menschlichen Natur? Wie verhält diese Grundlage sich zur Vernunft? Steht sie im Widerspruch zur Vernunft, oder ist sie eine notwendige Ergänzung oder vielleicht sogar die Wurzel der Vernunft? Welche Methoden haben wir, um das Verhältnis von Religion und Vernunft zu bestimmen? (Ricken 2003, 15)

Tatsächlich ist aber insbesondere der Ausdruck „Vernunft" in aller Regel äußerst irreführend. Vernunft wird im Anschluss an Kant oft als ein Vermögen bezeichnet, das es uns ermöglicht, bestimmte Erkenntnisse zu gewinnen. Damit wird aber eine Analogie z. B. zum Wahrnehmungsvermögen suggeriert. Manche Dinge können wir sehen, andere – wegen der Beschränkungen unseres Sehvermögens – nicht. Grundsätzlich reagieren unsere Augen nur auf Licht zwischen 380 nm bis 780 nm Wellenlänge. Infrarote Strahlung können wir eben so wenig sehen wie ultraviolette. Bei Dämmerung sehen wir schlechter als bei hellem Sonnenschein, und auch wenn etwa ein Berg durch Wolken verdeckt ist, ist er für uns unsichtbar. Auch unser Wahrnehmungsvermögen insgesamt ist beschränkt. Wir können Licht, bestimmte Töne, Gerüche, Geschmacksqualitäten und Berührungen wahrnehmen; aber für elektrische und magnetische Felder haben wir – anders als manche Tiere – kein Sensorium. Wenn die Vernunft ein Erkenntnisvermögen analog zum Wahrnehmungsvermögen wäre, wäre es also durchaus naheliegend anzunehmen, dass auch sie ihre blinden Flecken hat, dass es auch für die Vernunft Wahrheiten gibt, die ihr nicht zugänglich sind. Zu einem ähnlichen Ergebnis kommt man, wenn man die Vernunft als Organ, also als eine Art Instrument auffasst. Mit einem Mikroskop können wir Dinge sehen, die so klein sind, dass wir sie mit dem bloßen Auge nicht wahrnehmen können. Aber auch mit dem stärksten Lichtmikroskop können wir nicht in den Bereich einzelner Atome vordringen.

Es ist aber ein großer Fehler, die Vernunft als Erkenntnisvermögen in Analogie zum Wahrnehmungsvermögen aufzufassen. Überhaupt sollte man bei dem Substantiv „Vernunft" Vorsicht walten lassen;[10] denn grundlegend ist hier ganz offensichtlich das Adjektiv „vernünftig". Wenn Vernunft überhaupt ein Vermögen ist, dann das Vermögen, vernünftig zu sein, sich im Denken und Handeln vernünftig zu verhalten. Wenn Vernunft überhaupt ein Vermögen ist, dann das Vermögen, sich im Denken und Handeln durch Gründe leiten zu lassen. Im Handeln ist der vernünftig, der tut, wofür die stärkeren Gründe sprechen; und im Denken der, der glaubt, wofür die stärkeren Gründe sprechen. Damit wird klar, worum es bei der Gegenüberstellung von Glaube und Vernunft tatsächlich geht – um die Frage, ob es für religiöse Überzeugungen gute Gründe gibt, Umstände, die es rational machen, davon überzeugt zu sein, dass die Geister der Verstorbenen in die Welt der Lebenden eingreifen oder dass die Welt von einem allmächtigen Gott geschaffen wurde, der am Ende alles zum Guten führen wird. Oder eben, ob es solche Gründe nicht gibt, ob die, die dies glauben, überzeugt sind, obwohl die ihnen zugänglichen Umstände eher gegen als für ihre Überzeugungen sprechen.

Wenn man sich dies einmal klar gemacht hat, sieht man auch sofort, dass die Rede von Wahrheiten, die der Vernunft nicht zugänglich sind, keinerlei Sinn hat. Denn es kann keine Überzeugung geben, bei der man nicht fragen kann, ob die uns zugänglichen Gründe eher für oder gegen sie sprechen. Insofern kann man auch bei jeder Überzeugung fragen, ob es vernünftig ist, diese Überzeugung zu haben oder nicht. Natürlich kann es sein, dass sich die Gründe pro und kontra in etwa die Waage halten oder dass sich weder Gründe dafür noch Gründe dagegen finden lassen. (Darauf, was in einem solchen Fall vernünftig ist, werde ich noch zurückkommen.) Aber in solchen Fällen zu sagen, sie seien mit der Vernunft nicht zu entscheiden, würde den Sachverhalt nicht treffen. Denn es ist ja kein Fehler der Vernunft (wenn wir überhaupt so reden wollen), dass sich die Gründe die Waage halten oder dass sich keine Gründe finden lassen. Vernünftig sein heißt, wie gesagt, einfach, das zu glauben oder zu tun, wofür die stärkeren Gründe sprechen. Es heißt nicht, mit einem besonderen Erkenntnisvermögen Einsichten zu erlangen, die etwa unseren Sinnen verschlossen sind.

2.3 Gründe

Damit stellt sich natürlich die Frage, was denn das überhaupt ist – ein Grund. Betrachten wir einen einfachen Kriminalfall. In einem kleinen Ort wurde der Apotheker mit einem harten metallenen Gegenstand erschlagen. Recherchen im familiären Umfeld ergeben: Der Apotheker hatte einen Bruder, mit dem er über ein gemeinsames Erbe im Streit lag. Seine Frau wollte sich – gegen seinen Willen – von ihm scheiden lassen; außerdem war auf den Apotheker eine beträchtliche Lebensversicherung abgeschlossen worden. Bruder und Frau hatten also beide ein Motiv. Bei Nachforschungen in der Umgebung wird ein eiserner Kaminhaken gefunden, auf dem sich einerseits Haare und Blut des Opfers befinden, aber auch Fingerabdrücke des Bruders. Die weiteren Ermittlungen ergeben, dass die Frau des Apothekers das Wochenende bei ihrer – recht weit entfernt wohnenden – Schwester verbracht hat, während ein Zeuge berichtet, das Auto des Bruders zur Tatzeit vor der Wohnung des Ermordeten gesehen zu haben. Wie sehen in diesem Fall die Gründe für und wider aus? Die Tatsache, dass sich auf dem Kaminhaken

Haare und Blut des Opfers befanden, ist ein Umstand, der mit fast hundertprozentiger Sicherheit dafür spricht, dass dieser Haken die Mordwaffe war. Sie ist also ein sehr guter Grund, dies für wahr zu halten. Dass sich auf dem Kaminhaken außerdem Fingerabdrücke des Bruders fanden und dass dessen Wagen zur Tatzeit vor der Wohnung des Apothekers gesehen wurde, sind Umstände, die – wenn auch nicht hundertprozentig – dafür sprechen, dass der Bruder der Täter war. Und dass die Frau des Apothekers bei ihrer Schwester war, ist ein Umstand, der mit an Sicherheit grenzender Wahrscheinlichkeit ausschließt, dass sie ihren Mann ermordet hat. Eine erste Antwort auf die Frage, was eigentlich ein Grund ist, kann also lauten: Gründe sind Umstände, die – mit mehr oder weniger großem Gewicht – für oder gegen die Wahrheit einer Überzeugung sprechen.

Wenn man die Sache systematischer angeht, muss man zunächst zwischen Gründen für *Handlungen* und Gründen für *Überzeugungen* unterscheiden. Gründe für Handlungen sind Umstände, die dafür sprechen, dass man etwas Bestimmtes *tun* soll; Gründe für Überzeugungen Umstände, die dafür sprechen, dass man eine bestimmte *Überzeugung haben* soll. Innerhalb der Gründe für Überzeugungen muss man weiter unterscheiden zwischen epistemischen und nicht-epistemischen Gründen. Epistemische Gründe sind die Gründe, die wir schon kennengelernt haben: Umstände, die für die *Wahrheit* einer Überzeugung sprechen, die es zumindest wahrscheinlich machen, dass diese Überzeugung wahr ist. Nicht-epistemische Gründe haben dagegen weniger mit der Wahrheit als mit der *Nützlichkeit* einer Überzeugung zu tun. Wenn ich besser schlafe, falls ich glaube, dass ein Schutzengel über meinen Schlaf wacht, hilft mir diese Überzeugung zu einer ruhigeren und entspannteren Nachtruhe. Der Umstand, dass ich ruhiger schlafe, wenn ich davon überzeugt bin, dass ein Schutzengel über meinen Schlaf wacht, ist für mich daher ein Grund, diese Überzeugung zu haben. Aber er ist kein epistemischer Grund; denn die Tatsache, dass mich die Überzeugung, dass ein Schutzengel über mich wacht, ruhiger schlafen lässt, macht es natürlich um keinen Deut wahrscheinlicher, dass die Überzeugung wahr ist. Die Überzeugung, dass ich gut vorbereitet bin, mag mir – auch wenn sie falsch ist – helfen, die morgige Prüfung erfolgreich zu absolvieren. Auch hier gibt es also einen Grund für mich, diese Überzeugung zu haben; doch auch dieser Grund spricht für sich genommen nicht für ihre Wahrheit.

2.4 Clifford und James

Gegen Ende des 19. Jahrhunderts gab es eine heftige Kontroverse zwischen dem früh verstorbenen Mathematiker und Philosophen William Kingdon Clifford und dem Psychologen und Philosophen William James über die Frage, wovon man überzeugt sein darf und wann es irrational und sogar moralisch vorwerfbar ist, eine bestimmte Überzeugung zu haben. Diese Kontroverse ist auch heute noch ein guter Ausgangspunkt, wenn man einer Beantwortung dieser Fragen näher kommen will. 1877 veröffentlichte Clifford seinen rhetorisch brillanten, im Ton aber auch arg pathetischen Aufsatz „The Ethics of Belief". Dort vertritt er lapidar die These:

> [...] es ist immer *falsch*, überall und für jeden, etwas *auf der Grundlage unzureichender Belege* zu glauben. (Clifford 1877, 77 – meine Hervorh.)

Zur Begründung stützt sich Clifford auf zwei Beispiele. *Beispiel 1*: Ein Reeder ist dabei, ein Schiff voller Auswanderer in See stechen zu lassen. Er weiß, das Schiff ist alt, es gehörte nie zu den allerbesten, es hat schon viele Fahrten auf dem Buckel und musste des Öfteren ins Dock zur Reparatur. Außerdem haben ihm gegenüber eine ganze Reihe von Personen Zweifel an der Seetüchtigkeit des Schiffes geäußert. Aber eine Reparatur des Schiffes wäre teuer und langwierig, und die Auswanderer haben für ihre Überfahrt schon bezahlt. Deshalb lässt sich der Reeder die Sache noch einmal durch den Kopf gehen: Sicher spricht manches dafür, dass das Schiff nicht mehr seetüchtig ist; aber bisher ist doch noch nie etwas passiert. Und überhaupt: Wird die Vorsehung nicht ihre schützende Hand über die Auswanderer halten? So beruhigt der Reeder sich selbst und seine Zweifel und kommt letztlich zu der Überzeugung: Es wird schon noch einmal gut gehen. Er lässt das Schiff auslaufen. Doch es kommt, wie es kommen muss; das Schiff gerät in einen schweren Sturm und sinkt – mit der ganzen Besatzung und allen Auswanderern. Am Ende kassiert der Reeder sogar die Versicherungsprämie. Wie, so Clifford, steht es mit der Verantwortung des Reeders?

> Sicher ist, dass er wahrlich am Tod dieser Menschen schuldig ist. Zugegeben, er war aufrichtig von der Zuverlässigkeit seines Schiffes überzeugt; aber die Aufrichtigkeit seiner Überzeugung kann ihm in keiner Weise helfen, weil er *auf der Grundlage der Belege, die er vor sich hatte, kein Recht zu dieser Überzeugung hatte*. Er hatte seine Überzeugung nicht auf ehrliche Weise durch geduldige Untersuchung gewonnen, sondern indem er seine Zweifel erstickte. (ebd., 70 – Hervorh. im Original)

Entscheidend ist: Der Reeder hatte *kein Recht, davon überzeugt zu sein*, dass sein Schiff auch die nächste Reise unbeschädigt überstehen würde; es gab zu viele Umstände, die dagegen sprachen – zu viele Gegengründe. Und die vermeintlichen Umstände, die dafür sprachen, waren an den Haaren herbeigezogen oder viel zu schwach, die Gegengründe zu entkräften. Es würde, so Clifford, auch nichts ändern, wenn das Schiff gegen alle berechtigte Erwartung die Fahrt doch heil überstanden hätte. Eine unparteiische Betrachtung der Situation hätte zu der Überzeugung führen müssen, dass die Wahrscheinlichkeit, dass das Schiff durchkommen würde, zu klein war, um es auslaufen zu lassen. Deshalb hätte auch in diesem Fall der Reeder *kein Recht* gehabt, davon überzeugt zu sein, dass alles gut gehen würde.

Beispiel 2: Auf einer Insel bekennen sich die Bewohner zu einer Religion, die vom Christentum erheblich abweicht. Auf dem Festland kommt daher das Gerücht auf, dass sich die Verfechter dieser Religion unfairer Mittel bedienen, um ihren Glauben zu propagieren. Es bildet sich eine Gruppe von Gegnern, die sogar von massiven Gesetzesverstößen ausgehen, die z. B. glauben, die Vertreter der Religion würden Kinder entführen, um diese dann in abgeschiedenen Camps zu indoktrinieren. Deshalb versuchen die Mitglieder der gegnerischen Gruppe, die Verfechter der anderen Religion anzuschwärzen, wo immer sie können, und sie sogar an der Ausübung ihrer Berufe zu hindern. Um die Vorwürfe zu klären, wird nach einiger Zeit eine Kommission zusammengestellt, die die Vorwürfe untersucht. Und diese Kommission kommt nach einer sorgfältigen Untersuchung, bei der alle verfügbaren Tatsachen gewürdigt werden, zu dem Ergebnis, dass alle geäußerten Anschuldigungen haltlos sind. Clifford schreibt:

> Die Vorwürfe beruhten nicht nur auf unzureichenden Beweisen, vielmehr hätten die Agitatoren die Beweise für ihre Unschuld leicht erkennen können, wenn sie sich um eine faire Untersuchung bemüht hätten. Nachdem alles aufgedeckt war, wurden die Mitglieder der agitierenden Gesellschaft von den Landesbewohnern nicht nur als Personen angesehen, deren Urteilsfähigkeit zu misstrauen war, vielmehr hielt man sie auch nicht länger für ehrenwerte Leute. Denn obwohl sie aufrichtig und mit gutem Gewissen von den von ihnen vorgebrachten Anschuldigungen überzeugt waren, hatten sie doch *auf der Grundlage der Belege, die sie vor sich hatten, kein Recht zu dieser Überzeugung*. Denn ihre aufrichtigen Überzeugungen wurden nicht auf ehrliche Weise durch geduldige Untersuchungen gewonnen, sie waren vielmehr erschlichen, da sie auf der Stimme des Vorurteils und der Leidenschaft beruhten. (ebd., 71f. – Hervorh. im Original)

Auch hier würde sich, so Clifford, nichts ändern, wenn die Kommission zu dem gegenteiligen Ergebnis käme. Denn auch dann hätten die Überzeugungen der Gruppe der Gegner *zuvor* auf unzureichenden Gründen beruht.

Cliffords These lautet also: Niemand hat das Recht, etwas auf der Basis unzureichender Gründe zu glauben. Und seine Beispiele machen klar, wann das in seinen Augen der Fall ist. Es ist *erstens* der Fall, wenn eine Sache hinreichend gründlich und unparteiisch untersucht worden ist (wobei zumindest alle offensichtlich relevanten Umstände berücksichtigt wurden) und wenn am Ende die Gründe gegen *p* die Gründe für *p* eindeutig überwiegen. Und es ist *zweitens* der Fall, wenn die Frage, ob *p*, nicht hinreichend gründlich und unparteiisch untersucht wurde, obwohl eine solche Untersuchung durchaus und ohne größere Probleme möglich ist. Wenn man sich dies klar macht, wird zugleich deutlich, dass Clifford einige relevante Fälle ganz offensichtlich nicht behandelt – den dritten

Fall, dass nach einer hinreichend gründlichen und unparteiischen Untersuchung die Sache nicht wirklich klar ist, d. h., wenn sich nach einer solchen Untersuchung die Gründe für und gegen p in etwa die Waage halten; und den vierten Fall, dass eine hinreichend gründliche und unparteiische Untersuchung nicht möglich ist, da die Umstände, die für und gegen p sprechen, weitgehend im Verborgenen liegen. Was ist in solchen Fällen das Richtige? Was darf man in diesen Fällen glauben und was nicht? Auf den ersten Blick scheint die Antwort klar: In beiden Fällen sollte man sich des Urteils ganz enthalten.

Prima facie scheint Cliffords Position, die heute oft als „Evidentialismus" bezeichnet wird, sehr gut begründet. Zumindest steht sie in Einklang mit der allgemeinen Praxis in vielen Bereichen des Lebens – der Rechtskunde, der Medizin, dem Ingenieurswesen, dem Bankwesen. Denken wir etwa an eine Jury, die darüber entscheiden soll, ob eine Person wegen Mordes zu lebenslanger Haft verurteilt werden soll. Wir alle würden eine Verurteilung für einen schweren Fehler halten, wenn es nicht ausreichend Gründe für die Annahme gäbe, dass die Person die Tat tatsächlich begangen hat. Und selbst Cliffords Vorsicht bei nicht hinreichend begründeten Überzeugungen findet in dem Spruch „In dubio pro reo" ihre Entsprechung. Denken wir an die vielen Tests, die ein Medikament durchlaufen muss, bevor es zugelassen wird. Wir brauchen gute Gründe für die Annahme, dass seine positive Wirkung die negativen Nebenwirkungen deutlich überwiegt. Kein Haus darf gebaut werden, dessen Statik nicht zuvor überprüft wurde; kein Flugzeug darf Passagiere befördern, dessen Sicherheit nicht getestet wurde. Und Geldanlagen tätigen wir – in der Regel – nur dann, wenn wir gute Gründe für die Annahme haben, dass das Risiko überschaubar und akzeptabel ist.[11] Wer nicht so vorgeht, ist offensichtlich irrational.

Dennoch hat William James in seinem Aufsatz „The Will to Believe" (1896) Clifford widersprochen und eine Alternative zu Cliffords rigoroser Position entwickelt. Bei genauerem Hinsehen zeigt sich allerdings, dass gar nicht so ganz klar ist, inwieweit James und Clifford tatsächlich unterschiedlicher Meinung sind. James trifft zunächst einige Unterscheidungen. Er nennt die Entscheidung zwischen zwei Hypothesen eine „Option". Und er unterscheidet zwischen *lebendigen* und *toten*, *unumgänglichen* und *vermeidbaren* sowie zwischen *bedeutungsvollen* und *unerheblichen* Optionen. Die Entscheidung zwischen zwei Hypothesen ist tot, wenn zumindest eine der Hypothesen keinerlei Attraktivität und Glaubwürdigkeit besitzt. Ob eine Option tot ist, hängt von einer Reihe von Umständen ab – vom kulturellen Hintergrund, vor dem eine Person aufgewachsen ist, von der Zeit, in der sie lebt, von ihren persönlichen Grundüberzeugungen. Für viele Mitteleuropäer ist, so James, etwa der Glaube an den Mahdi so fremd, dass sie sich nicht einmal die Frage stellen, ob es den Mahdi gibt.[12] Für Araber mag das ganz anders sein. Eine Option ist unumgänglich, wenn ich mich entscheiden muss; sie ist vermeidbar, wenn ich mich ohne große Nachteile des Urteils enthalten kann. Wenn ich z. B. an Krebs erkrankt bin und mir der Arzt zu einer Operation rät, muss ich mich hier und jetzt entscheiden; ansonsten könnte es schon zu spät sein. Schließlich sind manche Optionen bedeutungsvoll, weil sehr viel davon abhängt, welche Hypothese man akzeptiert; manche dagegen sind unerheblich, wenn wenig von der Entscheidung abhängt und wenn sie jederzeit ohne große Nachteile revidierbar ist. Eine lebende, unumgängliche und bedeutungsvolle Option nennt James eine *echte* Option. Seine Hauptthese lautet:

> *Die Gefühlsseite unseres Wesens darf nicht nur, sondern muß eine Option zwischen verschiedenen Behauptungen entscheiden, wo es sich um eine echte Option handelt, welche ihrer Natur gemäß nicht aus intellektuellen Gründen entschieden werden kann; denn wenn man unter solchen Umständen sagt: „Triff gar keine Entscheidung, sondern laß die Frage offen!"*, *so ist dies selbst eine gefühlsmäßige Entscheidung – ebenso, als wenn man sich für Ja oder Nein entschiede – und mit derselben Gefahr verknüpft, die Wahrheit zu verlieren.* (James 1896, 138 – Hervorh. im Original)

Betrachten wir zunächst die Klausel „welche ihrer Natur gemäß nicht aus intellektuellen Gründen entschieden werden kann". Diese Klausel macht erstens deutlich, dass James nur den dritten und vierten Fall im Auge hat. Mit anderen Worten: James widerspricht Clifford nicht, soweit es um die Fälle 1 und 2 geht; er ist offenbar mit Clifford einer Meinung, dass man p nicht glauben darf, wenn die Gründe gegen p die Gründe für p eindeutig überwiegen; und er scheint auch zuzustimmen, dass man p nicht glauben darf, wenn die Frage, ob p, noch nicht hinreichend untersucht ist, obwohl eine solche Untersuchung möglich ist. Eine zweite Beobachtung: Die Klausel scheint unmotiviert stark formuliert. Warum sollen James' Überlegungen nur für Fälle gelten, in denen eine Frage „ihrer Natur gemäß nicht durch intellektuelle Gründe entschieden werden *kann*"? Gelten seine Argumente nicht auch schon dann, wenn *de facto* einer der Fälle 3 und 4 vorliegt, wenn sich also bei einer Frage *im Augenblick* die Gründe für und wider in etwa die Waage halten und auch eine weitere Untersuchung keine Klärung verspricht oder wenn bei dieser Frage *im Augenblick* eine hinreichend gründliche und unparteiische Untersuchung nicht möglich ist, da die Umstände, die für und gegen p sprechen, weitgehend im Verborgenen liegen?

Schauen wir also generell auf echte Optionen, bei denen, so wie die Dinge im Augenblick liegen, die Gründe nicht ausreichen, die eine Hypothese der anderen vorzuziehen. Was sollen wir in solchen Fällen tun? Sollen wir uns tatsächlich des Urteils enthalten? James sagt, nein, das ist oft nicht einmal möglich. James zufolge ist es nämlich z. B. ein Fehler zu glauben, dass es bzgl. des Glaubens an Gott drei Möglichkeiten gibt – den Theismus, den Atheismus und den Agnostizismus. Denn der Agnostiker unterscheidet sich in seinem Verhalten nicht vom Atheisten. Mit anderen Worten: *De facto müssen* wir uns zwischen zwei Handlungsoptionen entscheiden – so zu leben, als gebe es Gott, oder so zu leben, als gebe es Gott nicht. Sich des Urteils zu enthalten und deshalb auf jeden Fall nicht zu glauben, dass es Gott gibt, ist nicht weniger riskant als zu glauben, dass es ihn gibt.

> Allerdings *können* wir warten, wenn wir wollen – hoffentlich denken Sie nicht, daß ich dies leugne –, aber wenn wir es tun, tun wir es ebensosehr auf unsere Gefahr, als wenn wir gläubig wären. In beiden Fällen *handeln* wir und tragen dabei unser Leben in der Hand. (ebd., 157 – Hervorh. im Original)

Doch wenn wir uns entscheiden müssen, *wofür* sollen wir uns entscheiden? Wenn die Gründe weder klar für noch klar gegen *p* sprechen, welche Entscheidung ist dann rational? Hier scheint James zunächst nur zu sagen, dass wir in solchen Fällen keinen Fehler machen, wenn wir unsere Emotionen und Leidenschaften ein gewichtiges Wort mitreden lassen. Aber bei genauerem Hinsehen ist die Sache doch etwas komplizierter.

Nach James folgen wir bei unseren Erkenntnisbemühungen zwei Grundsätzen – „Suche die Wahrheit" und „Meide den Irrtum". Dem ersten Grundsatz können wir einfach dadurch Genüge tun, dass wir *alles* glauben;[13] denn dann glauben wir alles, was wahr, allerdings auch alles, was falsch ist. Dem zweiten Grundsatz können wir folgen, indem wir *gar nichts* glauben; denn dann glauben wir mit Sicherheit nichts Falsches. Die beiden Grundsätze stehen also in einem Spannungsverhältnis zueinander. D. h. insbesondere: Wenn wir uns in unklaren Situationen des Urteils enthalten – eben um zu vermeiden, etwas Falsches zu glauben –, dann laufen wir Gefahr, etwas Wahres nicht zu glauben, das für uns von großer Bedeutung sein könnte.

James vermutet, dass Clifford im Zweifelsfall immer der Vermeidung des Irrtums den Vorzug gibt. Und er selbst hält das für das richtige Vorgehen, wenn wir es nicht mit bedeutungsvollen Optionen zu tun haben.

> Überall, wo die Option zwischen dem Verluste der Wahrheit und ihrem Gewinne keine bedeutungsvolle ist, können wir die Möglichkeit, *die Wahrheit zu gewinnen*, dahinfahren lassen und uns jedenfalls vor jedweder Möglichkeit, *eine Unwahrheit zu glauben*, sichern, indem wir uns überhaupt nicht entscheiden, bis objektive Evidenz eingetreten ist. In wissenschaftlichen Fragen ist dies fast stets der Fall; und selbst in menschlichen Angelegenheiten im allgemeinen ist das Bedürfnis zu handeln, selten so dringend, daß ein falscher Glaube als [Grundlage] des Handelns besser wäre als gar keiner. (ebd., 146f. – Hervorh. im Original)

Anders liegen die Dinge aber im Fall der Religion. Obwohl sich religiöse Überzeugungen in ihren Einzelheiten stark unterscheiden, sind nach James doch allen Religionen zwei Grundüberzeugungen gemeinsam.

> Erstlich sagt [die Religion], die besten Dinge seien die dem Ewigen näheren, die „übergreifenden" Dinge – diejenigen Dinge im Universum, welche sozusagen den Schlußstein legen und das letzte Wort haben. „Vollendung ist ewig" – dieser Ausspruch [...] scheint diese erste Behauptung der Religion gut auszudrücken, eine Behauptung, welche wissenschaftlich offenbar überhaupt noch nicht sicherzustellen ist. Die zweite Behauptung der Religion ist die, daß wir auch jetzt schon besser daran sind, wenn wir glauben, daß ihre erste Behauptung der Wahrheit entspricht. (ebd., 152f.)

Wir stehen daher vor der Frage: Sollen wir diese beiden Annahmen für wahr halten oder nicht? Es mag sein, dass dies für manche keine lebendige Option darstellt, da die Wahrheit der Annahmen für ihn außerhalb des Möglichen liegt. Aber wenn die Option lebendig ist, ist sie auch bedeutungsvoll. Denn wenn die Annahmen wahr sind, gibt es ein sehr wichtiges Gut, das wir gewinnen, wenn wir sie für wahr halten, und verlieren, wenn wir sie für falsch halten.[14] Und dann ist die Option auch unvermeidlich, da wir, wenn wir uns des Urteils enthalten, dieses wichtige Gut ebenfalls verlieren.

Hier zeigt sich meiner Meinung nach, dass James' Wille zum Glauben gar nicht so sehr darauf beruht, dass er der „Gefühlsseite unseres Wesens" ein stärkeres Gewicht einräumt. Vielmehr steht (ähnlich wie bei Pascal) eine entscheidungstheoretische Überlegung im Hintergrund: Wenn die beiden Annahmen wahr sind, gibt es ein großes Gut, das zu besitzen für mich einen sehr großen Wert darstellt. Wenn ich die Annahmen für wahr halte, gewinne ich also dieses sehr wertvolle Gut und muss im Gegenzug nur die geringen Kosten tragen, die der Glaube mir abverlangt. Wenn ich sie dagegen für falsch halte (obwohl sie wahr sind), kann ich diese Kosten vermeiden, verliere aber auch das große Gut. Falls die Annahmen falsch sind, ich sie aber für wahr halte, gewinne ich nichts, muss aber die Kosten tragen. Und wenn ich sie, wenn sie falsch sind, auch für falsch halte, gewinne ich nichts, vermeide aber auch alle Kosten. Diese Situation ist in der folgenden Tabelle noch einmal übersichtlich zusammengefasst.

	Halte Annahmen für wahr		Halte Annahmen für falsch	
Annahmen sind wahr	Gewinn	1000	Gewinn	0
	Kosten	-10	Kosten	0
	Gesamt	990	Gesamt	0
Annahmen sind falsch	Gewinn	0	Gewinn	0
	Kosten	-10	Kosten	0
	Gesamt	-10	Gesamt	0

Nun ist entscheidungstheoretisch keineswegs klar, was man in dieser Situation tun sollte. Wenn man der Maximin-Regel folgt („Wähle die Handlung, deren schlechtestes Ergebnis besser ist als das schlechteste Ergebnis jeder Alternative"[15]), sollte man die beiden Annahmen für falsch halten; die Maximax-Regel („Wähle die Handlung, deren bestes Ergebnis besser ist als das beste Ergebnis jeder Alternative") führt dagegen zum gegenteiligen Ergebnis: Halte beide Annahmen für wahr. Beide Regeln sind jedoch umstritten; und deshalb gibt es Alternativen wie etwa die Minimax-Regret-Regel (Regel des kleinsten Bedauerns),[16] die ebenfalls zu dem Ergebnis führt: Halte beide Annahmen für wahr. Mir scheint, dass James von dieser oder einer ähnlichen Regel ausgeht. Auf jeden Fall betont er noch einmal, dass er sich durch keine wissenschaftliche Vorsicht um die Chance bringen lassen möchte, einen großen Gewinn zu machen.

> Ich für meine Person [...] weigere mich einfach, dem Wissenschaftsmann zu gehorchen, wenn er mir befiehlt, seine Art von Option nachzumachen in einem Falle, wo mein eigener Einsatz wichtig genug ist, um mir das Recht zu verleihen, mir meine eigene Form des Risikos auszusuchen. Angenommen, die Religion sei wahr und doch gebe es keinen zureichenden Beweis dafür, so habe ich keine Lust, mir über mein persönliches Wesen, welches meinem Gefühl nach in dieser Sache doch schließlich ein Wort mitzureden hat, einen Lichtauslöscher stülpen zu lassen und mir so die einzige Aussicht im Leben zu verscherzen, mich auf die Seite zu schlagen, welche gewinnt. (ebd., 154)

Ein kurzes Fazit: Clifford verteidigt vehement die Auffassung, dass man niemals etwas auf der Grundlage unzureichender Belege glauben darf. Wenn die Gründe für *p* die Gründe gegen *p* eindeutig überwiegen, muss man *p* glauben und darf nicht vom Gegenteil überzeugt sein. Wenn die Frage, ob *p* der Fall ist, noch nicht hinreichend untersucht ist, obwohl eine solche Untersuchung möglich ist, muss man das Ergebnis der Untersuchung abwarten. Und wenn die verfügbaren Gründe nicht ausreichen, um die Frage, ob *p* der Fall ist, zu entscheiden, muss man sich des Urteils enthalten. James stimmt Clifford in den ersten beiden Fällen zu. Wenn allerdings die verfügbaren Gründe nicht ausreichen, um die Frage, ob *p* der Fall ist, zu entscheiden, macht man nach James keinen Fehler, trotzdem *p* zu glauben, wenn folgende Bedingungen erfüllt sind: 1. Die Frage, ob *p* der Fall ist, ist lebendig, unvermeidlich und bedeutungsvoll. 2. Falls *p* zutrifft, würde man ein großes Gut *verlieren*, wenn man *p nicht* für wahr hielte.

2.5 Epistemische und nicht-epistemische Gründe

Die Kontroverse zwischen Clifford und James bekommt noch deutlichere Konturen, wenn man die Unterscheidung zwischen *epistemischen* und *nicht-epistemi-*

schen Gründen mit einbezieht. In den Beispielen Cliffords geht es eindeutig um epistemische Gründe. Dass das Schiff von vornherein nicht wirklich gut gebaut war, dass es schon viele Fahrten hinter sich hat, dass es schon des Öfteren ins Dock zur Reparatur musste und dass eine ganze Reihe von Personen Zweifel an der Seetüchtigkeit des Schiffes geäußert haben – all dies sind Umstände, die eindeutig *gegen* die Wahrheit der Überzeugung sprechen, dass das Schiff noch seetüchtig ist, dass es auch die nächste Reise noch unbeschadet überstehen wird. Auch in der klassischen Religionsphilosophie geht es primär um epistemische Gründe – beim ontologischen Gottesbeweis um die Frage, ob der Begriff Gottes so geartet ist, dass die Behauptung „Gott existiert nicht" einen Widerspruch beinhaltet; beim kosmologischen Gottesbeweis um die Frage, ob die Existenz der kontingenten Welt ein Umstand ist, der für die Existenz einer ersten Ursache oder eines notwendigen Wesens spricht; und beim teleologischen Gottesbeweis um die Frage, ob die Existenz natürlicher zweckmäßiger Wesen ein Umstand ist, der es zumindest wahrscheinlich macht, dass diese Wesen auf einen intelligenten Urheber zurückgehen. Schließlich bildet den Kern der Debatte um das Problem des Übels die Frage, ob nicht die Tatsache, dass es in dieser Welt so unermesslich viel Schmerz und Leid gibt, ein Umstand ist, der eindeutig gegen die Wahrheit der Überzeugung spricht, dass es ein Wesen gibt, das zugleich allmächtig, allwissend und vollkommen gut ist.

In Auseinandersetzungen zwischen Religionsbefürwortern und Religionskritiker spielen jedoch oft gerade nicht-epistemische Gründe eine zentrale Rolle. So argumentieren Befürworter der Religion zum Beispiel, dass eine Welt ohne Gott ein absolut trostloser Ort wäre, dass alles sinnlos wäre, wenn Gott nicht existierte. So etwa Jürgen Kuhlmann in einer im Internet veröffentlichten Predigt:

> Beginnen wir mit der Gefahr, vor der die Kirche am deutlichsten warnt. „Ohne Gott ist alles sinnlos," mahnt ein frommer Werbespruch. Ja: Hielte Gott die Welt nicht in seiner guten Hand geborgen, was wäre sie dann? Nichts als ein blindes Feuerwerk aus Zufall und Notwendigkeit. Wir Menschen wären so etwas wie Hobelspäne der Evolution. Alles wäre erlaubt, nichts hätte einen Sinn. Ähnlich den Ziffern einer Digitaluhr würde jeder von uns aus dem Nichts auftauchen und ins Nichts verschwinden, ebenso die Menschheit als ganze. Wie ein Raumschiff, das sich verirrt hat, triebe die Erde ziel- und steuerlos durchs All, noch mit und bald ohne uns. (Kuhlmann, http://www.kath.de/predigt/kuhlmann/dreigift.htm – Abruf 29.6.11, 8.30 Uhr)

Ich will hier gar nicht auf die Frage eingehen, ob es tatsächlich so schlimm wäre, wenn die Welt als ganze und alles, was in ihr passiert, nicht auf dem Willen eines transzendenten Wesens beruhte, das die Welt geschaffen hat und das alles so regelt, dass am Ende doch alles gut wird. Mir ist hier nur der Punkt wichtig, dass selbst wenn das so wäre, dies *nicht* für die *Wahrheit* der Überzeugung spräche, dass es einen allmächtigen, allwissenden und vollkommen guten Gott gibt. Vielleicht ist es so, dass eine Welt ohne Gott ein trostloser Ort wäre; doch daraus kann man nicht schließen, dass Gott existiert. Nehmen wir etwa eine Person, die ohne Kontakt zur Außenwelt in einer Zelle eingesperrt ist; sie wird mit Essen versorgt und nicht misshandelt; aber sie weiß nicht, warum sie eingesperrt wurde und wie es weitergehen wird. Die Situation wird für sie immer unerträglicher, und nur die Überzeugung, dass hinter allem ein Plan steckt, dass jemand sie einer Prüfung unterziehen will und dass sie nach bestandener Prüfung reich belohnt werden wird, ermöglicht es ihr, überhaupt weiterzuleben. Spricht das für die Wahrheit dieser Überzeugung? Sicher nicht.

Das wichtigste nicht-epistemische Argument von Religionsbefürwortern – auch dieses Argument wird in der Predigt von Jürgen Kuhlmann schon angesprochen – ist aber, dass in den Augen vieler nur Gott die Geltung moralischer Normen garantieren kann.[17] Dies ist ein alter Topos, der trotz der grundsätzlichen Kritik, die sich schon in Platons *Euthyphron* findet,[18] bis heute eine zentrale Rolle spielt. Unter anderem hat Papst Benedikt XVI., der frühere Kardinal Joseph Ratzinger, immer wieder argumentiert, dass eine Welt, die nicht an Gott glaubt, politisch und gesellschaftlich dem Untergang geweiht ist. Sehr dramatisch hat er diese These 2005 in einem Artikel über die Zukunft Europas formuliert. Mit Arnold Toynbee konstatiert er, „dass sich das Abendland – die ‚westliche Welt' – in einer Krise befindet, deren Ursache [...] im Abfall von der Religion zum Kult der Technik, der Nation und des Militarismus" (Ratzinger 2005) liege. Besonders ausgeprägt habe sich diese Entwicklung in den totalitären Systemen des Nationalsozialismus und des Stalinismus manifestiert, in denen sich der „radikale Bruch mit der gesamten moralischen Tradition der Menschheit" (ebd.) besonders radikal vollzogen habe. Aber auch das heutige demokratische Europa sei bedroht: „Das Anwachsen der Gewalt, die Flucht in die Droge, das Zunehmen der Korruption lässt uns sehr fühlbar werden, dass der Werteverfall materielle Folgen hat und dass Gegensteuerung notwendig ist." (ebd.) Dieses Gegensteuern könne nur in der Rückbesinnung „auf die Urgewissheiten des Menschen über Gott, über sich selbst und über das Universum" (ebd.) bestehen. Besonders die unbedingte Geltung von Menschenwürde und Menschenrechten sei nur durch Rekurs auf Gott zu begründen. „Diese allem politischen Handeln und Entscheiden vorangehende Gültigkeit der Menschenwürde verweist letztlich auf den Schöpfer: Nur er kann Rechte setzen, die im Wesen des Menschen gründen und für niemanden zur Disposition stehen." (ebd.)

An dieser Argumentation kann man viel Kritik üben. Aber in diesem Zusammenhang ist nur entscheidend, dass es sich auch hier um ein nicht-epistemisches Argument handelt. Selbst wenn es wahr wäre, dass die Menschenrechte nur dann allgemeinverbindlich wären, wenn Gott sie gesetzt hat, würde das die Existenz

Gottes weder wahrscheinlicher noch unwahrscheinlicher machen. Vielleicht sind die praktischen Folgen verheerend, wenn es Gott nicht gibt, oder besser: wenn wir nicht glauben, dass es Gott gibt. („Wenn es keinen Gott gibt, ist alles erlaubt." Dostojewski *Briefe*) Aber das ist gewiss kein Umstand, der für die Wahrheit der Annahme spricht, dass es Gott gibt.

In seinem Essay „Das Konzept Gott – warum wir es nicht brauchen" warnt Burkhard Müller eindringlich davor, aus der Wünschbarkeit eines Sachverhalts auf seine Wahrheit zu schließen:

> [M]an hüte sich, von der Stärke des eigenen Wunsches auf eine entsprechende Wahrheit zu schließen. Nicht das kleinste Zeichen haben wir bekommen, daß die so heiß begehrte Wiederbringung und Auferstehung auch wirklich stattfinden wird. Ein paar (aber insgesamt doch erstaunlich wenige) derartige Fälle werden im Neuen Testament gemeldet – kaum ein unumstößlicher Beweis in den Augen eines Unvoreingenommenen. [...] Es wäre so schön. Es wäre auch für den Verdurstenden schön, wenn sein Durst die Oase herbeizwänge. Aber ob diese existiert oder nicht, ist leider vom Durst ganz unabhängig. Das Äußerste, was der Durst selbsttätig zu erzeugen vermag, ist die Fata Morgana. Als diese, als Wahngestalt, steht Gott am Horizont der Menschheitsgeschichte. (Müller 2007, 101)

Es soll hier nicht verschwiegen werden, dass auch Religions*kritiker* häufig auf nicht-epistemische Argumente zurückgreifen. Richard Dawkins etwa wird nicht müde, die Grausamkeiten und Ungerechtigkeiten aufzuzählen, die im Namen der Religion verübt wurden und werden. Dawkins nimmt kein Blatt vor den Mund:

> Der Gott des Alten Testaments ist – das kann man mit Fug und Recht behaupten – die unangenehmste Gestalt in der ganzen Literatur: Er ist eifersüchtig und auch noch stolz darauf; ein kleinlicher, ungerechter, nachtragender Überwachungsfanatiker; ein rachsüchtiger, blutrünstiger ethnischer Säuberer; ein frauenfeindlicher, homophober, rassistischer, Kinder und Völker mordender, ekliger, größenwahnsinniger, sadomasochistischer, launisch-boshafter Tyrann. (Dawkins 2007, 45)

Kein Wunder, so Dawkins, dass viele Religionen Vorschriften kennen, die man nur als menschenverachtend bezeichnen kann.[19] Schon im Alten Testament wurde Gotteslästerung besonders hart bestraft. Aber auch heute noch sehen manche Gesetzbücher in islamisch geprägten Staaten dafür die Todesstrafe vor. Allerdings ist es noch gar nicht solang her, dass es auch in Europa ähnliche Urteile gab. „Noch 1922 wurde John William Gott in Großbritannien wegen Gotteslästerung zu neun Monaten Zwangsarbeit verurteilt: Er hatte Jesus mit einem Clown verglichen." (ebd., 400)

Darüber hinaus wirft Dawkins besonders dem Fundamentalismus vor, er unterminiere die Wissenschaft:

> Als Naturwissenschaftler stehe ich dem Fundamentalismus feindselig gegenüber, weil er das Unternehmen Wissenschaft aktiv torpediert. Er lehrt uns, unsere Meinung nicht zu ändern und kein Interesse an spannenden Dingen zu haben, die man durchaus in Erfahrung bringen könnte. Er untergräbt die Wissenschaft und schwächt den Verstand. (ebd., 394)

Wissenschaft beruht auf Belegen und Argumenten. Für Fundamentalisten aber sind Belege und Argumente bestenfalls zweitrangig; sie glauben das und nur das, was in den heiligen Texten steht.

Offenbar haben auch Dawkins' Argumente Schwächen. Wichtig ist hier aber wieder nur, dass auch diese Argumente nicht-epistemische Argumente sind. Selbst wenn es so wäre, dass Gott der grausame Tyrann ist, den Dawkins in den Schriften des Alten Testaments findet, und selbst wenn es so wäre, dass dieser Gott Vorschriften erlassen hat, die wir heute allgemein als menschenverachtend bezeichnen, würden diese Tatsachen weder für noch gegen die Existenz eines solchen Gottes sprechen. Wahrscheinlich wäre es furchtbar, wenn es einen solchen Gott gäbe. Aber dass etwas furchtbar oder schrecklich oder widerlich ist, spricht an sich weder für noch gegen seine Existenz.

Kommen wir zurück zu Clifford und James. Clifford ist in diesem Punkt nicht wirklich explizit; aber was seine Haltung zum Unterschied zwischen epistemischen und nicht-epistemischen Gründen angeht, scheint klar: Clifford zufolge darf man sich bei der Frage, was man glauben soll, *nur an epistemischen Gründen* orientieren. Und noch eins: Grundsätzlich darf man *p* nur glauben, wenn die Frage, ob *p* der Fall ist, ausreichend untersucht wurde. Cliffords These scheint also auf Folgendes hinauszulaufen: Man darf *p* dann und nur dann glauben, wenn die Frage, ob *p* der Fall ist, hinreichend untersucht wurde und wenn nach dieser Untersuchung die epistemischen Gründe für *p* die epistemischen Gründe gegen *p* eindeutig überwiegen; ansonsten muss man sich des Urteils enthalten. Wer sich in Glaubensdingen anders verhält, macht einen Fehler – und zwar einen *vorwerfbaren* Fehler. James widerspricht Clifford nicht grundsätzlich, meint jedoch: Wenigstens dann, wenn sich die Frage, ob *p* der Fall ist, epistemisch nicht entscheiden lässt, dürfen auch nicht-epistemische Gründe eine Rolle spielen. Das alles klingt auf den ersten Blick sehr plausibel; denn insbesondere Clifford scheint sich einfach daran zu orientieren, dass Wunschdenken ja allgemein als äußerst bedenklich und irrational gilt. Dennoch: Ist Cliffords Position nicht unangemessen rigoros? Wie ist es etwa, wenn jemand, der an einer schweren Krankheit leidet, nach Lourdes pilgert, weil er glaubt, dass er dort Genesung finden wird? Darf diese Person das glauben?

Die epistemischen Gründe sprechen eine ziemlich eindeutige Sprache. Ulrich Schnabel etwa schildert in seinem Buch *Die Vermessung des Glaubens* die Wirkung von Wallfahrten nach Lourdes ganz nüchtern:

2.5 Epistemische und nicht-epistemische Gründe — 31

Seit dem 11. Februar 1858, als an der Grotte von Massabielle angeblich die heilige Maria der vierzehnjährigen Bernadette Soubirous erschien, gilt das Wasser der dortigen Quelle als heilträchtig. [...] [F]ür manchen unheilbar Kranken ist Lourdes die letzte Hoffnung. Doch rein statistisch gesehen stehen die Chancen, dort eine Wunderheilung zu erleben, nicht besonders gut. In den vergangenen hundertfünfzig Jahren haben mehrere Millionen Hilfesuchende den Wallfahrtsort besucht; im selben Zeitraum wurden dem Medizinischen Büro von Lourdes knapp 7000 Genesungen gemeldet; und davon wiederum hat die römisch-katholische Kirche bis heute ganze 67 Heilungen als Wunder anerkannt. Die Wahrscheinlichkeit auf eine Wunderheilung in Lourdes beträgt demnach – grob über den Daumen gepeilt – etwa eins zu hunderttausend. Pragmatisch denkende Mediziner verweisen angesichts dieser Zahlen darauf, dass an solchen Heilungen nichts Wunderbares sei. Denn in etwa demselben Bereich liege zum Beispiel auch die Rate von Spontanheilungen bei Krebs – und die könnten schließlich überall auftreten, im Krankenhaus ebenso wie in einer südfranzösischen Höhle. (Schnabel 2008, 64f.)

Epistemisch gesehen ist die Sache also klar. Die uns bekannten Umstände sprechen *nicht* dafür, dass der Grotte von Lourdes oder dem dortigen Heilwasser eine besondere Heilkraft zukommen. Im Gegenteil: Die Tatsache, dass die Rate der Spontanheilungen, die sich in Lourdes ereignet haben, in etwa dieselbe ist wie die, die man überall sonst beobachten kann, spricht eindeutig *dagegen*, dass Lourdes ein Ort mit einer *besonderen* Heilkraft ist. Ist es also irrational und vielleicht sogar *vorwerfbar*, wenn jemand dennoch glaubt, dass ein Besuch in Lourdes ihm helfen wird?

Für Schnabel ist das keineswegs klar. Denn:

[...] Ärzte [wissen] seit langem, dass schon die Hoffnung auf Heilung einen heilsamen Effekt hat. Als einer der Ersten wies dies der amerikanische Anästhesist Henry Beecher nach, der im Zweiten Weltkrieg in einem Lazarett an der Front arbeitete. Dort wurde den verwundeten Soldaten zur Linderung ihrer Schmerzen Morphin verabreicht. Doch wie das in Kriegszeiten so ist – eines Tages ging das Schmerzmittel aus, und Nachschub war nicht in Sicht. Als die gepeinigten Kranken immer dringender um Erleichterung baten, verfiel Beecher in seiner Not auf einen billigen Trick: Er spritzte eine einfache Kochsalzlösung und machte den Soldaten weis, sie bekämen ihr gewohntes Schmerzmittel. Der Trick funktionierte. Viele Kranke berichteten erleichtert, dass ihre Schmerzen endlich nachgelassen hätten. Unter dem Titel *The Powerful Placebo* veröffentlichte Beecher 1955 die erste wissenschaftliche Abhandlung über dieses Phänomen. (ebd., 46)

Die Ergebnisse der Placebo-Forschung sind in der Tat eindeutig: Manchmal ist es nicht die Tatsache, dass ein Medikament einen bestimmten Wirkstoff enthält, sondern die Tatsache, dass der Patient *glaubt*, dass es diesen Wirkstoff enthält, die zu einer deutlichen Besserung seiner Beschwerden führt. Könnte das nicht bei einem Besuch in Lourdes ähnlich sein? Schnabel sieht hier tatsächlich einen Zusammenhang:

> Die Parallelen zwischen Religion und Placebowirkung sind [...] kaum von der Hand zu weisen. [...] Sowohl in der Religion als auch in der Placeboforschung geht es um einen Akt des Vertrauens – im einen Falle um das Vertrauen in eine göttliche Dimension, die objektiv nicht beweisbar ist; im anderen Falle um das Vertrauen in einen Wirkstoff oder eine Therapie, die objektiv nicht vorhanden ist. (ebd., 57)

So könnte also auch die Heilung Marie-Simon Pierres von ihrer Parkinson-Erkrankung, über die Schnabel ausführlich berichtet, letzten Endes darauf beruhen, dass sie an etwas geglaubt hat, wofür keine epistemischen Gründe sprachen. Aber werden diese Überzeugungen nicht durch den jeweiligen Heilungserfolg legitimiert?

> Wenn ein Glaube an etwas Nicht-Vorhandenes Dinge in Gang zu setzen vermag, die bei nüchterner Betrachtung gar nicht möglich wären – legitimiert sich dann dieser Glaube nicht durch den Erfolg im Nachhinein selbst? Hätte etwa die Nonne Marie-Simon Pierre nicht so ein festes Papst- und Gottvertrauen gehabt, wäre es vermutlich gar nicht zu dieser dramatischen Besserung ihres Parkinson-Syndroms gekommen. (ebd., 74)

Aber die Sache hat einen Haken:

> [V]ermutlich ist es ein Glück, dass [Marie-Simon Pierre] die neurobiologischen Mechanismen der Placeboforschung nicht kannte; sonst hätten womöglich eben diese Mechanismen bei ihr nicht gewirkt. (ebd.)

Denn generell gilt offenbar, dass man eine Überzeugung nicht aufrecht erhalten kann, wenn man weiß, dass die epistemischen Gründe eindeutig gegen sie sprechen.

> Sind religiöse Vorstellungen – etwa die eines hilfreichen, heilenden Gottes – damit nichts anderes als gigantische Placebos? Entsprechen sie den Zuckerpillen, mit denen Ärzte mitunter ihre Patienten hinters Licht fuhren, zu deren eigenem Besten? Diese Frage zu stellen, heißt folgende Antwort zu provozieren: Selbst wenn es so wäre, dürften sich Gläubige unter keinen Umständen diesen Gedanken gestatten. Denn Vertrauen kann man schließlich nur zu einem Gott aufbauen, der als real existierend erscheint. Ihn sich als Placebo vorzustellen, würde seine Wirkung mit einem Schlag zunichtemachen. Zugleich würde damit vielen Menschen eine Kraft genommen, die sie als segensreich empfinden. Wer das tut, muss wissen, was er an die Stelle dieser Hoffnung setzt. (ebd.)

Die Sache ist vertrackt. Offenbar gibt es Situationen, in denen sehr starke *nicht-epistemische* Gründe dafür sprechen, p zu glauben, obwohl p falsch ist bzw. die epistemischen Gründe eindeutig gegen p sprechen. Und was die Sache noch schwieriger macht: In diesen Situationen kann man p nur glauben, wenn es einem gelingt, die epistemischen Gründe, die gegen p sprechen, nicht zur Kenntnis zu nehmen. Trotzdem scheint es keineswegs klar, dass man einer Person, die in einer solchen Situation *p* glaubt, daraus einen Vorwurf machen kann; dass man eindeutig sagen kann, dass sie irrational handelt; dass sie nicht berechtigt ist, *p* zu glauben. Clifford *scheint* also widerlegt.

Ich glaube, dass man hier etwas mehr Klarheit gewinnen kann, wenn man einen Aspekt der Argumentation Cliffords in den Blick nimmt, der bisher noch gar nicht zur Sprache gekommen ist. In beiden Beispielen Cliffords geht es um Überzeugungen, deren Wahrheit oder Falschheit für *Dritte* außerordentlich folgenreich ist.[20] Wenn die Überzeugung des Reeders, dass sein Schiff noch seetüchtig ist, falsch ist, dann bedeutet das für Auswanderer und Besatzung, dass das Risiko eines Schiffbruchs außerordentlich hoch ist. Und wenn die Überzeugung der Gruppe der Gegner, dass sich die Verfechter der anderen Religion unfairer oder sogar illegaler Mittel bedienen, um ihren Glauben zu propagieren, falsch ist, dann bedeutet das für diese Verfechter, dass sie völlig unberechtigt beschuldigt und drangsaliert werden. Clifford hätte in meinen Augen daher völlig Recht, wenn er seine These so formulieren würde: Wenn die Falschheit von *p* für Dritte erhebliche negative Konsequenzen hat, darf man *p* nur glauben, wenn hinreichend untersucht wurde, ob *p* der Fall ist, und wenn diese Untersuchung zu dem Ergebnis geführt hat, dass die *epistemischen* Gründe eindeutig für *p* sprechen. In einem solchen Fall darf man kein Risiko eingehen; in einem solchen Fall muss die Devise „Meide den Irrtum" eindeutig den Vorrang haben.[21]

Wenn davon, was ich für richtig halte, jedoch nichts abhängt, sind die Anforderungen an mich dagegen deutlich geringer. Wenn ich etwa glaube, dass Borussia Dortmund das nächste Spiel gewinnen wird, wird wohl kaum einer fragen: Hast Du das auch gründlich untersucht? Sprechen die epistemischen Gründe wirklich für Deine Überzeugung? Sicher, wenn Hans glaubt, dass ihm ein Unglück zustoßen wird, weil ihm am Morgen eine schwarze Katze über den Weg gelaufen ist, halten wir ihn zu Recht für irrational. Nach allem, was wir wissen, haben Unglücke und schwarze Katzen nichts miteinander zu tun. Epistemisch spricht also nichts für die Wahrheit der Überzeugung von Hans.[22] Trotzdem ist aber auch die Reaktion „Soll er doch glauben, was er will" nicht völlig unangemessen.

Dann sind da drittens die Überzeugungen, die für Dritte positive Konsequenzen haben – egal ob sie wahr oder falsch sind. Angenommen, Buddhisten sind tatsächlich die besseren Menschen, und zwar alle. Sie sind hilfsbereiter und friedlicher; nie wird ein Buddhist einen anderen schlagen oder gar töten; nie wird er ihr oder ihm irgendein Leid zufügen. Dann wird man wohl sagen müssen, dass es in einem gewissen Sinn gut ist, an die Wiedergeburt und das Nirwana und an die vier edlen Wahrheiten zu glauben. Aber ist es auch rational? Ich denke, die meisten spüren hier ein Unbehagen – ein Unbehagen, das sich immer dann einstellt, wenn epistemische und nicht-epistemische Gründe gegeneinander stehen.

Epistemisch spricht nach allem, was ich weiß, wenig für die Wiedergeburt. Auf der anderen Seite: Wenn Buddhisten doch die besseren Menschen sind?

Schließlich gibt es viertens die von Schnabel behandelten Überzeugungen, die für den Überzeugten selbst außerordentlich positiv sind – auch und gerade, wenn sie falsch sind.[23] Ist es irrational zu glauben, dass ein Besuch in Lourdes die eigenen Heilungschancen verbessern wird, wenn es – epistemisch gesehen – als erwiesen gelten kann, dass sich die Heilungschancen in Lourdes nicht von denen an einem beliebigen anderen Ort der Welt unterscheiden, wenn auf der anderen Seite aber allein die Tatsache, dass man diesen Glauben hat, die Heilungschancen tatsächlich erhöht?

Ich denke, dass man hier nur weiter kommt, wenn man den Unterschied zwischen epistemischen und nicht-epistemischen Gründen noch einmal klar herausstreicht.[24] Eine Person, die trotz aller gegenteiligen Belege glaubt, dass ein Besuch in Lourdes ihre eigenen Heilungschancen verbessert, handelt *epistemisch gesehen unvernünftig*. Wer an die Wiedergeburt und das Nirwana und an die vier edlen Wahrheiten glaubt, obwohl es keine hinreichenden Belege für diese Überzeugung gibt, handelt *epistemisch gesehen unvernünftig*.[25] Und auch der Glaube an die Existenz eines christlich verstandenen Gottes wäre *epistemisch gesehen unvernünftig*, falls die verfügbaren Belege eher gegen diese Existenz sprechen. Jemand mag starke nicht-epistemische Gründe für den Glauben an Gott haben. Aber auch von einer solchen Person darf man erwarten, dass sie sich darüber im Klaren ist, dass es sich eben um nichtepistemische Gründe handelt. Und man darf von ihr erwarten, dass sie der Frage nach den epistemischen Gründen nicht ausweicht. In den folgenden Kapiteln soll es jedenfalls genau darum gehen – um die Frage, wie es mit den epistemischen Gründen für den Glauben an Gott steht. Sprechen die uns zugänglichen Umstände eher für oder gegen die Überzeugung, dass es einen Gott oder überhaupt übernatürliche Kräfte gibt?

Nützlich sind an dieser Stelle vielleicht noch einige Bemerkungen über den Zusammenhang von Glauben (Überzeugtsein) und Hoffen. Offenbar ist es nicht von vornherein irrational, auf das äußerst Unwahrscheinliche zu hoffen. Jemand, dessen Heilungschancen objektiv sehr gering sind, darf natürlich trotzdem *hoffen*, gesund zu werden. (Er darf es vielleicht nicht erwarten; aber er darf es hoffen.) Jemand, der nach einem Schiffbruch kaum noch Chancen hat, gerettet zu werden, darf trotzdem *hoffen*, dass zufällig ein Schiff vorbeikommt, das ihn aufnimmt und nach Hause bringt. Und, um noch ein eher triviales Beispiel zu nehmen, jemand, der bei der Pokervariante *Texas Hold'em* nach dem Turn nur noch ein Out – die Herzdame – hat, darf *hoffen*, dass sich auf dem River genau diese Karte zeigt, obwohl die Wahrscheinlichkeit dafür nur ca. 2 % beträgt.

Allerdings sind Hoffnungen nicht in jedem Fall legitim. In seinem Buch *Selbsttäuscherische Hoffnung* hat Roland Bluhm dafür argumentiert, dass auch

Hoffnungen in mancherlei Hinsicht defizitär sein können. Hoffnungen beruhen immer auf Wünschen. Wenn ich hoffe, dass p, setzt das voraus, dass ich wünsche, dass p. Und Hoffnungen sind in aller Regel damit verbunden, dass ich eine bestimmte Vorstellung davon habe, wie wahrscheinlich das Eintreffen von p ist. Aus diesem Grunde können Hoffnungen *epistemisch defizitär* sein, wenn meine Einschätzung der Wahrscheinlichkeit von p nicht den mir zugänglichen epistemischen Gründen entspricht. „Selbsttäuscherisch" nennt Bluhm eine Hoffnung, bei der gerade mein starker Wunsch, dass p, dafür verantwortlich ist, dass ich eine verzerrte Wahrnehmung der epistemischen Situation habe und diese Fehleinschätzung der Gründe, die für und die gegen p sprechen, dazu führt, dass ich die Wahrscheinlichkeit von p z. B. deutlich zu hoch einschätze.

Darf man jemanden wegen einer selbsttäuscherischen Hoffnung kritisieren? Zumindest *prima facie* lautet die Antwort sicher: Ja. Denn selbsttäuscherische Hoffnung geht einher mit klaren Fällen von Wunschdenken. Gerade weil ich mir so sehr wünsche, dass p, schätze ich die Gründe, die für und die gegen p sprechen, falsch ein, so dass ich zu einer übertrieben hohen Einschätzung der Wahrscheinlichkeit von p komme. Aber auch bei selbsttäuscherischen Hoffnungen gibt es Zweifelsfälle. Bluhm führt ein Beispiel an, das auf Gabriel Marcel zurückgeht:

> Nehmen wir das Beispiel einer Mutter, die hartnäckig auf der Hoffnung besteht, daß sie ihren Sohn wiedersehen wird, obwohl sein Tod durch Zeugen, die seine Leiche gefunden und beerdigt haben, ganz eindeutig beglaubigt ist. Ist der Beobachter nicht berechtigt zu sagen: es gibt keine Gründe für die Hoffnung, daß dieser Sohn noch am Leben ist? [... S]ofern sich die Hoffnung der Mutter in ein objektives Urteil übersetzen läßt: „Es ist möglich, daß Johann zurückkehrt", haben wir das Recht zu sagen: „Nein, objektiv gesprochen muß die Rückkehr als unmöglich betrachtet werden." (Marcel 1949, 84; zitiert nach Bluhm 2012, 275)

Doch das ist nach Marcel nicht alles, was man dazu sagen kann.

> Aber an der Wurzel des objektiven Urteils der Mutter, das als solches nicht aufrecht erhalten werden kann, liegt bei ihr der Akt eines liebenden Denkens, das die Tatsache ablehnt oder sie transzendiert; und es scheint etwas Absurdes oder Anstößiges darin zu liegen, wenn man einem Menschen das Recht zu hoffen, das heißt wider alle Hoffnung zu lieben, bestreiten will. Genauer gesagt: was hier absurd ist, ist eben die Vorstellung, daß uns hier ein Recht der Anerkennung oder Ablehnung zustehen könne. (ebd.)

Bluhm zufolge zeigt Marcels Beispiel in der Tat, dass selbsttäuscherische Hoffnungen nicht immer verwerflich sind und dass es manchmal sogar grausam sein kann, jemandem eine solche Hoffnung zu nehmen. Nicht verwerflich ist eine selbsttäuscherische Hoffnung unter anderem dann, wenn diese Hoffnung „gewichtigere gute als schlechte Konsequenzen hat" (Bluhm 2012, 275). Bluhm hebt zwei Aspekte besonders hervor. Erstens: Selbsttäuscherische Hoffnung kann verzeihlich sein, wenn die Alternative in tiefer *Verzweiflung* bestünde.

> Der von Marcel geschilderte Fall gewinnt seine Plausibilität als Beispiel für akzeptable selbsttäuscherische Hoffnung daraus, dass die (psychologischen) Kosten, die es für die Mutter hätte, die Hoffnung aufzugeben, extrem hoch wären. Ihre Selbsttäuschung ist [...] ein Notbehelf, der sie vor dem Zusammenbruch schützt, von dem wir nicht annehmen müssen, dass er eine dauerhafte Strategie im Umgang mit der Realität darstellt. (Bluhm 2012, 277f.)

Zweitens: Hoffnung ist oft auch eine entscheidende Handlungsmotivation. Solange jemand hofft, dass er ein Ziel erreichen kann, ist er motiviert, alles zu tun, was zur Erreichung diese Ziels erforderlich ist. Wenn man einer Person die Hoffnung nimmt, nimmt man ihr also vielleicht auch jedes Motiv, selbst mit dafür zu sorgen, dass das Erhoffte eintritt. Insofern kann eine selbsttäuscherische Hoffnung sogar eine notwendige Voraussetzung dafür sein, dass das geschieht, was man erhofft.

> Hoffnung disponiert einen Hoffenden dazu, in einer Weise zu handeln, die er für geeignet hält, das Erhoffte zu befördern, und eine Selbsttäuschung, die eine Hoffnung erhält, stützt den Handlungswillen des sich selbst Täuschenden. In solchen Fällen, in denen das Eintreten des Erhofften zumindest teilweise vom Handeln des Hoffenden abhängt, kann Selbsttäuschung daher dazu beitragen, dass das Erhoffte geschieht. (Bluhm 2012, 278f.)

Diese beiden Aspekte fasst Bluhm selbst so zusammen:

> Eine Selbsttäuschung kann alles sein, was einen Hoffenden davon abhält zu *resignieren*, das heißt, eine spezifische Hoffnung zu verlieren. Resigniert ein Hoffender, wird er (in aller Regel) nicht mehr versuchen, das Erhoffte handelnd herbeizuführen. Daher sind Fälle denkbar, in denen die Erfüllung einer Hoffnung nicht möglich (oder signifikant weniger wahrscheinlich) wäre, wenn der Hoffende seine Hoffnung nicht in selbsttäuscherischer Weise aufrechterhielte. Selbsttäuscherische Hoffnungen können sich durchaus erfüllen; vielleicht können sich also manche Hoffnungen nur um den Preis der Selbsttäuschung erfüllen. Eine Selbsttäuschung kann außerdem alles sein, was einen Hoffenden davon abhält zu verzweifeln. Bei Allerweltshoffnungen ist das gewiss nicht einschlägig, aber wenn es um etwas überwältigend Wichtiges geht, kann der Verlust einer Hoffnung dem Hoffenden derart starken Schmerz zufügen oder ihm ein derart wichtigen Bestandteil seines Lebenssinnes nehmen, dass er den Willen zu leben verliert. (Bluhm 2012, 280f.)

Natürlich gelten diese Aspekte nicht für alle selbsttäuscherischen Hoffnungen. Aber sie zeigen doch, dass selbsttäuscherische Hoffnungen zumindest in einigen Fällen verzeihlich sind. Allerdings: So wie ich betont habe, dass jemand, dessen Überzeugungen nur auf nicht-epistemischen Gründen beruhen, in seinen Überzeugungen epistemisch irrational ist, so fügt auch Bluhm einen Vorbehalt an:

> Doch selbst dann, wenn wir bei der Beurteilung eines spezifischen Falls voraussetzen, dass eine Selbsttäuschung eines Hoffenden vor Resignation oder vor Verzweiflung schützt, also selbst dann, wenn wir dem Selbsttäuscherischen der Hoffnung in diesem Fall einen hohen instrumentellen Wert zuschreiben – würden wir nicht dennoch etwas an ihr auszusetzen haben? Wäre es nicht *besser*, wenn der Hoffende [...] *ohne* Selbsttäuschung [auskäme]? (Bluhm 2012, 281)

Diese – von allen Fragen der Nützlichkeit unabhängige – Intuition geht, so Bluhm, darauf zurück, „dass wir *epistemischer Rationalität* einen hohen Wert zuschreiben" (ebd.). Wahrheit ist für uns ein hoher Wert. Wir halten Personen, die nach Wahrheit streben, für besser als solche, denen Wahrheit egal ist. Aber warum ist das so? Nun, auch Wahrheit hat einen instrumentellen Wert. „Erfolgreiches Handeln ist auf Grundlage falscher Überzeugungen im Allgemeinen nicht, oder zumindest nicht auf Dauer möglich. Schon deshalb ist Selbsttäuschung als *allgemeine Strategie* nicht tragbar [...]" (Bluhm 2012, 282). Aber wenn Wahrheit *nur* einen instrumentellen Wert besäße, könnten wir nicht erklären, dass an selbsttäuscherischer Hoffnung selbst dann etwas falsch zu sein scheint, wenn sie praktisch gesehen überaus nützlich ist.

> Vielleicht können wir die intuitive Ablehnung selbsttäuscherischer Hoffnung daher [...] als Hinweis darauf deuten, dass wir Wahrheit tatsächlich einen *intrinsischen* Wert beimessen. (Bluhm 2012, 284)

Mir scheint, dass Bluhm hier einen zentralen Punkt trifft. Dass wir bei Überzeugungen, die nur auf nicht-epistemischen und nicht auf epistemischen Gründen beruhen, ein Unbehagen empfinden so wie wir auch selbsttäuscherischen Hoffnungen immer mit Vorbehalten begegnen, liegt daran, dass in beiden Fällen der zentrale Wert der Wahrheit nicht angemessen berücksichtigt wird. Wahrheit ist in vielen Fällen nicht nur ein intrinsischer Wert. Wahrheit ist der *zentrale* Wert, wenn es darum geht, wovon wir überzeugt sein sollen.

Deshalb geht es in diesem Buch genau um die Frage, welche epistemischen Gründe für bzw. gegen die *Wahrheit* der Annahme sprechen, dass es übernatürliche Wesen gibt, die sozusagen von außen in den Lauf der Welt eingreifen und die Geschicke der Bewohner dieser Welt bestimmen. Es ist sicher schwer, in Glaubensdingen völlig unvoreingenommen zu sein. Aber genau das soll soweit wie möglich erreicht werden. Die entscheidende Frage lautet: Wie stellt sich die Welt einer nüchternen und unvoreingenommenen Person da? Wird sie in dieser Welt Umstände finden, die für die Wahrheit der Überzeugung sprechen, dass es einen Gott oder überhaupt übernatürliche Kräfte gibt? Wird sie in dieser Welt Umstände finden, die gegen die Wahrheit dieser Überzeugung sprechen? Und wie wird am Ende die Bilanz aussehen?

3. Empirische Belege für die Existenz des Übernatürlichen

Nachdem Friedrich Wilhelm Herschel am 13. März 1781 eher zufällig den Planeten Uranus entdeckt hatte, wollte man natürlich mehr über diesen Himmelskörper wissen. Wie groß ist er? Welche Gestalt hat er? Wie sieht seine Umlaufbahn um die Sonne aus? Bei diesen Untersuchungen ergaben sich aber bemerkenswerte Ungereimtheiten.

> 1821 veröffentlichte Alexis Bouvard astronomische Tabellen über die Bahn des Uranus. Nachfolgende Beobachtungen enthüllten erhebliche Diskrepanzen mit den berechneten Werten. Die Bewegung des Uranus um die Sonne zeigte Störungen und entsprach nicht den keplerschen Gesetzen. Astronomen wie Bouvard vermuteten daher, dass es einen weiteren Planeten jenseits des Uranus geben müsse, der durch seine Gravitationskraft die Bewegung des Uranus störe. (http://de.wikipedia.org/wiki/Neptun_(Planet) – Abruf 26.02.2012, 11.45 Uhr)

Man berechnete die Bahn dieses hypothetischen achten Planeten und damit auch die Position, an der er zu beobachten sein müsste. Aber die Sache zog sich. Schließlich schrieb Le Verrier einen Brief an Johann Galle, einen Beobachter an der Berliner Sternwarte, in dem er diesen bat, nach dem vorhergesagten Planeten Ausschau zu halten. Doch auch diese Suche, die Galle zusammen mit seinem Gehilfen Heinrich d'Arrest durchführte, blieb zunächst erfolglos.

> D'Arrest schlug schließlich vor, die Sterne mit den Berliner akademischen Sternkarten zu vergleichen. [...] Wieder zurück am Fernrohr, begann Galle die im Fernrohr sichtbaren Sterne anzusagen, während d'Arrest diese Sterne mit der Karte verglich. Es dauerte nicht lange, bis d'Arrest rief: *„Dieser Stern ist nicht auf der Karte!"* Gemeinsam mit dem herbeigerufenen Encke vermaßen sie wiederholt die Koordinaten des am Himmel, aber nicht in der Karte gefundenen Sterns 8. Größe und glaubten eine geringfügige Bewegung zu sehen, konnten sie aber noch nicht sicher feststellen. Der verdächtige Stern lag nur etwa ein Grad von der vorhergesagten Position entfernt. Am nächsten Abend ließen erneute Positionsbestimmungen keinen Zweifel, dass der Stern sich mittlerweile bewegt hatte, und zwar um den Betrag, der gemäß der von Le Verrier errechneten Bahn zu erwarten war. Die genaue Betrachtung zeigte ein kleines, auf gut zweieinhalb Bogensekunden Durchmesser geschätztes Scheibchen. Galle konnte Le Verrier den Erfolg der kurzen Suche melden: *„Der Planet, dessen Position Sie errechnet haben, existiert tatsächlich"*. Damit war Neptun der erste Planet, der nicht durch systematische Suche, sondern durch eine mathematische Vorhersage entdeckt wurde. (ebd.)

Gibt es empirische Tatsachen, die in dieser oder ähnlicher Weise für die Existenz übernatürlicher Wesen oder Kräfte sprechen?

3.1 Kann das Eingreifen übernatürlicher Kräfte empirisch nachgewiesen werden?

Dass man sich dem Übernatürlichen überhaupt auf empirisch-wissenschaftlichem Wege nähern könne, wird von manchen rundheraus bestritten. So schreibt etwa Kurt Bayertz:

> Im Rahmen der naturwissenschaftlichen Forschung fungiert [das Immanenzprinzip, dem zufolge alle wirklichen Phänomene auf materielle Objekte und Prozesse zurückgeführt werden können] als eine *methodologische Regel*, nach der nur das in Betracht gezogen wird, was ‚natürlich erklärt werden' kann. Phänomene, die sich der exakten empirischen Analyse entziehen, sind einfach nicht Gegenstand der naturwissenschaftlichen Forschung. Ob es sie ‚in Wirklichkeit' gibt oder nicht, ist eine Frage, die im Rahmen der Naturwissenschaften nicht einmal gestellt, geschweige denn beantwortet werden kann. Mit Hilfe der experimentellen Methode ist über Geister und Götter nichts zu ermitteln; aber daraus *folgt* natürlich nicht, dass es keine Geister und Götter gibt. Eine materialistische Deutung des Wesens der Welt geht daher notwendigerweise über das hinaus, was im Rahmen der Naturwissenschaften legitimerweise ausgesagt werden kann. (Bayertz 2007, 57f.)

Ein einfaches Beispiel zeigt die Unhaltbarkeit dieser Position. Nehmen wir an, dass ein bestimmtes Heilwasser, das vom Papst geweiht wurde, tatsächlich bei einer Reihe von Erkrankungen mit einer Häufigkeit zu einer Heilung führt, die deutlich über der Häufigkeit der üblichen Spontanheilungen liegt – und zwar auch, wenn weder die Kranken noch die Personen, die das Wasser verabreichen, wissen, dass es sich nicht um normales Wasser handelt. Nehmen wir weiter an, dass das Wasser diese Wirkung nicht zeigt, wenn es nicht vom Papst geweiht wurde. Und nehmen wir drittens an, dass sich mit allen Methoden der chemischen Analyse keinerlei Unterschiede zwischen geweihtem und ungeweihtem Wasser feststellen lassen. Dann scheint mir klar: In diesem Fall wäre es eine *wissenschaftlich* sehr gut begründete Annahme, dass die Weihe durch den Papst dem Wasser eine heilsame Wirkung verleiht – eine Wirkung, die sich nicht natürlich erklären lässt.

Trotzdem: Hat nicht schon Hume argumentiert, dass alle Wunderberichte – alle Berichte über Ereignisse, die mit den Naturgesetzen nicht vereinbar sind und die sich nur durch das Einwirken übernatürlicher Kräfte erklären lassen[1] – prinzipiell unter einem Glaubwürdigkeitsproblem leiden? Wunder sind in der Regel einzelne Ereignisse – etwa die Verwandlung von Wasser in Wein bei der Hochzeit in Kana, die Heilung des Blinden von Bethsaida oder die Wiedererweckung des Lazarus. Wenn jemand von einem solchen Wunder berichtet, können wir ihm glauben? Wovon hängt es ab, ob wir überhaupt den Berichten einer anderen Person trauen können?

3.1 Kann das Eingreifen übernatürlicher Kräfte empirisch nachgewiesen werden? — 41

> Dies ist offensichtlich im Prinzip dann vernünftig, wenn dieser Mensch glaubwürdig ist, das heißt, wenn anzunehmen ist, dass er weder einer Selbsttäuschung unterliegt noch seine Mitmenschen täuschen will, also unaufrichtig ist. Je größer die Glaubwürdigkeit des Zeugen ist, umso eher sind wir rationalerweise bereit, das von ihm bezeugte Ereignis für wahr zu halten. (Hoerster 2005, 36f.)

Aber die Glaubwürdigkeit des Zeugen ist nicht der einzige relevante Faktor. Wichtig ist auch, wie wahrscheinlich bzw. unwahrscheinlich das berichtete Ereignis ist. Wenn jemand berichtet, in Schweden hätte es im November geschneit, werden wir ihm eher glauben, als wenn er sagt, im Kongo hätte es im November einen Schneeeinbruch gegeben. Wenn wir beide Faktoren kombinieren, „gelangen wir zu folgendem Prinzip: Je unwahrscheinlicher das bezeugte Ereignis als solches ist, desto glaubwürdiger muß der Zeuge sein, damit wir seinen Bericht als wahr akzeptieren können." (ebd., 37) Damit der Bericht über den Schneeeinbruch im Kongo überhaupt eine Chance hat, von uns ernsthaft in Betracht gezogen zu werden, muss der Berichterstatter schon extrem glaubwürdig sein. Hume hat seine Position so formuliert: Der Bericht über ein Ereignis ist dann und nur dann glaubwürdig, wenn die Falschheit des Berichts unwahrscheinlicher ist als das Ereignis, über das berichtet wird:

> Kein Zeugnis reicht aus, ein Wunder festzustellen, es müsste denn das Zeugnis von solcher Art sein, dass seine Falschheit wunderbarer wäre, als die Tatsache, die es festzustellen trachtet [...]. (Hume *Untersuchung*, 135)

Und was für unwahrscheinliche Ereignisse gilt, gilt umso mehr für extrem unwahrscheinliche Ereignisse, zu denen Wunder offenbar zu zählen sind. Weil das so ist, kommt Hume selbst zu dem Ergebnis, dass kein einziger Wunderbericht als glaubwürdig gelten kann. Dabei lautet sein erstes und wichtigstes Argument:

> [Es] findet sich in der ganzen Geschichte nicht ein Wunder, das durch eine genügende Anzahl von Personen bezeugt wäre, deren gesunder Verstand, Erziehung und Bildung so außer Frage stehen, daß jede Verblendung bei ihnen sicherlich ausgeschlossen ist; deren unzweifelhafte Redlichkeit sie jedem Verdacht, andere betrügen zu wollen, entrückt; deren Glaubwürdigkeit und Ansehen so hoch in den Augen der Welt stehen, daß sie viel zu verlieren hätten, wenn sie bei einer Unwahrheit ertappt würden; und deren Zeugnis außerdem Tatsachen betrifft, die sich so öffentlich und an einem so weltberühmten Orte abgespielt haben, daß jene Entdeckung unvermeidlich gewesen wäre. All diese Umstände wären aber erforderlich, um mit voller Sicherheit menschlichem Zeugnis zu vertrauen. (ebd., 136)

Es mag dahin gestellt sein, ob Hume hier Recht hat; wichtig ist, dass bisher nur von einer bestimmten Art von Wundern die Rede war – einzelnen Wunderereignissen. Seltene Einzelereignisse sind epistemisch immer prekär, wie schon die

Berichte über Kugelblitze oder Ufos beweisen. Nehmen wir folgenden Fall: Ich lege mein Schlüsselbund auf den Tisch, dort bleibt es aber nicht wie sonst liegen; es fällt einfach durch den Tisch hindurch auf den Boden. Ist das wirklich passiert? Oder habe ich es mir nur eingebildet? (Der Quantenphysik zufolge ist ein solches Ereignis zwar sehr unwahrscheinlich, aber doch möglich.) Immerhin: Das Schlüsselbund liegt unter dem Tisch; aber dorthin kann es auch auf andere Weise gekommen sein. Also wiederhole ich den Vorgang und lege das Schlüsselbund noch einmal auf den Tisch, doch dieses Mal bleibt es liegen. In solchen Situationen ist es durchaus üblich, selbst an der eigenen Wahrnehmung oder Erinnerung zu zweifeln. Erst wenn auch andere dasselbe beobachten, fühlen wir uns sicherer. Aber diese anderen müssen, wie Hume zu Recht betont, bestimmte Bedingungen erfüllen: Es sollte ausgeschlossen sein, dass es sich um eine Massensuggestion handelt; die anderen Beobachter sollten daher über einen gesunden Verstand, Erziehung und Bildung verfügen, „daß jede Verblendung bei ihnen sicherlich ausgeschlossen ist". Sie sollten unabhängig voneinander sein und möglichst kein eigenes Interesse an einem bestimmten Ausgang der Beobachtung haben. Hilfreich wäre auch, wenn das Ereignis mit einer Videokamera aufgezeichnet würde; etc. Trotzdem, um es noch einmal zu wiederholen: Seltene, ungewöhnliche und höchst unwahrscheinliche Einzelereignisse sind epistemisch immer prekär.

Der Vorgang, der am Beginn des Abschnitts angeführt wurde, ist aber von ganz anderer Art; bei ihm handelt es sich nicht um ein einzelnes Wunderereignis, sondern sozusagen um ein „wiederholbares" oder „systematisches Wunder". Immer wenn das Heilwasser vom Papst geweiht wurde, zeigt es seine besondere Wirkung – nicht nur einmal, sondern immer wieder; wurde es nicht vom Papst geweiht, zeigt es diese Wirkung nicht. Ein solches Phänomen lässt sich wissenschaftlich sehr gut untersuchen. Und das ist ja auch geschehen. In der zweiten Hälfte des 20. Jahrhunderts gab es eine ganze Reihe Untersuchungen vermeintlich paranormaler Phänomene. Mit ausgeklügelten Experimenten versuchte man herauszufinden, ob es so etwas wie Gedankenlesen oder Telekinese wirklich gibt. In ähnlicher Weise ließe sich auch untersuchen, ob der Erfolg von Regenmachern signifikant über dem liegt, was als Zufallsbefund zu erwarten wäre, ob es Wunderheilern verlässlich gelingt, Krankheiten zu heilen, oder ob eine Christophorus-Plakette im Auto wirklich zu weniger Autounfällen führt. Nichts spricht gegen die Möglichkeit solcher Untersuchungen. Sofern das Einwirken übernatürlicher Kräfte nicht punktuell, sondern mit einer gewissen Systematik erfolgt, lässt sich dieses Einwirken also ganz zweifelsfrei empirisch untersuchen.

Diese Überlegung lässt sich noch etwas weiter führen. Zu den spektakulärsten Wundern gehört sicher die Wiedererweckung eines Toten. Zweifellos gibt es eine große Anzahl von sehr gut bezeugten zum Teil äußerst unwahrscheinlichen Heilungserfolgen; meines Wissens gibt es aber keinen einzigen gut bezeugten

Fall einer Wiedererweckung.² Wenn es einen solchen Fall doch gäbe, müssten wir dann von einem Wunder ausgehen? Ich denke, die meisten von uns würden immer noch zögern. Aber wie wäre es in folgendem Fall: Die Wiedererweckung erfolgte, nachdem eine Person, der allgemein besondere Heilkräfte zugesprochen werden, dem Toten die Hand auflegte, wobei sie ein Gebet sprach, in dem sie um die Rückkehr des Toten ins Leben bat. Immer noch sind Zweifel erlaubt, vielleicht sogar geboten. Aber: Wenn es der Person nicht nur in einem, sondern in einer ganzen Reihe von Fällen gelingt, Verstorbene auf diese Weise wiederzuerwecken, dann, denke ich, ist das Urteil gut begründet, dass diese Person tatsächlich über übernatürliche Fähigkeiten verfügt.³

Wir müssen also zwei Arten von Wundern unterscheiden. Erstens seltene, mit den Naturgesetzen nicht vereinbare, isolierte Einzelereignisse, bei denen zumindest die Vermutung naheliegt, sie seien auf das Eingreifen übernatürlicher Kräfte zurückzuführen. Bei solchen Wundern sind alle drei Aspekte problematisch: Haben sie überhaupt stattgefunden? Sind sie tatsächlich mit den Naturgesetzen unvereinbar? Ist das Eingreifen übernatürlicher Kräfte wirklich die beste Erklärung dieser Ereignisse? Zweitens gibt es aber auch systematisch zu beobachtende Phänomene, die den Naturgesetzen zu widersprechen scheinen und für die das Eingreifen übernatürlicher Kräfte die beste Erklärung zu sein scheint – die unerwartete Wirkung des vom Papst geweihten Heilwassers oder die Tatsache, dass es einem Heiler immer wieder gelingt, durch Handauflegen und das Sprechen von Gebeten Tote zum Leben zu erwecken. Diese sozusagen „systematischen" Wunder lassen sich wissenschaftlich gut untersuchen. Zumindest lässt sich wissenschaftlich überprüfen, ob es diese Phänomene tatsächlich gibt.

3.2 Hilft Beten?

Gebet und Opfer gehören zum Kern vieler Religionen. Der Grund dafür ist in den allermeisten Fällen die Überzeugung, dass die, zu denen gebetet oder denen die Opfer dargebracht werden, auf diese Weise beeinflusst werden können. Das Wirken übernatürlicher Kräfte ist in vielen Religionen willkürlich und unvorhersehbar. Aber sie gelten oft auch als Wesen, die eifersüchtig darüber wachen, dass man ihnen den gebotenen Respekt entgegenbringt. (Selbst der christliche Gott scheint da keine Ausnahme zu bilden.) Wer es unterlässt, vor einer Seefahrt, einem Geschäft oder einem Kampf den relevanten Kräften seine Ehrerbietung zu erweisen, muss von vornherein mit Problemen rechnen. Man kann sie aber auch erzürnen. In der Ilias wird berichtet, dass Apollon das griechische Heer mit Tod, Pest und Verderben überzieht, nachdem Agamemnon die Bitte des Chryses brüsk zurückgewiesen hat, gegen ein hohes Lösegeld Chryseïs, die Tochter des Chryses, zurückzugeben; denn Chryses war ein Priester des Apollon, seine brüske Zurückweisung also auch ein Affront gegen den Gott selbst. Schließlich sind übernatürliche Kräfte manchmal aber auch hilfsbereit. Nachdem sich Agamemnon, um den Verlust der Chryseïs wettzumachen, die er am Ende doch zurückgeben musste, der Briseïs, einer Kriegsbeute des Achilles, bemächtigt hat, beschließt dieser, sich aus dem Kriegsgeschehen vor Troja zurückzuziehen. Er wendet sich an seine Mutter Thetis, die bei Zeus erreichen soll, dass dieser die Trojaner unterstützt, solange Achilles selbst dem Schlachtfeld fern bleibt. Thetis setzt sich in die Nähe des Zeus, umschlingt seine Knie mit der Linken, berührt sein Kinn mit der Rechten und vermag durch ihre Klagen, Zeus zur Zustimmung zu bewegen. Allerdings hat Zeus alle Hände voll damit zu tun, dafür zu sorgen, dass andere Götter, die Anderes im Schilde führen, seine Pläne nicht durchkreuzen.

Gebet und Opfer werden also in vielen Religionen eingesetzt, um mit der Hilfe übernatürlicher Kräfte bestimmte Ziele zu erreichen – gesunde Kinder, eine glückliche Heimkehr, die Genesung von langer Krankheit, das Gelingen einer kühnen Unternehmung. Ähnliches gilt für viele Rituale. Der Tanz des Regenmachers soll endlich den lang ersehnten Regen bringen. Schamanische Heilungsrituale sollen Menschen von mancherlei Krankheiten befreien. Durch das Durchbohren einer Voodoo-Puppe soll dem Betroffenen Schaden zugefügt werden. Häufig werden Voodoo-Puppen aber auch zur Heilung von Krankheiten genutzt. Bei all diesen Praktiken kann man offenbar fragen, ob sie zur Erlangung der angestrebten Ziele tatsächlich geeignet sind. Hilft es, wenn man in seinem Auto eine Christophorus-Plakette anbringt? Führt der Tanz des Regenmachers tatsächlich zum dringend benötigten Regen? Macht das Handauflegen von Wunderheilern Kranke tatsächlich gesund?

Bei der Beantwortung dieser Fragen ist die Gefahr groß, dem Fehlschluss zu erliegen, aus isolierten Einzelfällen auf ein allgemeines Phänomen zu schließen. Wer kennt nicht Antworten wie diese: Natürlich hilft beten; erinnerst Du Dich noch an Tante Anna; als sie an Krebs erkrankte, haben mehrere Familienmitglieder die ganze Zeit für sie gebetet; und ich sage Dir, in kürzester Zeit wurde sie wieder gesund. Eine Koinzidenz im Einzelfall stützt niemals eine Kausalbehauptung. Ich klatsche in die Hände, eine Tür öffnet sich wie von selbst. War das In-die-Hände-Klatschen die Ursache dafür, dass sich die Tür öffnete? Aufgrund der Beobachtung einer einmaligen Koinzidenz lässt sich diese Frage nicht beantworten. Zu viele andere Möglichkeiten kommen in Betracht. Vielleicht öffnet sich die Tür beim Durchschreiten einer Lichtschranke, und möglicherweise habe ich selbst oder ein anderer gerade in dem Moment, in dem ich in die Hände klatschte, diesen Mechanismus ausgelöst. Vielleicht wurde die Tür in eben diesem Moment zufälligerweise von jemandem per Hand geöffnet. Vielleicht hat mich jemand beobachtet, der mir den Eindruck vermitteln wollte, ich könne die Tür durch In-die-Hände-Klatschen öffnen, und der deshalb, als er sah, dass ich in die Hände klatschte, schnell selbst die Tür öffnete. Alle diese Alternativen müssen ausgeschlossen werden, und genau das ist der Sinn einer wissenschaftlichen Untersuchung.[4]

Wenn ich herausfinden will, ob ich durch ein In-die-Hände-Klatschen die Tür öffnen kann, bleibt mir gar nichts anderes übrig, als den Versuch mehrmals zu wiederholen. Doch auch das reicht noch nicht. Wichtig ist, dass ich außerdem versuche sicherzustellen, dass andere Faktoren bei diesen Wiederholungen als mögliche Ursachen nicht in Frage kommen. Ich werde also darauf achten, dass ich mich beim nächsten In-die-Hände-Klatschen nicht der Tür nähere und dass dies auch kein anderer tut. Ich werde die Versuche in unregelmäßigen Abständen und unter unterschiedlichen Bedingungen wiederholen. Ich werde versuchen sicherzustellen, dass mich niemand beobachtet. Ich werde überprüfen, ob sich die Tür schon dann öffnet, wenn ich mich ihr nur nähere, usw. Erst wenn sich die Tür regelmäßig öffnet, wenn ich in die Hände klatsche, und wenn sie sich nicht öffnet, wenn ich nicht in die Hände klatsche, kann ich mir ziemlich sicher sein, dass mein In-die-Hände-Klatschen die Ursache dafür ist, dass sich die Tür öffnet. Der Effekt muss allerdings nicht so eindeutig sein. Auch wenn sich dadurch, dass ich in die Hände klatsche, die Wahrscheinlichkeit, dass sich die Tür öffnet, deutlich erhöht, zeigt das, dass das In-die-Hände-Klatschen ein kausal relevanter Faktor für das Sich-Öffnen der Tür ist. So oder ähnlich kann man auch überprüfen, ob Gebete, Opfer und Rituale die Wirkungen haben, die man sich von ihnen verspricht.

Tatsächlich sind besonders in der zweiten Hälfte des vorigen Jahrhunderts Untersuchungen dieser Art bei vielen paranormalen Phänomenen wie Telepathie, Präkognition, Hellsehen und Telekinese durchgeführt worden. Meines Wissens alle ohne Erfolg. Nicht zuletzt deshalb wurden diese Untersuchungen in letzter Zeit weitgehend eingestellt. Dass auf dieselbe Weise das Wirken von Regenmachern oder Schamanen untersucht wurde, ist mir nicht bekannt. Allerdings gibt es inzwischen Untersuchungen über den Einfluss von Gebeten auf den Heilungsverlauf bei Herzpatienten, die höchst aufschlussreich sind.[5]

Für die Durchführung dieser Untersuchungen war mitverantwortlich, dass der amerikanische Herzspezialist Randolph Byrd 1988 mit seiner These, „er habe erstmals einen medizinischen Nachweis für einen positiven Einfluss von Fürbittegebeten gefunden" (Schnabel 2008, 39) Aufsehen erregte. Doch Byrds Untersuchungen litten unter schweren methodischen Fehlern. Unter anderem deshalb wurden am Anfang dieses Jahrhunderts zwei umfangreiche neue Untersuchungen durchgeführt.

Zum einen verfolgte Michael Krucoff vom Medical Center der Duke University den Heilungsprozess von 700 Herzpatienten, wobei für die Hälfte gebetet wurde (und zwar nicht nur von Christen, sondern auch von Muslimen, Juden und Buddhisten) und für die andere Hälfte nicht. Etwa zur selben Zeit nahm Herbert Benson von der Harvard Medical School eine noch größere Studie mit 1802 Patienten in sechs Krankenhäusern in Angriff, die alle Bypassoperationen erhielten. Benson und seine Mitstreiter teilten ihre Probanden dabei nicht nur in zwei, sondern sogar in drei Gruppen ein: Die erste erfuhr, dass gläubige Christen für sie jeweils vierzehn Tage lang ein Gebet für „eine erfolgreiche Operation und eine schnelle Genesung ohne Komplikationen" sprechen würden; die zweite erhielt die Auskunft, für sie würde *eventuell* gebetet (tatsächlich aber wurden für sie dieselben Formeln gesprochen), und nur die dritte blieb als Kontrollgruppe ohne Gebete. (Schnabel 2008, 41)

Die Ergebnisse beider Untersuchungen wurden mit Spannung erwartet. Wer jedoch eine Bestätigung der These Byrds erhofft hatte, wurde enttäuscht.

Weder Krucoffs noch Bensons Daten zeigten irgendeinen positiven Einfluss der Gebete. Schlimmer noch: In der Benson-Studie traten die meisten Komplikationen ausgerechnet bei denjenigen Patienten auf, die wussten, dass für sie gebetet wurde. 59 Prozent von ihnen hatten nach ihrer Operation mit Schwierigkeiten zu kämpfen, in der Kontrollgruppe ohne Gebete waren es dagegen nur 51 Prozent (und 52 Prozent bei jenen, die im Unklaren gelassen wurden). (ebd.)

Selbst Schnabel hält deshalb fest:

Aus solchen Studien kann man also eines schließen: Die Annahme, durch Gebete für fremde Menschen ließe sich irgendeine Art von unabhängig vorhandener, göttlicher Energie mobilisieren, ist falsch. Zumindest im Kontext wissenschaftlicher Studien lässt sich ein solch externer Einfluss auf Kranke nicht beobachten. (ebd., 42)[6]

Damit hat Schnabel sicher Recht; aber kann man noch weiter gehende Schlüsse ziehen? Offenbar folgt aus den Untersuchungen von Krucoff und Benson nicht, dass übernatürliche Kräfte nie in den Lauf des Weltgeschehens eingreifen. Natürlich sind die empirischen Daten, die wir haben, mit der Annahme vereinbar, dass manche Rettung aus höchster Not und manche unverhoffte Genesung auf das Einwirken nicht-natürlicher Kräfte zurückgehen. Genauso wie es sein *kann*, dass manche Krankheit und mancher unerwartete Todesfall auf das Wirken der Geister der Ahnen zurückgeht. Ebenso sind die empirischen Daten mit der Annahme vereinbar, dass übernatürliche Kräfte zwar in das Weltgeschehen eingreifen, dass sie aber penibel darauf achten, dass man ihr Eingreifen nicht bemerkt. Doch all dies steht hier gar nicht zur Debatte. Hier lautet die Frage nur, ob sich in dem, was wir in der Welt um uns herum beobachten können, *positive Belege* für die Existenz und das Eingreifen übernatürlicher Kräfte finden.

3.3 Gibt es Belege für das Eingreifen übernatürlicher Kräfte?

Ich hatte zu Beginn des Kapitels mit dem Heilwasserbeispiel zu zeigen versucht, wie solche Belege aussehen könnten. Aber offenbar gibt es diese Belege in unserer Welt nicht. Die statistische Analyse der Heilungsfälle in Lourdes, auf die ich im Abschnitt 1.5 eingegangen bin, lässt keine solchen Belege erkennen. Die Untersuchungen von Krucoff und Benson haben keine solchen Belege zu Tage gefördert. Und das entspricht auch unserer Alltagserfahrung. Hellseher blamieren sich jedes Jahr zu Hunderten, wenn sich am Jahresende herausstellt, dass ihre Prognosen in der Regel daneben lagen.[7] (Dass es immer mal wieder auch zutreffende Prognosen gibt, ist ein statistisch erwartbarer Effekt.) Das Anbringen von Christophorus-Plaketten führt nicht zu weniger Unfällen. Der Tanz von Regenmachern führt in der Regel nicht dazu, dass es tatsächlich regnet. Das Fehlen von Belegen zeigt sich besonders klar, wenn man zum Kontrast Fälle betrachtet, in denen die positiven Belege ganz offensichtlich sind – etwa bei der Wirksamkeit von Antibiotika bei der Bekämpfung von Infektionskrankheiten, bei der Wirksamkeit von Düngemitteln bei der Vergrößerung von Ernteerträgen oder auch bei dem Effekt, dass Rauchen Lungenkrebs begünstigt.

Richard Swinburne hat die Untersuchungen von Benson auf besonders einfallsreiche Weise kritisiert:

> Gott möchte ganz sicher das für den Betenden tun, was dieser Betende möchte, eben weil der Betende es aus einem guten Grund möchte. Ein guter Grund ist, dass er aus Liebe und Mitleid für eine bestimmte leidende Person betet. In der Gebetsstudie von Benson beten die betenden Teilnehmer aber NICHT aus Liebe und Mitleid für die bestimmte leidende Person, für die sie beten – sie wussten nicht einmal, wer diese leidende Person war. [...] Warum sollte ein guter Gott solche Gebete beachten? (Man könnte antworten: Um uns noch klarer zu zeigen, dass er existiert. Aber wenn es einen Gott gibt, muss er nicht auf solche Gebete antworten, um dies zu erreichen – wenn er wollte, könnte er die Welt mit Superwundern füllen. Aber es gibt auch so schon eine Menge Belege für die Existenz Gottes, und zu viel wäre vielleicht nicht gut für uns.) (Swinburne 2006b)

Mag sein, dass Gott die Gebete der Teilnehmer der Untersuchungen von Krucoff und Benson sozusagen „mit Absicht" nicht erhört hat. Doch das ändert nichts daran, dass diese Untersuchungen keinerlei *positive* Belege für die Annahme der Existenz Gottes zu Tage gefördert haben. Und das entspricht, wie schon gesagt, auch unserer Alltagserfahrung. Wer unvoreingenommen das Tun von Betenden, Regenmachern und Schamanen betrachtet, findet keine aussagekräftigen positiven Effekte. Im Übrigen: Swinburne hat sicher keinen Grund, an den ehrlichen und ehrenhaften Motiven der allermeisten Lourdespilger zu zweifeln. Aber auch hier lässt sich kein positiver Einfluss beobachten. Immerhin gibt Swinburne zu, dass Gott „die Welt mit Superwundern füllen" könnte, es aber nicht tut. Auch diese Belege fehlen also.

Im letzten Satz der zitierten Passage nimmt Swinburne ein Argument auf, dass man auch sonst häufig hören kann: Es wäre gar nicht gut für uns, wenn die Belege für die Existenz Gottes allzu offensichtlich wären. Gott verbirgt sich absichtlich vor uns, weil sonst der Glaube an ihn ja gar kein verdienstvoller Akt mehr wäre. Dieses Argument hat in meinen Augen einen starken *ad hoc*-Charakter; es scheint mir aus diesem Grund nicht sehr stichhaltig. Aber das ist hier nicht wichtig. Wichtig ist nur, dass die Vertreter dieses Arguments von derselben Beobachtung ausgehen, die auch mir wichtig ist: *Es gibt keine empirischen Befunde, die klar für die Existenz und das Eingreifen übernatürlicher Kräfte sprechen.*

Was veranlasst Swinburne dann aber, zu behaupten, es gebe „auch so schon eine Menge Belege für die Existenz Gottes"? In der Einleitung zu seinem Buch *Gibt es einen Gott?* (2006a) erklärt er:

> Das Grundmuster meiner Argumentation ist das folgende: Wissenschaftler, Historiker und Detektive beobachten Tatsachen und nehmen dann eine Theorie an, von der sie meinen, daß sie das Beobachtete *am besten erklärt.* Wir können die Kriterien analysieren, die dabei verwendet werden für die Schlußfolgerung, daß eine Theorie durch die Daten (d. h. die unumstrittenen Tatsachen) besser *gestützt* wird als eine andere – die dann also auf der Grundlage dieser Daten mit größerer Wahrscheinlichkeit richtig ist. Wenn wir die gleichen Kriterien anwenden, finden wir, daß die Ansicht, daß es einen Gott gibt, alles erklärt, was wir beobachten, und nicht nur einen kleinen Ausschnitt. Sie erklärt die Tatsache, daß es überhaupt ein Universum gibt, daß darin Naturgesetze gelten, daß es Tiere und Menschen mit Bewußtsein und mit sehr komplexen und komplizierten Körpern gibt. Sie erklärt auch die Tatsache, daß wir eine Fülle von Möglichkeiten haben, uns weiterzuentwickeln und die Welt zu gestalten, sowie die Tatsache, daß Menschen von Wundern berichten und religiöse Erfahrungen (Gotteserfahrungen) haben. Soweit naturwissenschaftliche Ursachen und Gesetze einige dieser Dinge erklären (und teilweise tun sie es), verlangen gerade diese Ursachen und Gesetze selbst nach einer Erklärung, und das Handeln Gottes erklärt sie. Genau dieselben Kriterien, die von Naturwissenschaftlern benützt werden, um zu ihren eigenen Theorien zu kommen, führen uns über diese Theorien hinaus zu einem Schöpfergott, der alles im Sein erhält. (Swinburne 2006a, 5f.)

Mit diesem Argumentationsmuster macht es sich Swinburne allerdings wirklich sehr leicht. Erklärungen, in denen ein beliebiger Sachverhalt auf den Willen höherer Wesen zurückgeführt wird, sind immer möglich; sie sind billig, d. h., viel zu leicht zu haben.[8] Warum ist Hans von einem herunterfallenden Ast erschlagen worden? Weil ein höheres Wesen es so gewollt hat. Warum gibt es außer Schnupfen und Mückenstichen auch so schwere Krankheiten wie AIDS, Ebola und Spina bifida? Weil ein höheres Wesen es so gewollt hat. Warum sind die Naturgesetze so, wie sie sind? Weil ein höheres Wesen es so eingerichtet hat. Warum gibt es überhaupt etwas und nicht vielmehr nichts? Weil ein höheres Wesen diese unsere Welt erschaffen hat.

Positive Belege für die Existenz Gottes oder andere übernatürliche Kräfte sind nicht die unumstrittenen Tatsachen, die sich durch Gott (oder die anderen Kräfte) erklären lassen. Das ist immer möglich; auf diese Weise lässt sich alles erklären. Positive Belege für die Existenz Gottes oder andere übernatürlicher Kräfte sind nur solche Tatsachen, die sich *nicht* auf *natürliche* Weise erklären lassen, oder anders ausgedrückt: für die die Erklärung durch übernatürliche Kräfte die einzig mögliche Erklärung oder doch mindestens besser als jede natürliche Erklärung ist. Dass Hans von einem herunterfallenden Ast erschlagen wurde, lässt sich dadurch erklären, dass der Ast morsch war und dass gerade in dem Moment, in dem Hans unter dem Ast vorbeiging, eine heftige Windböe den Ast vom Stamm riss. Dass es AIDS und Ebola gibt, lässt sich erklären, indem man den natürlichen Prozess nachzeichnet, wie die entsprechenden Viren entstanden sind. Dagegen lassen sich für die oben angeführten fiktiven Beispiele des vom Papst geweihten Heilwassers oder der Wiedererweckung Verstorbener keine natürlichen Erklärungen finden. Nur deshalb würden sie für die Existenz übernatürlicher Wesen oder Kräfte sprechen.

Tatsächlich gibt es aber keine beobachtbaren Phänomene dieser Art, d. h., es gibt keine Phänomene, für die die Zurückführung auf übernatürliche Wesen oder Kräfte die einzig angemessene Erklärung wäre. Nüchtern betrachtet gibt es also keine empirischen Tatsachen, die für die Existenz solcher Wesen oder Kräfte sprechen. Das ist natürlich kein Beweis dafür, dass es diese Wesen oder Kräfte nicht gibt. Doch darum geht es hier nicht; es geht nur um das *Fehlen* von Gründen. Und daraus, dass es keine empirischen Fakten gibt, die sich nur durch Bezug auf übernatürliche Wesen oder Kräfte angemessen erklären lassen, folgt eben, dass empirisch gesehen nichts für die Existenz solcher Wesen und Kräfte spricht.

4. Ontologische Argumente für die Existenz Gottes

4.1 Argumente

Die Überlegungen des letzten Kapitels kann man so zusammenfassen:

> Es wäre kein Problem, an (einen bestimmten) Gott zu glauben, wenn es jeden Tag fünf offensichtliche Wunder gäbe, wenn das Anbringen von Christophorus-Plaketten tatsächlich zu weniger Autounfällen führen würde, wenn durch Beten tatsächlich Erdbeben verhindert werden könnten, wenn der Besuch eines Wallfahrtsortes nachweislich die Heilungschancen von Krebs erhöhen würde, wenn das Darbringen von Opfergaben tatsächlich zu einem längeren und glücklicheren Leben führen würde. Das Problem ist, dass all dies nicht der Fall ist. Es gibt keine Tatsachen in unserer Welt, deren Auftreten am besten durch das Wirken eines allmächtigen, allwissenden und allgütigen Gottes erklärt werden kann. (Beckermann 2011b, 120)

Möglicherweise liegt in dieser Tatsache ein Grund dafür, dass die klassischen Gottesbeweise – der ontologische, der kosmologische und der teleologische Gottesbeweis[1] – nicht von Wundern oder auch nicht von anderen Phänomenen ausgehen, die nicht natürlich erklärbar erscheinen. Der ontologische Gottesbeweis beruht allein auf dem *Begriff* Gottes, während die beiden anderen Beweise von einigen sehr allgemeinen und unumstrittenen Tatsachen ausgehen, von denen angenommen wird, allein aus diesen Tatsachen folge schon, dass es einen Gott gibt – aus der Tatsache, dass es überhaupt etwas gibt und nicht vielmehr nichts, und aus der Tatsache, dass die Welt als ganze zweckmäßig eingerichtet ist oder dass es doch zumindest in der Welt zweckmäßige Dinge (z. B. Lebewesen) gibt.

Generell ist es allerdings unangemessen, von Gottes*beweisen* zu sprechen; der Ausdruck „Argumente für die Existenz Gottes" ist zutreffender. Jedes Argument[2] ist der Versuch, eine bestimmte Aussage – die Konklusion – dadurch zu begründen, dass andere Aussagen – die Prämissen – angeführt werden, die die Konklusion stützen sollen. Dies ist genau dann der Fall, wenn gilt: Wenn alle Prämissen wahr sind, ist auch die Konklusion (wahrscheinlich) wahr. Wenn diese Bedingung erfüllt ist, nennt man ein Argument *gültig* oder *korrekt*. Ein geradezu klassisches Argument lautet:
Alle Menschen sind sterblich.
Sokrates ist ein Mensch.
Also: Sokrates ist sterblich.
Ein anderes Beispiel:
Einige Bücher im Keller sind angefressen.

Die beste Erklärung dafür ist, dass es im Keller Mäuse gibt.
Also: Es gibt Mäuse im Keller.

Nur das erste dieser beiden Argumente ist ein Beweis. Denn Beweise sind genau die Argumente, die die folgenden beiden Bedingungen erfüllen: 1. Wenn die Prämissen wahr sind, *muss* auch die Konklusion wahr sein, d. h. die Konklusion folgt *zwingend* aus den Prämissen. (In diesem Fall spricht man von *deduktiver Gültigkeit*.) 2. Die Prämissen sind wahr.

Die klassischen „Gottesbeweise" sind nur zum Teil als Beweise gemeint – etwa die ontologischen und die kosmologischen Argumente für die Existenz Gottes. Bei teleologischen Argumenten sind sich dagegen fast alle einig, dass in ihnen die Konklusion nicht zwingend aus den Prämissen folgt, dass die Prämissen die Konklusion vielmehr nur mehr oder weniger wahrscheinlich machen. (Wenn dies der Fall ist, spricht man von *nicht-deduktiver Gültigkeit*.) Außerdem ist es auch nicht angemessen, in diesem Zusammenhang den Singular zu verwenden, also von *dem* ontologischen Gottesbeweis oder *dem* kosmologischen Gottesbeweis zu reden. Denn von allen klassischen „Argumenten für die Existenz Gottes" gibt es eine ganze Reihe von Versionen und Varianten.

Eine letzte Vorbemerkung. Jedes Argument lässt sich auf zwei Arten kritisieren: 1. Man kann seine Gültigkeit infrage stellen, also bezweifeln, dass die Prämissen die Konklusion tatsächlich stützen, d. h. bezweifeln, dass wirklich gilt: Wenn die Prämissen wahr sind, ist auch die Konklusion (wahrscheinlich) wahr. 2. Man kann die Wahrheit der Prämissen bezweifeln.

4.2 Anselms Gottesbeweis[3]

Anselm von Canterbury gehört zu den tief gläubigen Theologen, die der Meinung sind, die grundlegenden religiösen Wahrheiten – die Existenz und auch die Eigenschaften Gottes – würden nicht nur in den heiligen Schriften offenbart, sie ließen sich vielmehr auch durch epistemische Gründe als vernünftig erweisen. So kann nach Anselm nur ein Tor an der Existenz Gottes zweifeln, da sich in seinen Augen diese Existenz für jeden nachvollziehbar beweisen lässt. Dieser Beweis findet sich in drei sehr kurzen Kapiteln des *Proslogion*, von denen hier das erste – eben wegen seiner Kürze – vollständig wiedergegeben werden soll:

> Herr, der du dem Glauben die Einsicht verleihst, verleih mir also, daß ich, soweit du es für nützlich erachtest, verstehe, daß du bist, wie wir glauben, und das bist, was wir glauben! Und zwar glauben wir, daß du etwas bist, *über das hinaus nichts Größeres gedacht werden kann*. Oder existiert etwa demnach ein solches Wesen nicht, weil *der Tor in seinem Herzen sprach: Es existiert kein Gott*? Aber gerade auch der Tor, wenn er eben das vernimmt, was ich aussage als *etwas, über das hinaus nichts Größeres gedacht werden kann*, versteht gewiß

das, was er vernimmt; und was er versteht, ist in seinem Verstande, auch wenn er nicht versteht, daß es existiert. Denn es ist eines, daß etwas im Verstande ist, ein anderes, zu verstehen, daß etwas existiert. Wenn nämlich ein Maler zuvor denkt, was er zu schaffen beabsichtigt, hat er zwar im Verstande, versteht aber noch nicht, daß existiert, was er noch nicht geschaffen hat. Wenn er aber bereits gemalt hat, hat er sowohl im Verstande als er auch versteht, daß existiert, was er bereits geschaffen hat. Also sieht auch der Tor als erwiesen an, dass etwas, *über das hinaus nichts Größeres gedacht werden kann*, zumindest im Verstande ist, weil er das, wenn er es vernimmt, versteht und weil alles, was verstanden wird, im Verstande ist. Und gewiß kann das, *über das hinaus Größeres nicht gedacht werden kann*, nicht allein im Verstande sein. Denn wenn es auch nur allein im Verstande ist, kann gedacht werden, daß es auch in Wirklichkeit existiert, was größer ist. Wenn also das, *über das hinaus Größeres nicht gedacht werden kann*, allein im Verstande ist, ist eben das, *über das hinaus Größeres nicht gedacht werden kann*, eines, über das hinaus Größeres gedacht werden kann. Das aber ist doch unmöglich der Fall. Es existiert also ohne Zweifel etwas, *über das hinaus Größeres nicht gedacht werden kann*, sowohl im Verstande als auch in Wirklichkeit. (Anselm *Proslogion*, 51/53)

Dieser Text gehört ohne Zweifel zu den großen Meisterwerken der Philosophie. Anselm hat jedes Detail genau durchdacht, und er argumentiert mit einer Präzision, die er selbst in den viel längeren Erwiderungen auf die Einwände seines Kritikers Gaunilo von Marmoutiers nicht immer erreicht. Die erste grundlegende Idee ist seine Definition Gottes: Gott = das, über das hinaus Größeres nicht gedacht werden kann.[4] Allerdings ist auf den ersten Blick nicht ganz klar, was hier mit „größer" gemeint sein soll. Offensichtlich geht es nicht um körperliche Ausdehnung. Da es sich um eine Definition Gottes handelt, liegt es vielmehr nahe, dass Anselm mit „größer" „vollkommener" meint. Seine Definition läuft daher auf Folgendes hinaus: Gott = das denkbar vollkommenste Wesen, das Wesen, über das hinaus etwas noch Vollkommeneres nicht einmal gedacht werden kann.

Warum ist das eine bemerkenswerte Definition? Nun, man hätte vermuten können, dass Anselm „Gott" einfach als „das vollkommenste Wesen" definiert. (Offenbar hat er das sogar tatsächlich eine Zeit lang erwogen, und seine Nachfolger und Kritiker verwenden diese Formel sehr häufig.) Aber er ist klug genug zu sehen, dass dem Wesen, das *de facto* das vollkommenste Wesen in dieser Welt ist, durchaus einige Vollkommenheiten fehlen können. Wenn ich der intelligenteste Mensch auf der Welt wäre, wäre es zumindest *möglich*, dass es jemanden noch intelligenteren gibt. Wenn Carlos Slim Helú der reichste Mann der Welt ist, *könnte* es doch sein, dass jemand (etwa Bill Gates oder Warren Buffet) reicher ist als er. Wenn Gott einfach nur das vollkommenste Wesen wäre, *könnte* es also sein, dass es ein noch vollkommeneres Wesen gibt. Anselm braucht für seinen Beweis aber eine Definition Gottes, der zufolge es nicht einmal denkbar ist, dass es ein noch vollkommeneres Wesen gibt als Gott. Genau dies leistet die *famosa descriptio*: Gott = das, über das hinaus Größeres nicht einmal gedacht werden kann.[5]

Der nächste Schritt des Anselmschen Beweises besteht in dem Versuch zu zeigen, dass Gott zumindest im Verstand existiert. Dafür führt er folgendes Argument an: Jeder – selbst der Tor – versteht den Ausdruck „das, über das hinaus Größeres nicht gedacht werden kann", wenn er in seiner Gegenwart geäußert wird. Und wenn jemand einen Ausdruck versteht, existiert das, wofür dieser Ausdruck steht, zumindest in seinem Verstand. Also gilt:

(1) Das, über das hinaus Größeres nicht gedacht werden kann, existiert im Verstande.

Das Hauptargument ist eine *reductio ad absurdum* – ein Argument, bei dem *erstens* angenommen wird, dass eine bestimmte Aussage A wahr ist, bei dem *zweitens* gezeigt wird, dass aus dieser Annahme ein Widerspruch (oder etwas unumstritten Falsches) folgt, so dass schließlich *drittens* gefolgert werden kann, dass A – im Gegensatz zur Annahme – nicht wahr sein kann. A besteht bei Anselm in der Aussage:

(2) Das, über das hinaus Größeres nicht gedacht werden kann, existiert nur im Verstande, aber nicht in Wirklichkeit.

Um aus dieser Aussage einen Widerspruch ableiten zu können, benötigt Anselm zwei weitere Prämissen:

(3) Wenn etwas im Verstande existiert, kann gedacht werden, dass es auch in Wirklichkeit existiert.

(4) Wenn etwas in Wirklichkeit existiert, ist es größer (vollkommener), als wenn es nur im Verstand existiert.

Aus (2) – (4) folgt:

(5) Das, über das hinaus Größeres nicht gedacht werden kann, ist etwas, über das hinaus Größeres gedacht werden kann.

Dies ist der gesuchte Widerspruch. Da dieser Widerspruch aus (2) – (4) folgt, muss die Annahme (2) falsch sein. Denn Anselm setzt ja voraus, dass (3) und (4) wahr sind. Also gilt – unter anderem, weil gemäß (1) fest steht, dass das, über das hinaus Größeres nicht gedacht werden kann, wenigstens im Verstande existiert:

(6) Das, über das hinaus Größeres nicht gedacht werden kann, existiert nicht nur im Verstande, sondern auch in Wirklichkeit.

Eine wunderbare, aber natürlich nicht unangreifbare Argumentation. Kritisch ist schon der erste, so unscheinbar wirkende Schritt, der zur Aussage (1) führt. Vor der Kritik sollte aber die Frage stehen, wozu Anselm diesen Schritt überhaupt benötigt. Ich sehe im Wesentlichen zwei Punkte, die für den Fortgang des Arguments entscheidend sind: 1. Anselm geht es darum zu zeigen, dass Gott, das denkbar vollkommenste Wesen, zumindest in irgendeiner Weise existiert; denn nur von etwas, das zumindest irgendwie existiert, kann man fragen, ob es nicht noch vollkommener sein könnte, als es tatsächlich ist. 2. Der Beweis kann nur funktionieren, wenn zumindest *gedacht* werden kann, dass das, über das hinaus

Größeres nicht gedacht werden kann, in Wirklichkeit existiert. Auch das folgert Anselm – mit Hilfe der Prämisse (3) – aus (1). Er ist sich darüber im Klaren, dass er sicherstellen muss, dass der Ausdruck „das, über das hinaus Größeres nicht gedacht werden kann" nicht denselben Status hat wie die Ausdrücke „das runde Quadrat" oder „das Dreieck, in dem die Winkelsumme 190° beträgt", die für Unmögliches stehen, von dem nicht einmal gedacht werden kann, dass es in Wirklichkeit existiert.

Das Ziel des ersten Teilarguments ist also klar; aber das ändert nichts an seinen Schwächen. Zunächst ist da die für uns heute kaum noch nachvollziehbare Rede vom „im Verstande existieren". Allerdings war diese Rede für Anselm, wie fast für das gesamte Mittelalter, ganz selbstverständlich. Wenn ich über etwas nachdenke, wenn ich etwas wahrnehme, oder erinnere, habe ich es im Geiste, im Verstand. Das wurde damals allgemein angenommen. Andreas Kemmerling hat sogar die Auffassung vertreten, dass noch bei Descartes der Begriff der Idee – jedenfalls zum Teil – in diesem Sinne verstanden werden muss. Die Idee der Sonne ist Kemmerling zufolge für Descartes nichts anderes als die Sonne, insofern sie im Geist, im Verstand existiert (Kemmerling 2005, Kap. 1). Aber gerade in Folge der Descartesschen Ideenlehre hat sich später ein ganz anderes Bild durchgesetzt: Im Geist sind nicht die Dinge selbst, sondern Repräsentationen dieser Dinge. Wenn ich einen Baum sehe, habe ich einen Wahrnehmungseindruck des Baums in meinem Geist. Und wenn ich über Gott nachdenke, habe ich eine Vorstellung oder Idee oder Repräsentation Gottes im Verstand. Der Wahrnehmungseindruck eines Baums ist aber nicht dieser Baum selbst (auch nicht in einer besonderen abgeschwächten Seinsweise). Und die Vorstellung oder Idee oder Repräsentation Gottes ist nicht Gott selbst (in abgeschwächter Seinsweise). Aus der Tatsache, dass ich den Wahrnehmungseindruck eines Baums habe, folgt also nicht, dass der Baum selbst (in abgeschwächter Weise) existiert. Und aus der Tatsache, dass ich eine Vorstellung von Gott habe, folgt nicht, dass Gott selbst (zumindest in abgeschwächter Weise in meinem Verstand) existiert.

Zweitens ist nicht recht klar, wie aus der Tatsache, dass ich einen Ausdruck F verstehe, folgen soll, dass das, wofür F steht, so in meinem Verstand existiert, dass zumindest gedacht werden kann, dass es auch in Wirklichkeit existiert. Schließlich verstehe ich die Ausdrücke „das runde Quadrat" und „das Dreieck, in dem die Winkelsumme 190° beträgt" ja auch; und trotzdem stehen sie für etwas Unmögliches, von dem eben nicht gedacht werden kann, dass es auch in Wirklichkeit existiert. Oder handelt es sich beim Verstehen der Ausdrücke „das runde Quadrat" und „das Dreieck, in dem die Winkelsumme 190° beträgt" um eine andere Art von Verstehen? Und wie würden sich die verschiedenen Arten des Verstehens dann unterscheiden? Dieser Einwand wurde schon von Gaunilo gegen Anselm vorgebracht (Anselm/Gaunilo, 63ff.).[6]

Schon die ersten Schritte in Anselms Argumentation sind also alles andere als unproblematisch. Die zentrale Schwäche des Arguments liegt aber wohl in der Prämisse (4): „Wenn etwas in Wirklichkeit existiert, ist es größer (vollkommener), als wenn es nur im Verstand existiert." Denn diese Prämisse beruht auf zwei Voraussetzungen: 1. Existenz ist eine Eigenschaft, die ein Gegenstand haben oder nicht haben kann. 2. Wenn zwei Gegenstände a und b ansonsten dieselben Eigenschaften besitzen, b aber außerdem die Eigenschaft hat, zu existieren, während a diesen Eigenschaft nicht hat, dann ist b vollkommener als a. Besonders die erste Voraussetzung ist von vielen – so auch von Kant – scharf kritisiert worden. Bevor ich auf Kants Kritik am ontologischen Gottesbeweis eingehe, soll zuvor aber noch ein anderer Einwand gegen Anselms Argument zur Sprache kommen, der auch auf Gaunilo zurückgeht – das Argument von der denkbar vollkommensten Insel.

Gaunilo wendet gegen Anselms Beweis ein: Wenn Anselms Argument tatsächlich zeigt, dass das denkbar vollkommenste Wesen in Wirklichkeit existiert, dann kann ich, Gaunilo, auch die Existenz der denkbar vollkommensten Insel beweisen. Denn jedermann versteht den Ausdruck „die Insel, über die hinaus keine vollkommenere Insel gedacht werden kann"; also gilt:

(1′) Die Insel, über die hinaus keine vollkommenere Insel gedacht werden kann, existiert im Verstande.

Nehmen wir weiter an:

(2′) Die Insel, über die hinaus keine vollkommenere Insel gedacht werden kann, existiert nur im Verstande, aber nicht in Wirklichkeit.

Aus (2′), (3) und (4) folgt der Widerspruch:

(5′) Die Insel, über die hinaus keine vollkommenere Insel gedacht werden kann, ist eine Insel, über die hinaus eine vollkommenere Insel gedacht werden kann.

Also ist die Annahme (2′) falsch, d. h. es gilt:

(6′) Die Insel, über die hinaus keine vollkommenere Insel gedacht werden kann, existiert nicht nur im Verstande, sondern auch in Wirklichkeit.

Dieses Argument ist, so Gaunilo, aber völlig absurd, und die Annahme, man könne so die Existenz der vollkommensten Insel beweisen, ganz offenkundig unsinnig.

Auch dieser Einwand zeugt von hoher logischer Kompetenz; denn er beruht auf der Methode des Gegenbeispiels, die sich schon bei Aristoteles findet. Wenn es zu einem Argument A ein strukturgleiches Argument A′ gibt, dessen Prämissen anerkanntermaßen wahr sind, dessen Konklusion aber ebenso anerkanntermaßen falsch ist, kann A kein gültiges Argument sein.

Offenbar kann man Gaunilos Einwand nur entkräften, indem man nachweist, dass es trotz der oberflächlichen Ähnlichkeit doch gravierende Disanalogien zwischen seinem Argument der denkbar vollkommensten Insel und Anselms ontologischem Beweis gibt. Man könnte z. B. argumentieren, dass der Ausdruck „die denkbar vollkommenste Insel" überhaupt keinen Sinn hat. Denn was soll es heißen, dass eine Insel vollkommener ist als eine andere? Und wenn man diese Frage beantworten kann, ist es dann nicht plausibel anzunehmen, dass es zu jeder Insel immer eine Insel zumindest geben kann, die vollkommener ist als sie, so dass der Superlativ hier nicht anwendbar ist? Diese Probleme will ich aber nicht weiter verfolgen.

4.3 Kants Kritik am ontologischen Gottesbeweis und Freges Begriff der Existenz[7]

Kants Kritik lässt sich besser verstehen, wenn man zuerst einen Blick auf Descartes' Version des ontologischen Gottesbeweises wirft (Descartes *Meditationen*, 165–171). Descartes geht davon aus, dass es Aussagen gibt, die notwendig wahr sind, weil sie uns etwas über die Natur der Dinge sagen. Zu diesen gehören etwa die Aussagen „Die Zahl 3 ist ungerade" und „Die Winkelsumme im Dreieck beträgt 180°". Wir erkennen die Notwendigkeit dieser Aussagen, indem wir ihre Wahrheit klar und deutlich erfassen oder indem wir sie aus Aussagen, deren Wahrheit wir klar und deutlich erfassen, logisch ableiten. In diesem Sinne erkennen wir auch klar und deutlich, dass es zur Natur des vollkommensten Wesens gehört, zu existieren. Die Aussage „Das vollkommenste Wesen existiert" ist daher genau so notwendig wahr wie alle mathematischen Wahrheiten. Descartes spürt allerdings, dass es hier ein Problem geben könnte, da man allgemein Wesen und Existenz voneinander unterscheiden muss. Daraus dass in allen Dreiecken die Winkelsumme 180° beträgt, folgt ja nicht, dass auch nur ein einziges Dreieck existiert. Das ist, so Descartes, generell richtig. Doch bei Gott können wir den Unterschied zwischen Wesen und Existenz nicht machen, da es eben zur Natur des vollkommensten Wesens gehört, zu existieren. Denn wenn es nicht existierte, würde ihm eine Vollkommenheit fehlen und es wäre nicht mehr das vollkommenste Wesen.

Kant unterscheidet wie Descartes verschiedene Arten von Aussagen; aber er fasst diese Unterscheidung anders; genau genommen trifft er eine doppelte Unterscheidung – die zwischen *analytischen* und *synthetischen* Aussagen und die zwischen Aussagen, deren Wahrheit *a priori*, und Aussagen, deren Wahrheit nur *a posteriori* eingesehen werden kann. Analytische Aussagen – Kant spricht auch von „identischen Urteilen" – sind Aussagen, bei denen, so Kant, das Prädikat schon im Subjekt enthalten ist – wie etwa in der Aussage „Alle Körper sind ausgedehnt". Heute würden wir eher sagen: Analytisch wahr sind genau die Aussagen, deren Wahrheit sich allein schon aus der Bedeutung der in ihnen vorkommenden Begriffe ergibt (Beispiel: „Alle Junggesellen sind unverheiratet"). Synthetische

Aussagen sind die, bei denen das nicht der Fall ist. *A priori* wahr ist eine Aussage, wenn ihre Wahrheit ohne Rückgriff auf Erfahrung eingesehen werden kann; *a posteriori* wahr dagegen eine Aussage, die nur auf der Grundlage von Erfahrung als wahr erkannt werden kann.

Kant bezweifelt nun zunächst, dass es sich bei der Aussage „Gott existiert" um eine analytisch wahre Aussage handelt, wobei er – ganz traditionell – das Charakteristikum analytischer Aussagen darin sieht, dass die Annahme, sie seien falsch, einen Widerspruch beinhaltet.

> Wenn ich das Prädikat in einem identischen Urteile aufhebe und behalte das Subjekt, so entspringt ein Widerspruch, und daher sage ich: jenes kommt diesem notwendiger Weise zu. Hebe ich aber das Subjekt zusamt dem Prädikate auf, so entspringt kein Widerspruch; denn *es ist nichts mehr*, welchem widersprochen werden könnte. Einen Triangel setzen und doch die drei Winkel desselben aufheben, ist widersprechend; aber den Triangel samt seinen drei Winkeln aufheben, ist kein Widerspruch. Gerade eben so ist es mit dem Begriffe eines absolutnotwendigen Wesens bewandt. Wenn ihr das Dasein desselben aufhebt, so hebt ihr das Ding selbst mit allen seinen Prädikaten auf; wo soll alsdenn der Widerspruch herkommen? [...] Gott ist allmächtig; das ist ein notwendiges Urteil. Die Allmacht kann nicht aufgehoben werden, wenn ihr eine Gottheit, d. i. ein unendliches Wesen, setzt, mit dessen Begriff jener identisch ist. Wenn ihr aber sagt: *Gott ist nicht*, so ist weder die Allmacht, noch irgend ein anderes seiner Prädikate gegeben; denn sie sind alle zusamt dem Subjekte aufgehoben, und es zeigt sich in diesem Gedanken nicht der mindeste Widerspruch. (Kant *KrV*, A 594f./B 622f., 670f.)

Kants Überlegung bezieht sich auf analytische Wahrheiten der Form „Alle *F* sind *G*". Wenn man bei solchen Aussagen das Subjekt behält, aber das Prädikat aufhebt, entsteht ein Widerspruch. Wenn ich sage „Dies ist ein Dreieck, hat aber keine drei Winkel", so ist dies genau so widersprüchlich wie wenn ich sage „Dies ist ein Körper, aber nicht ausgedehnt". Wenn ich aber Subjekt und Prädikat zugleich aufhebe, woher soll dann der Widerspruch kommen? Die Aussage „Dies ist kein Dreieck und hat keine drei Winkel" ist genau so wenig widersprüchlich wie die Aussage „Dies ist weder ein Körper noch ausgedehnt". So gilt auch: Da die Aussage „Gott ist allmächtig" analytisch wahr ist, ist es ein Widerspruch zu sagen „Dieses Wesen ist ein Gott, aber nicht allmächtig". Aber es ist nicht widersprüchlich zu sagen „Dieses Wesen ist kein Gott und nicht allmächtig". Aber nicht nur die Aussagen „Dies ist kein Dreieck und hat keine drei Winkel", „Dies ist weder ein Körper noch ausgedehnt" und „Dieses Wesen ist kein Gott und nicht allmächtig" sind nicht widersprüchlich; auch die Aussagen „Es gibt keine Dreiecke", „Es gibt keine Körper" und „Es gibt keinen Gott" beinhalten keinen Widerspruch. Oder allgemeiner: Für alle analytischen Wahrheiten der Form „Alle *F* sind *G*" ist der Satz „Es gibt keine *F*s" niemals widersprüchlich. Denn wenn es keine *F*s gibt, dann ist da einfach nichts, von dem es widersprüchlich sein könnte, ihm

4.3 Kants Kritik am ontologischen Gottesbeweis und Freges Begriff der Existenz — 59

bestimmte Eigenschaften *nicht* zuzusprechen (drei Winkel zu haben, ausgedehnt zu sein usw.).

Kant untermauert dieses Ergebnis mit einer zweiten Überlegung, die die Bedeutung von „existieren" betrifft. Auf den ersten Blick sieht dieses Verb so aus wie die Ausdrücke „laufen", „sehen", „ausgedehnt sein", „drei Winkel haben" – also wie Ausdrücke, mit denen wir Dingen Eigenschaften zuschreiben. (Solche Ausdrücke nennt man in der Logik „Prädikate".) Aber, so Kant, diese oberflächliche Ähnlichkeit täuscht; denn in Wirklichkeit funktioniert der Ausdruck „existieren" ganz anders als die anderen Ausdrücke. Insbesondere dient er eben nicht dazu, Dingen eine Eigenschaft – nämlich die Eigenschaft zu existieren – zuzuschreiben. Deshalb kann nach Kant Existenz auch nicht zu den Merkmalen gehören, durch die ein Begriff bestimmt ist.

> *Sein* ist offenbar kein reales Prädikat, d. i. ein Begriff von irgend etwas, was zu dem Begriffe eines Dinges hinzukommen könne. [...] Nehme ich [...] das Subjekt (Gott) mit allen seinen Prädikaten (worunter auch die Allmacht gehört) zusammen und sage: *Gott ist*, oder es ist ein Gott, so setze ich kein neues Prädikat zum Begriffe von Gott, sondern nur das Subjekt an sich selbst mit allen seinen Prädikaten [...]. Beide müssen genau einerlei enthalten, und es kann daher zu dem Begriffe, der bloß die Möglichkeit ausdrückt, darum, daß ich dessen Gegenstand als schlechthin gegeben (durch den Ausdruck: er ist) denke, nichts weiter hinzukommen. Und so enthält das Wirkliche nichts mehr als das bloß Mögliche. Hundert wirkliche Taler enthalten nicht das Mindeste mehr, als hundert mögliche. Denn, da diese den Begriff, jene aber den Gegenstand und dessen Position an sich selbst bedeuten, so würde, im Falle dieser mehr enthielte als jener, mein Begriff nicht den ganzen Gegenstand ausdrücken und also auch nicht der angemessene Begriff von ihm sein. [...] Wenn ich also ein Ding, durch welche und wie viel Prädikate ich will, [...] denke, so kommt dadurch, dass ich noch hinzusetze: dieses Ding *ist*, nicht das mindeste zu dem Dinge hinzu. Denn sonst würde nicht eben dasselbe, sondern mehr existieren, als ich im Begriffe gedacht hatte, und ich könnte nicht sagen, daß gerade der Gegenstand meines Begriffs existiere. [...] Unser Begriff von einem Gegenstande mag also enthalten, was und wie viel er wolle, so müssen wir doch aus ihm herausgehen, um diesem die Existenz zu erteilen. (ebd., A 598–601/B 626–629, 673ff.)

Diese Passage ist sicher nicht leicht zu verstehen, und das liegt nicht zuletzt an der etwas undurchsichtigen Terminologie. Zunächst muss man Dinge (Einzelgegenstände wie Sokrates, die Zahl 3 oder den Planeten Merkur) von Begriffen unterscheiden. Nur Begriffe kann man definieren, wobei eine Definition traditionell aus der Angabe von Merkmalen besteht, die etwas haben muss, um unter den Begriff zu fallen. Den Begriff *Quadrat* kann man sich z. B. durch die Merkmale *zweidimensionale ebene geometrische Figur mit vier geraden gleichlangen Seiten, die jeweils einen rechten Winkel bilden*, definiert denken, oder den Begriff *Planet* durch die Merkmale *Himmelskörper mit einer hinreichend großen Masse, der sich auf einer Umlaufbahn um die Sonne bewegt und das dominierende Objekt dieser Umlaufbahn ist* (d. h., *der diese Umlaufbahn über die Zeit durch sein Gravitationsfeld von weiteren Objekten geräumt hat*).

Ein Spezifikum der Argumente von Anselm und Descartes ist nun, dass sie davon ausgehen, dass auch *Existenz* ein Merkmal ist, das zur Definition eines Begriffes gehören kann, oder zumindest eine Eigenschaft, die sich notwendig aus der Definition eines Begriffs ergibt. Beide sind der Auffassung, dass aus der Definition Gottes als dem denkbar vollkommensten Wesen folgt, dass diesem Wesen auch die Eigenschaft der Existenz zukommen muss, da es sonst eben nicht das denkbar vollkommenste Wesen wäre. Kant dagegen argumentiert, dass ich, wenn ich sage „Gott existiert", dem Begriff *Gott* keine weitere Eigenschaft hinzufüge, dass ich mit diesem Satz vielmehr ausdrücke, dass es etwas gibt, das unter den Begriff *Gott* fällt.[8] Und für diese Auffassung hat er ein schönes Argument. Angenommen, ich besaß gestern keine hundert Taler, bekomme heute aber hundert Taler geschenkt, dann habe ich heute *genau das*, was mir gestern fehlte. Wenn der Begriff *hundert Taler* sich aber dadurch ändern würde, dass sie jetzt existieren, dann hätte ich heute etwas anderes als das, was ich gestern nicht hatte; denn dann hätte ich heute *hundert existierende Taler*, während mir gestern *hundert nicht existierende Taler* fehlten. Noch einmal: Wenn man sagt „Es gibt *F*s", fügt man damit dem Begriff *F* nichts hinzu, man drückt auf diese Weise vielmehr aus, dass es Dinge gibt, die unter den Begriff *F* fallen.

Diese Überlegungen werden noch klarer, wenn man Freges Theorie der Existenz mit berücksichtigt.[9] Mit Sätzen wie „Anna läuft", „Hans schwitzt" und „7 ist eine Primzahl" sagen wir von einzelnen Gegenständen aus, dass sie unter bestimmte Begriffe fallen – Anna unter den Begriff *läuft*, Hans unter den Begriff *schwitzt* und die Zahl 7 unter den Begriff *Primzahl*. Begriffe, unter die Einzelgegenstände fallen können, nennt Frege „Begriffe erster Stufe". Es gibt aber auch Begriffe, unter die Begriffe erster Stufe fallen können; diese nennt Frege „Begriffe zweiter Stufe". *Selten* ist ein solcher Begriff zweiter Stufe. Mit der Aussage „Weisheit ist selten" machen wir eine Aussage über den Begriff *weise* – einen Begriff erster Stufe. Wir sagen von diesem Begriff, dass nur wenige Einzelgegenstände (Menschen) unter ihn fallen. Die Kernthese der Fregeschen Theorie der Existenz ist nun, dass *Existenz* ein Begriff zweiter Stufe ist – ein Begriff, unter den Begriffe erster Stufe fallen können. Paradigmatische Existenzaussagen sind für ihn also Aussagen wie „Einhörner existieren" und „Neutrinos existieren". In diesen Aussagen wird gesagt, dass die Begriffe *Einhorn* und *Neutrino* nicht leer sind, dass es also für jeden dieser Begriffe mindestens einen Gegenstand gibt, der unter ihn fällt.[10] Für alle Begriffe erster Stufe gibt es prinzipiell drei Möglichkeiten: Sie können erstens leer sein (d. h., es gibt keinen Gegenstand, der unter sie fällt); es kann zweitens sein, dass einige Einzelgegenstände unter sie fallen, andere aber nicht; und drittens ist es auch möglich, dass alle Gegenstände unter sie fallen.

(Das ist z. B. bei dem Begriff *mit sich selbst identisch sein* der Fall.) Ein Begriff F erster Stufe fällt nach Frege, wie gesagt, genau dann unter den Begriff zweiter Stufe *Existenz*, wenn er nicht leer ist.

Frege zufolge haben Existenzaussagen also nicht die Form „a existiert" (wobei „a" ein Ausdruck ist, der für einen Einzelgegenstand steht), sondern „Fs existieren" oder „Es gibt Fs" (formal: „$\exists xFx$"). Und Aussagen dieser Form sind für ihn genau dann wahr, wenn es mindestens einen Gegenstand gibt, der unter den Begriff F fällt. Der beste Ausdruck für den Begriff *Existenz* ist für Frege daher der Existenzquantor „Es gibt" (formal: „$\exists x$"). Quine hat allerdings gezeigt, dass man mit Hilfe dieses Quantors ein Prädikat bilden kann – „$\exists y(x = y)$" –, das für einen Begriff erster Stufe steht, der dem umgangssprachlichen Verb „existieren" entspricht, das man also auch auf Einzelgegenstände anwenden kann. Dieser Quinesche Vorschlag hat jedoch die bemerkenswerte Konsequenz, dass die Aussage „a existiert" für jeden Gegenstand a trivialerweise wahr ist. Denn für jedes a ist „$a = a$" eine logische Wahrheit, und aus „$a = a$" folgt unmittelbar „$\exists y(a = y)$".[11]

Die Kritik Kants und Freges am ontologischen Gottesbeweis kann man auf der Grundlage dieser Überlegungen folgendermaßen rekonstruieren. Wir hatten schon gesehen, dass sich Anselm und Descartes nicht ganz klar darüber sind, ob sie den Ausdruck „Gott" als singulären Term (also als Bezeichner für einen Einzelgegenstand) oder als Prädikat, als Begriffswort auffassen sollen. Damit bleibt zunächst auch unklar, welche Form die Aussage „Gott existiert" in ihren Augen hat. Ist sie eine Aussage der Form „a existiert", also eine Aussage über einen Einzelgegenstand? Oder hat sie die Form „Es gibt Fs"? Ist sie also eine Aussage über einen Begriff? Falls das erste der Fall wäre, wäre „Gott existiert", wie wir gerade gesehen haben, zwar trivialerweise wahr; aber der Erkenntnisgewinn wäre minimal; denn Aussagen der Form „a existiert" setzen immer schon voraus, dass a existiert. Überhaupt ist es aber auch viel plausibler, den Ausdruck „Gott" in „Gott existiert" als Begriffswort aufzufassen. Denn wenn wir uns fragen, ob Gott existiert, wollen wir doch wissen, ob es ein Wesen gibt, das all die Eigenschaften hat, die für Gott charakteristisch sind – das allmächtig, allwissend und vollkommen gut ist, d. h., das alle Vollkommenheiten besitzt, die überhaupt denkbar sind. Mit anderen Worten: Wenn wir uns fragen, ob Gott existiert, möchten wir wissen, ob es ein Wesen gibt, das unter den Begriff des *denkbar vollkommensten Wesens* fällt.

Das Problem für Vertreter des ontologischen Gottesbeweises ist nun, dass in dieser zweiten Lesart die Aussage „Gott existiert nicht" keinen Widerspruch beinhaltet. Denn in dieser Lesart besagt sie, dass es keinen Gegenstand gibt, der unter den Begriff *Gott* fällt. Und das ist – völlig unabhängig davon, wie man den Begriff *Gott* definiert – niemals widersprüchlich. Nehmen wir etwa an, wir definieren *Gott* durch „x fällt unter den Begriff *Gott* genau dann, wenn x allmächtig, allwissend und vollkommen gut ist". Dann bedeutet „Gott existiert nicht" dasselbe wie

„Es gibt keinen Gegenstand, der allmächtig, allwissend und vollkommen gut ist". Und diese Aussage beinhaltet offensichtlich keinen Widerspruch. Daran ändert sich aber auch nichts, wenn wir das Merkmal der Existenz mit aufnehmen und etwa definieren „x fällt unter den Begriff *Gott* genau dann, wenn x allmächtig, allwissend und vollkommen gut ist und existiert".[12] In diesem Fall bedeutet „Gott existiert nicht" nämlich dasselbe wie „Es gibt keinen Gegenstand, der allmächtig, allwissend und vollkommen gut ist und existiert". Und auch diese Aussage ist nicht widersprüchlich, wie sich an einer formaleren Formulierung sogar noch deutlicher zeigt – „Es gibt kein x, für das gilt: x ist allmächtig und x ist allwissend und x ist vollkommen gut und $\exists y(x = y)$". In meinen Augen bildet diese Überlegung eine schlagende Widerlegung des ontologischen Gottesbeweises, so wie ihn Anselm und Descartes vorgetragen haben. Und dass dieser Beweis so nicht funktionieren kann, war ja auch erwartbar. Denn es wäre doch allzu verwunderlich, wenn man allein schon durch die Definition eines Begriffs sicherstellen könnte, dass es etwas gibt, das unter ihn fällt.

4.4 Modallogische Versionen des ontologischen Gottesbeweises

Anselm hatte Gott definiert als das Wesen, über das hinaus Größeres nicht gedacht werden kann. Descartes nennt die Idee Gottes die Idee des „vollkommensten Seienden" („idea entis summe perfecti"). Kant dagegen wählt eine andere Ausdrucksweise, wenn er – angeregt durch Überlegungen Leibniz' (s.u. S. 73–76) – von Gott als dem „absolutnotwendigen Wesen" spricht. Dass Gott nicht nur das denkbar vollkommenste, sondern auch ein notwendiges Wesen ist – etwas, das nicht nur existiert, sondern notwendigerweise existiert, das also nicht nicht existieren kann –, hat in den letzten Jahrzehnten dazu geführt, Versionen des ontologischen Gottesbeweises zu entwickeln, die auf modallogischen Überlegungen beruhen.[13] In der Modallogik geht es um die logischen Beziehungen zwischen Aussagen, die die beiden Modaloperatoren „notwendigerweise" und „möglicherweise" enthalten. Unumstritten ist z. B., dass aus dem Satz „Es ist notwendig, dass ein Quadrat vier Seiten hat" der Satz „Ein Quadrat hat vier Seiten" folgt. „Wenn notwendigerweise p, dann p" (formal: $\Box p \to p$)[14] ist also eine modallogische Wahrheit. Und unumstritten ist auch, dass aus dem Satz „Es ist notwendig, dass ein Quadrat vier Seiten hat" der Satz „Es ist möglich, dass ein Quadrat vier Seiten hat" folgt. Auch „wenn notwendigerweise p, dann möglicherweise p" (formal: $\Box p \to \Diamond p$) ist also eine modallogische Wahrheit. Wie kann man solche modallogischen Überlegungen nutzen, um zu Aussagen über die Existenz Gottes zu kommen?

In neuester Zeit hat besonders Alvin Plantinga versucht, eine überzeugende modallogische Version des ontologischen Gottesbeweises zu formulieren.[15] Um Plantingas Überlegungen verstehen zu können, muss man sich zunächst aber mit der Grundidee der so genannten „mögliche Welten-Semantik" der Modallogik vertraut machen. Diese Semantik will eine Antwort auf die Frage geben, was wir eigentlich meinen, wenn wir sagen, ein Satz sei notwendigerweise oder möglicherweise wahr. Vor mir steht eine Teetasse. Nichts spricht dagegen, dass diese Tasse auch 20 cm weiter rechts stehen könnte. Dies kann man auch so ausdrücken: Offenbar gibt es eine Art und Weise, wie diese Welt sein *könnte*, in der die Tasse 20 cm weiter rechts steht. Mögliche Welten sind nichts anderes als solche Arten und Weisen, wie unsere Welt sein könnte. Dies vorausgesetzt lässt sich die Frage nach der Bedeutung der modalen Ausdrücke „notwendigerweise" und „möglicherweise" aber leicht beantworten. Ein Satz p ist möglicherweise wahr, wenn es mindestens eine mögliche Welt gibt, in der er wahr ist, und p ist notwendigerweise wahr, wenn er in allen möglichen Welten wahr ist. Der Satz „Es ist möglich, dass die Teetasse 20 cm weiter rechts steht" ist also wahr, weil es eine mögliche Welt gibt, in der der Satz „Die Teetasse steht 20 cm weiter rechts" wahr ist. Und der Satz „Es ist notwendig, dass $2+2=4$" ist wahr, weil „$2+2=4$" in allen möglichen Welten wahr ist. Nicht alle Gegenstände kommen in allen möglichen Welten vor. Offenbar ist es möglich, dass sich meine Eltern nie kennen gelernt hätten und dass ich daher weder gezeugt noch geboren wurde. Also gibt es mögliche Welten, in denen das der Fall ist; in all diesen Welten komme ich nicht vor; in diesen Welten gibt es mich nicht. Das ermöglicht es, den Begriff des notwendigen Wesens neu zu fassen. Etwas existiert notwendigerweise, wenn es in allen möglichen Welten existiert; es existiert möglicherweise, wenn es in mindestens einer möglichen Welt existiert, und es existiert kontingenter Weise, wenn es in der aktuellen Welt, aber nicht in allen möglichen Welten existiert.

Plantinga beginnt seine Überlegungen, indem er zwei Begriffe einführt – die Begriffe „unübertreffliche Größe" und „maximale Vortrefflichkeit". „Unübertreffliche Größe" definiert er so: Etwas besitzt in einer möglichen Welt die Eigenschaft unübertrefflicher Größe genau dann, wenn es in allen möglichen Welten existiert (also notwendig ist) und in allen möglichen Welten maximal vortrefflich ist. Mit Hilfe dieser Begriffe formuliert er dann folgendes Argument:

(1) Es ist möglich, daß etwas existiert, das unübertrefflich groß ist.
(2) Notwendigerweise gilt, daß etwas dann und nur dann unübertrefflich groß ist, wenn es in jeder möglichen Welt maximal vortrefflich ist.
(3) Notwendigerweise gilt, daß etwas, das maximal vortrefflich ist, allmächtig, allwissend und moralisch vollkommen ist.
(4) *Also:* Etwas, das unübertrefflich groß ist, existiert (notwendigerweise). (Bromand/ Kreis 2011, 388)

Auf den ersten Blick sieht dieses Argument ganz überzeugend aus. Die Konklusion folgt tatsächlich aus den Prämissen (zumindest in einigen modallogischen Systemen).[16] Und bei den Prämissen (2) und (3) handelt es sich um begriffliche Wahrheiten, die sich einfach aus den Definitionen der Ausdrücke „unübertreffliche Größe" und „maximale Vortrefflichkeit" ergeben.[17] Schließlich: Die Prämisse (1) sieht *prima facie* eher harmlos aus. Warum sollte es nicht zumindest möglich sein, dass es ein unübertrefflich großes Wesen gibt? Dennoch sollten gerade hier Zweifel ansetzen. Jedenfalls formuliert Joachim Bromand vier kritische Einwände gegen Plantingas Argument. Erster Einwand:

> Es ist nicht klar, ob die entscheidende Prämisse (1) des Arguments – sieht man einmal von den begrifflichen Festlegungen (2) und (3) ab – tatsächlich überzeugender ist als die Konklusion des Arguments. Sollte jemand, der ablehnt bzw. bezweifelt, daß es ein maximal vortreffliches Wesen gibt (und der somit auch die Konklusion ablehnt bzw. bezweifelt, der zufolge es ein unübertrefflich großes Wesen gibt), nicht auch die Prämisse ablehnen bzw. bezweifeln, der zufolge es ein unübertrefflich großes Wesen in einer möglichen Welt und somit auch ein maximal vortreffliches Wesen in unserer Welt gibt? Die gravierende Zirkularitätsproblematik von Plantingas Beweis wird auch deutlich, wenn man sich vor Augen führt, daß vor dem Hintergrund der in den Prämissen (2) und (3) vorgenommenen begrifflichen Festlegungen die Prämisse (1) *äquivalent* ist zur Behauptung, daß etwas unübertrefflich Großes *notwendigerweise* existiert. Damit ist Prämisse (1) aber bereits äquivalent zur Konklusion! (ebd., 389)

Zweiter Einwand: Gegen die Prämisse (1) spricht auch, dass die Begriffe „unübertreffliche Größe" und „maximale Vortrefflichkeit" möglicherweise inkohärent sind. Unübertreffliche Größe impliziert nämlich maximale Vortrefflichkeit, und maximale Vortrefflichkeit impliziert Allmacht, Allwissenheit und maximale moralische Vollkommenheit. Es ist aber sehr umstritten, ob die Begriffe Allmacht und Allwissenheit ihrerseits wirklich kohärent sind.

Dritter Einwand: Selbst wenn die Begriffe „unübertreffliche Größe" und „maximale Vortrefflichkeit" kohärent sein sollten, wenn man also aus der Annahme, etwas besitze unübertreffliche Größe oder maximale Vortrefflichkeit, *a priori* keinen Widerspruch ableiten kann, ist nicht klar, ob es tatsächlich möglich ist, dass etwas unter diese Begriffe fällt. J. H. Sobel jedenfalls diskutiert in seinem Buch *Logic and Theism* eine Reihe „von Begriffen, bei denen *a priori* nichts gegen die Konsistenz ihrer Definitionen spricht, die aber dennoch unerfüllbar sind" (ebd., 390).

Vierter Einwand:

> Es lassen sich Argumente formulieren, die genauso plausibel wie dasjenige Plantingas sind, die aber zur gegensätzlichen Schlußfolgerung führen, daß nämlich Gottes Existenz unmöglich ist. Sagen wir etwa, eine Entität besitze *keine Maximalität*, wenn sie in einer Welt

lebt, in der es *kein* Wesen gibt, das unübertreffliche Größe besitzt. Nun scheint die Möglichkeit der Existenz eines Wesens ohne Maximalität ebenso plausibel zu sein wie Plantingas Prämisse (1). Ersetzt man letztere aber in Plantingas Argument durch die Behauptung, die Existenz einer Entität ohne Maximalität sei möglich, resultiert ein alternatives, ebenso plausibles Argument, dessen Konklusion allerdings besagt, daß die Existenz eines Wesens von unübertrefflicher Größe unmöglich ist. Welchem Argument soll der Atheist bzw. Agnostiker nun aber den Vorzug geben? Im Zweifelsfall wird er sich wohl auf keines der beiden Argumente (und insbesondere auch nicht auf Plantingas Argument) verlassen. (ebd.)

Bromand selbst fasst diese Einwände so zusammen:

Zusammenfassend können wir somit festhalten, daß Plantingas Argument *erstens* zirkulär zu sein scheint, daß *zweitens* seine erste Prämisse problematisch und eventuell sogar falsch ist, daß *drittens* die erste Prämisse nicht so harmlos ist wie die zu ihrer Rechtfertigung herangezogene Behauptung, der zufolge der Begriff der unübertrefflichen Größe allem Anschein nach widerspruchsfrei ist, und daß sich *viertens* ganz analoge Argumente mit genauso plausiblen Prämissen finden lassen, die aber zur gegensätzlichen Konklusion führen. (ebd.)

Auch die auf den ersten Blick so überzeugende modallogische Version des ontologischen Gottesbeweises von Alvin Plantinga weist also eine Reihe gravierender Schwächen auf. Insbesondere sollte deutlich geworden sein, dass man manchmal sehr vorsichtig sein muss, wenn es um die Behauptung geht, dass etwas doch zumindest möglich ist. Denn bei manchen modalen Aussagen fällt die mögliche Wahrheit mit der tatsächlichen Wahrheit und sogar mit der notwendigen Wahrheit zusammen. Wer also zugibt, dass diese Aussagen zumindest möglicherweise wahr sind, hat damit zugleich schon zugegeben, dass sie tatsächlich wahr sind und dass sie sogar notwendigerweise wahr sind. Wichtig ist in diesem Zusammenhang auch, dass wir „möglicherweise" oft *epistemisch* verstehen und z. B. mit der Aussage, „Es ist möglich, dass x existiert" nur meinen, dass diese Aussage keinen Widerspruch beinhaltet oder dass wir bisher keine zwingenden Gründe für ihre Falschheit gefunden haben. Dass aus der Tatsache, dass die Aussage „Es ist möglich, dass x existiert" keinen Widerspruch beinhaltet oder dass wir bisher keine zwingenden Gründe für die Falschheit dieser Aussage gefunden haben, folgen soll, dass es mindest eine mögliche Welt gibt, in der x existiert, scheint aber mehr als zweifelhaft.

Allein schon diese Tatsachen machen deutlich, dass man sich in der Modallogik offenbar auf vermintem Gelände bewegt. Hinzu kommt, dass es in der Modallogik konkurrierende Systeme gibt – etwa die Kalküle T, S4 und S5, in denen durchaus unterschiedliche Theoreme bewiesen werden können. Und es ist keineswegs klar, welches dieser Systeme unserem normalen Gebrauch der Ausdrücke „notwendigerweise" und „möglicherweise" am besten entspricht.

Schließlich ist auch die Mögliche Welten-Semantik nicht unumstritten. Unklar ist z. B., was genau mögliche Welten sein sollen und welchen ontologischen Status sie besitzen. Und unklar ist auch, wie sich Möglichkeit zu Widerspruchsfreiheit verhält. Ist alles möglich, was keinen Widerspruch beinhaltet? Oder gibt es bestimmte mögliche Welten nicht, obwohl die Annahme, dass es sie gibt, nicht zu einem Widerspruch führt? In meinen Augen kann man deshalb nicht allzu viel Vertrauen in die modallogischen Versionen ontologischer Argumente für die Existenz Gottes setzen.[18]

5. Kosmologische Argumente für die Existenz Gottes

5.1 Die fünf Wege des Thomas von Aquin

Obwohl sich Versionen kosmologischer Argumente für die Existenz Gottes schon in der Antike finden,[1] gilt als der erste zentrale Text doch eine kurze Passage aus der *Summe der Theologie* des Thomas von Aquin, die unter dem Titel *Die fünf Wege* bekannt geworden ist. Diese Passage ist außerordentlich komprimiert; auf gerade einmal zwei Seiten werden fünf verschiedene Argumente aufgeführt. Deshalb ist die Darstellung der einzelnen Argumente sehr gedrängt. In meinen Augen kann der Grund dafür nur sein, dass Thomas meinte, es sei nicht nötig, ausführlicher zu werden. Er wollte dem Leser einige Argumente noch einmal kurz ins Gedächtnis rufen, von denen er überzeugt war, dass dieser Leser sie eigentlich schon ganz gut kenne.

Alle fünf Wege haben eine ähnliche Struktur. Thomas geht von unumstrittenen Tatsachen aus und versucht zu zeigen, dass man aus jeder dieser Tatsachen auf die Existenz Gottes schließen kann. Beim ersten Weg bildet den Ausgangspunkt die Tatsache, dass es Dinge gibt, die bewegt werden (bzw. die sich bewegen), beim zweiten die Tatsache, dass es Verursachungsketten gibt, dass also manche Dinge verursacht werden, beim dritten die Tatsache, dass es kontingente Dinge gibt, also Dinge, die auch nicht sein können, beim vierten die Tatsache, dass es bei den Dingen, die gut, wahr oder edel sind, Grade oder Abstufungen gibt, dass diese Dinge also mehr und weniger gut, wahr oder edel sind, und beim fünften schließlich die Tatsache, dass es in der Natur auch bei nicht denkenden Wesen zielgerichtetes Handeln gibt. Ich gehe hier nur auf die ersten drei Wege ein; auf den vierten nicht, weil er in meinen Augen das schwächste der fünf Argumente darstellt; und auch auf den fünften nicht, weil er eher eine Version der teleologischen als der kosmologischen Argumente für die Existenz Gottes ist.

Schauen wir uns also die ersten drei Wege genauer an. Zum ersten schreibt Thomas:

> *Der erste* und augenfälligere Weg aber ist der, welcher von der Bewegung her genommen wird. Es ist nämlich gewiß und steht für die Sinneswahrnehmung fest, daß einige (Dinge) in dieser Welt bewegt werden (*aliqua moveri in hoc mundo*). Alles aber, was bewegt wird, wird von etwas anderem bewegt.[2] [...] Wenn also das, wovon es bewegt wird, (seinerseits) bewegt wird, dann muß es auch selbst von einem anderen bewegt werden, und jenes (wiederum) von einem anderen. Hier aber kann es nicht ins Unendliche gehen, weil so nicht etwas erstes Bewegendes wäre, und infolgedessen auch kein anderes Bewegendes, weil die zweiten bewegenden (Ursachen) nur dadurch bewegen, daß sie von einem ersten Bewe-

genden bewegt sind, wie z. B. der Stab nur dadurch (etwas) bewegt, daß er von der Hand bewegt ist. Also ist es notwendig zu etwas erstem Bewegenden zu kommen, das von nichts bewegt wird. Und dies verstehen alle als Gott. (Thomas *Summe* I 2 3, 53/55)

Die zentralen Prämissen dieses Arguments, mit dem Thomas Aristoteles' Überlegungen zur Existenz eines ersten unbewegten Bewegers aufnimmt, sind:
(1) Es gibt Dinge, die bewegt werden. (Das ist offensichtlich und wird auch durch die Sinne bestätigt.)
(2) Wenn etwas bewegt wird, wird es von etwas anderem bewegt. D. h., wenn a bewegt wird, wird es durch etwas anderes b bewegt.
(3) Wenn auch b bewegt wird, wird b durch noch etwas anderes c bewegt und dieses durch noch etwas anderes d usw.
(4) Diese Kette kann aber nicht ins Unendliche gehen; denn wenn es kein erstes Bewegendes gibt, gibt es auch kein zweites Bewegendes, und wenn es kein zweites gibt auch kein drittes, usw.

Aus diesen Prämissen ergibt sich nach Thomas die Konklusion:
(5) Also muss es ein erstes Bewegendes geben, das selbst nicht bewegt wird. „Und dies verstehen alle als Gott".

Das zentrale Problem dieses Arguments betrifft die Frage der Unmöglichkeit eines unendlichen Regresses bewegender Ursachen – also die Prämisse (4), dass eine Kette von Dingen, die andere bewegen, nicht ins Unendliche gehen kann. Auf dieses Problem werde ich bei der Diskussion des zweiten Weges näher eingehen. Thomas' erster Weg ist aber auch noch mit anderen Problemen konfrontiert. Als erstes stellt sich die Frage, was aus den Prämissen (1) – (4) tatsächlich folgt. Offenbar *bestenfalls*, dass es *mindestens ein* Ding gibt, das anderes bewegt, selbst aber nicht bewegt wird. Die Prämissen sind durchaus damit vereinbar, dass es *mehrere* Dinge gibt, die am Anfang je einer Kette des Bewegtwerdens stehen. Es fehlt also eine Begründung für die Einzigkeitsthese, dass es *genau einen* unbewegten Beweger gibt. Und genau so fehlt eine Begründung für die Annahme, dass dieser unbewegte Beweger all die anderen Eigenschaften hat, die den christlichen Gottesbegriff ausmachen – Allmacht, Allwissenheit, vollkommene Güte, Ewigkeit usw. Der Schlusssatz „Und dies verstehen alle als Gott" ist offenbar mehr als voreilig.

Schließlich gibt es noch ein etwas diffizileres Problem: Thomas wählt in den Prämissen des ersten Wegs das Verb „moveri". („Certum est enim et sensu constat aliqua moveri in hoc mundo.") „moveri" kann aber sowohl „sich bewegen" als auch „bewegt werden" heißen (Medium oder Passiv). Je nach Lesart haben die einzelnen Prämissen aber einen ganz anderen Sinn. Die Lesarten der ersten Prämisse lauten dann: (1a) „Es gibt Dinge, die sich bewegen" oder (1b) „Es gibt Dinge, die bewegt werden". Das ist jedoch noch nicht problematisch; denn beide Lesar-

ten sind plausibel. Bei der zweiten Prämisse ist das anders. Die zweite Lesart habe ich oben schon angegeben. In der ersten Lesart lautet diese Prämisse:
(2a) Wenn sich etwas bewegt, wird es von etwas bewegt.
Das ist keineswegs selbstverständlich. Thomas geht offenbar davon aus, dass Bewegung grundsätzlich einen Beweger voraussetzt, dass sich also nichts bewegt, wenn es nicht von etwas bewegt wird. Doch für diese Annahme gibt er keine Begründung.[3] Also muss eine wohlwollende Interpretation davon ausgehen, dass die Aussage (2) im Sinne der zweiten Lesart zu verstehen ist. Und deshalb scheint es mir sinnvoll, „moveri" durchgehend mit „bewegt werden" zu übersetzen.

Kommen wir zum zweiten Weg:

> *Der zweite Weg* ist aus dem Begriff der bewirkenden Ursache (genommen). Wir finden nämlich, daß in den sinnlich wahrnehmbaren (Dingen) hier eine Ordnung der wirkenden Ursachen besteht. Es findet sich jedoch nicht und ist auch nicht möglich, daß etwas Wirkursache seiner selbst sei, da es so früher wäre als es selbst, was unmöglich ist. Es ist aber nicht möglich, daß die Wirkursachen ins Unendliche gehen, weil bei allen geordneten Wirkursachen (insgesamt) das Erste Ursache des Mittleren, und das Mittlere Ursache des Letzten ist, sei es daß das Mittlere mehreres oder nur eines ist. Ist aber die Ursache entfernt worden, dann wird auch die Wirkung entfernt. Wenn es also kein Erstes in den Wirkursachen gibt, wird es kein Letztes und auch kein Mittleres geben. Wenn aber die Wirkursachen ins Unendliche gehen, wird es keine erste Wirkursache geben, und so wird es weder eine letzte Wirkung, noch mittlere Wirkursachen geben: was offenbar falsch ist. Also ist es notwendig, eine erste Wirkursache anzunehmen. Diese nennen alle Gott. (ebd., 55)

Die zentralen Prämissen sind hier:
(1) Es gibt eine Ordnung der wirkenden Ursachen, d. h., es gibt Verursachungszusammenhänge, die sich graphisch so darstellen lassen:
    $... \rightarrow A_{i-2} \rightarrow A_{i-1} \rightarrow A_i \rightarrow A_{i+1} \rightarrow A_{i+2} \rightarrow ...$
(2) Nichts ist seine eigene Ursache.
(3) Die Kette der Ursachen kann nicht zurückgehen bis ins Unendliche.
Aus diesen Prämissen folgt nach Thomas:
(4) Also gibt es eine erste Ursache, die selbst nicht verursacht ist. Und diese „nennen alle Gott".
Der zweite Weg enthält aber nicht nur dieses Kernargument, sondern auch noch Begründungen für die Prämissen (2) und (3). Die Begründung für (2) lautet: Wenn etwas seine eigene Ursache wäre, müsste es zeitlich früher sein als es selbst; das ist jedoch unmöglich; also ist nichts seine eigene Ursache.

Die Begründung für die Prämisse (3) ist ausführlicher:
(3a) Das erste Glied einer Ursachenkette ist die Ursache des zweiten, dieses die Ursache des dritten, usw.
(3b) Wenn man eine Ursache entfernt, entfällt auch deren Wirkung.

(3c) Wenn es keine erste Ursache gibt, entfallen also alle Folgeglieder.
(3d) Wenn die Kette der Ursachen zurück bis ins Unendliche geht, gibt es aber kein erstes Glied.
(3e) Wenn die Kette der Ursachen zurück bis ins Unendliche geht, entfallen alle Glieder der Verursachungskette.
(3f) Das ist nicht der Fall.
(3g) Also geht die Kette der Ursachen nicht zurück bis ins Unendliche.

Die Probleme des zweiten Wegs sind zunächst die gleichen wie die des ersten. Es fehlt jedes Argument für die Einzigkeit der ersten Ursache. Warum soll es nicht mehrere davon geben? Und es fehlt jedes Argument für die Behauptung, dass die erste Ursache wirklich mit Gott identifiziert werden kann. Warum sollte nicht ein Ereignis wie der Urknall die erste Ursache sein? Historisch und systematisch betrifft das wichtigste Problem aber die Prämisse (3), d. h. die Frage, ob ein unendlicher Regress von Ursachen tatsächlich unmöglich ist.

Thomas denkt offenbar so: Wenn ein Glied in einer Verursachungskette fehlt, fallen alle nachfolgenden Glieder weg; d. h., wenn es kein erstes Glied gibt, gibt es auch kein zweites, und wenn es kein zweites Glied gibt, dann auch kein drittes, usw. Wenn es keine erste Ursache gibt, fällt also die gesamte Verursachungskette in sich zusammen. Es gibt aber zumindest eine Verursachungskette; also muss es auch eine erste Ursache geben. Das klingt auf den ersten Blick plausibel. Wenn man genauer hinsieht, zeigt sich aber, dass versteckt schon vorausgesetzt wird, was noch bewiesen werden soll – nämlich, dass es ein erstes Kettenglied gibt, oder anders ausgedrückt, dass ein Glied in der Kette das erste ist. Denn nur wenn man das voraussetzt, kann man weiter schließen: Wenn dieses Glied wegfällt, fallen auch alle nachfolgenden Glieder weg. Tatsächlich kann Thomas aber nicht von den Aussagen (3a) – (3c) ausgehen, sondern nur von den Aussagen:

(3a′) In einer Ursachenkette ist jedes Kettenglied die Wirkung des vorhergehenden Gliedes.
(3b) Wenn man eine Ursache entfernt, entfällt auch deren Wirkung.
(3c′) Wenn irgendein Kettenglied fehlt, entfallen also alle Folgeglieder.

Doch aus diesen Aussagen folgt nicht, dass es ein erstes Glied geben muss; denn auch wenn keines der Glieder das erste Glied ist, bedeutet das ja nicht, dass irgendein Kettenglied fehlt. Thomas setzt voraus, dass die Aussage „Es gibt kein erstes Kettenglied" impliziert, dass ein Kettenglied fehlt – nämlich das erste (und damit auch alle anderen). Tatsächlich bedeutet diese Aussage aber nur, dass keines der Kettenglieder das erste ist, dass es also zu jedem Kettenglied ein vorhergehendes gibt. Und das impliziert eben nicht, dass ein Kettenglied fehlt.

Zusammenfassend muss man daher wohl feststellen, dass die ersten beiden Wege nicht wirklich überzeugend sind. Erstens zeigen sie bestenfalls, dass am Anfang jeder Kette des Bewegtwerdens ein unbewegter Beweger oder dass am

Anfang jeder Verursachungskette ein selbst unverursachtes Ereignis steht. Dass es sich dabei jeweils um Gott handelt, zeigen die Argumente nicht. Und zweitens ist die Begründung, die Thomas für die beiden Hauptprämissen – „Die Kette der bewegenden Dinge bzw. die Kette der Ursachen kann nicht zurückgehen bis ins Unendliche" – gibt, nicht stichhaltig.

Der dritte Weg unterscheidet sich deutlich von den ersten beiden:

> Der dritte Weg ist von dem Möglichen und Notwendigen her genommen und verläuft so: Wir finden nämlich unter den Dingen solche, welche die Möglichkeit haben zu sein und nicht zu sein, da sich einiges findet, das entsteht und vergeht und infolgedessen die Möglichkeit hat zu sein und nicht zu sein. Es ist aber unmöglich, daß alles von dieser Art [...] sei, weil das, was möglicherweise nicht sein kann, auch einmal nicht ist. Wenn also alles die Möglichkeit hat nicht zu sein, dann war hinsichtlich der Dinge auch einmal nichts. Wenn dies aber wahr ist, dann wäre auch jetzt nichts, weil das, was nicht ist, nur anfängt zu sein durch etwas, was ist. Wenn also (einmal) nichts Seiendes war, dann war es auch unmöglich, daß etwas zu sein anfing, und so wäre nun nichts: was offenbar falsch ist. Also ist nicht alles Seiende nur Mögliches, sondern es muß auch etwas Notwendiges unter den Dingen geben. Jedes Notwendige aber hat die Ursache seiner Notwendigkeit entweder von anderswoher oder nicht. Es ist aber nicht möglich, daß es ins Unendliche bei den notwendigen (Dingen) gehe, die eine Ursache ihrer Notwendigkeit haben, wie dies auch bei den Wirkursachen nicht möglich ist, wie (oben) bewiesen. Also ist es notwendig etwas anzunehmen, das an sich notwendig ist und die Ursache seiner Notwendigkeit nicht von anderswoher hat, sondern das (vielmehr) Ursache der Notwendigkeit für die anderen (Dinge) ist. Dies nennen alle Gott. (ebd., 55/57)

Dieses Argument zerfällt offenbar in zwei Teile. Der erste Teil lässt sich besser beschreiben, wenn man das Wort „kontingent" zu Hilfe nimmt. „Kontingent" heißen die Dinge, die weder notwendig noch unmöglich sind, die also sowohl existieren als auch nicht existieren *können*. Die Prämissen des ersten Teilarguments lauten dann:
(1) Es gibt kontingente Dinge. (Denn wir sehen ja, dass manches entsteht und vergeht.)
(2) Aber nicht alle Dinge können kontingent sein.
Aus diesen Prämissen schließt Thomas:
(3) Also muss es auch notwendige Dinge geben.
Dieses Argument ist sicher gültig. Aber warum soll die Prämisse (2) wahr sein? Warum können nicht alle Dinge kontingent sein? Thomas sieht, dass hier Begründungsbedarf besteht, und entwickelt deshalb ein ausführliches Argument für die Wahrheit der Prämisse (2):
(2a) Jedes kontingente Ding existiert irgendwann einmal nicht.
(2b) Wenn alle Dinge kontingent wären, gäbe es also einen Zeitpunkt, zu dem überhaupt nichts existiert.

(2c) Wenn zu einem Zeitpunkt t überhaupt nichts existiert, existiert auch zu allen auf t folgenden Zeitpunkten nichts.
(2d) Denn etwas kann nur dadurch anfangen zu existieren, dass es durch etwas, das schon existiert, hervorgerufen wird.
(2e) Es gibt aber etwas (und nicht nichts).
(2f) Also kann es keinen Zeitpunkt gegeben haben, zu dem nichts existierte.
(2g) Also können nicht alle Dinge kontingent sein.
Soweit das erste Teilargument. Die Prämissen des zweiten Teilarguments lauten:
(4) Jedes notwendige Ding hat die Ursache seiner Notwendigkeit in etwas anderem oder in sich selbst.
(5) Es ist nicht möglich, dass alle notwendigen Dinge die Ursache ihrer Notwendigkeit in etwas anderem haben (aus denselben Gründen, aus denen eine Kette von Ursachen nicht ins Unendliche gehen kann).
Konklusion:
(6) Also muss es mindestens ein Ding geben, das an sich selbst notwendig ist und das die Ursache seiner Notwendigkeit nicht in etwas anderem hat. „Dies nennen alle Gott."

Der dritte Weg ist also ein komplexes und interessantes Argument, dessen Kern in der Begründung der Prämisse (2) besteht. Doch diese Begründung ist wieder sehr problematisch.

Schon die Aussage (2a) ist alles andere als selbstverständlich. Warum soll etwas Kontingentes, also etwas, was auch nicht existieren *kann*, nicht *de facto* doch ständig existieren, ohne irgendwann anzufangen und ohne irgendwann aufzuhören. Wenn etwas passieren *kann*, heißt das, so scheint es, doch nicht, dass es auch tatsächlich (irgendwann) passiert. Thomas stützt sich aber offenbar auf das Prinzip der Fülle (*principle of plenitude*), das sich schon in der Antike findet und das grob gesprochen besagt, dass alles, was möglich ist, auch tatsächlich irgendwann passiert. Lassen wir die Aussage (2a) also auf sich beruhen.

Auch die Aussage (2b) ist aber problematisch. Denn selbst wenn alles irgendwann nicht existiert, folgt nicht zwingend, dass es einen Zeitpunkt t gibt, zu dem gar nichts existiert. Denn die existierenden Dinge könnten sich in ihrer Existenz doch so überlappen, dass immer zumindest irgendetwas existiert. Thomas scheint hier den Fehler zu machen, von „Für alle Dinge gibt es einen Zeitpunkt, zu dem sie nicht existieren" auf „Es gibt einen Zeitpunkt, zu dem alle Dinge nicht existieren" zu schließen.

Wirklich zentral ist aber die Aussage (2c) und ihre Begründung (2d): Wenn etwas anfängt zu existieren, dann nur deshalb, weil es durch etwas, das schon existiert, hervorgerufen wird. Bei dieser Aussage handelt es sich um eine Version des *Prinzips vom zureichenden Grund*, die von Hume später so formuliert wurde: „Alles, was zu existieren anfängt, muss einen Grund seiner Existenz haben"

(Hume *Traktat*, Erstes Buch, Teil III, Abschnitt 3). Neben der These von der Unmöglichkeit eines unendlichen Regresses von Ursachen bildet dieses Prinzip das Rückgrat der kosmologischen Argumente für die Existenz Gottes. Ich werde auf dieses für die gesamte klassische Philosophie zentrale Prinzip deshalb gleich zurückkommen. Zuvor aber noch ein Blick auf Leibniz' Version des kosmologischen Arguments.

5.2 Leibniz' Version des kosmologischen Arguments

In der Abhandlung „Die Vernunftprinzipien der Natur und der Gnade" beginnt Leibniz die Überlegungen zu seiner Version des kosmologischen Arguments für die Existenz Gottes mit einer klaren Feststellung:

> Bis hierher haben wir als einfache *Physiker* geredet: jetzt gilt es, sich zur *Metaphysik* zu erheben, gestützt auf das gemeiniglich wenig genutzte *große Prinzip*, welches besagt, *daß nichts ohne zureichenden Grund geschieht*, d. h. daß nichts geschieht, ohne daß es demjenigen, der die Dinge genügend kennt, möglich wäre, einen Grund anzugeben, der zur Bestimmung genügt, warum es so ist und nicht anders ist. Dieses Prinzip gesetzt, ist die erste zulässige Frage, *warum es vielmehr etwas als nichts gibt.* (Leibniz *Vernunftprinzipien*, 163)

Doch diese Frage erfordert eine spezielle Antwort. Denn wenn man sie beantworten will, reicht es, so Leibniz, nicht aus, von jedem Ding seine Ursache anzugeben, solange alle diese Ursachen ihrerseits wieder eines anderen Grundes oder einer anderen Ursache bedürfen. Eine endgültige Antwort erfährt die Frage „Warum ist eher Etwas als Nichts?" erst, wenn man bei einem Grund oder einer Ursache angekommen ist, deren Grund nicht mehr in etwas anderem liegt – und diese erste Ursache, dieser erste Grund ist Gott.

> Nun kann man diesen zureichenden Grund der Existenz des Universums [nicht] in der Folge der kontingenten Dinge finden [...]. [Denn] obwohl die gegenwärtige Bewegung in der Materie von einer vorhergehenden stammt, und diese wiederum von einer vorhergehenden, kommt man nicht voran, selbst wenn man so weit ginge, wie man möchte, denn es bleibt immer dieselbe Frage[, woher denn diese Bewegung stammt]. So muß der zureichende Grund, der nicht wiederum einen anderen Grund nötig hat, außerhalb dieser Folge der kontingenten Dinge liegen und sich in einer Substanz finden, die seine Ursache wäre und die ein notwendiges Sein wäre, welches den Grund seiner Existenz mit sich trüge. Andernfalls hätte man noch keinen zureichenden Grund, bei dem man enden könnte. Und dieser letzte Grund der Dinge wird *Gott* genannt. (ebd.)

Leibniz lässt also keinen Zweifel daran, dass er vom Prinzip des zureichenden Grundes ausgeht. Ansonsten weist seine Argumentation eine starke Ähnlichkeit zu Thomas' drittem Weg auf. Dabei macht Leibniz zugleich klar, dass die These von der Unmöglichkeit eines unendlichen Ursachenregresses für seine Argumentation völlig unerheblich ist. Sein Kernargument lautet: Selbst wenn es eine unendliche Kette von Ursachen geben sollte, so wäre doch jedes Glied dieser Kette etwas Kontingentes; und auch die gesamte Kette wäre etwas Kontingentes. D. h., selbst wenn es eine unendliche Kette von Ursachen geben sollte, bliebe die Frage, was die Ursache/der Grund für die Existenz der gesamten Kette ist. Und wenn wir auf diese Frage wieder mit Verweis auf etwas Kontingentes antworten würden, stünden wir erneut vor der Frage, was denn die Ursache/der Grund für die Existenz dieses Kontingenten sei, usw. Letzten Endes wendet sich also auch Leibniz gegen einen unendlichen Regress – allerdings nicht der Ursachen, sondern der Gründe. Dem Prinzip des zureichenden Grundes ist in seinen Augen nicht schon dann Genüge getan, wenn wir für alles eine Ursache oder einen Grund angeben können, sondern erst, wenn wir einen letzten Grund gefunden haben, der auf der einen Seite der Grund/die Ursache von allem anderen ist, auf der anderen Seite aber seinen eigenen Grund nicht in etwas anderem, sondern in sich selbst hat. Ein solcher Grund muss ein notwendiges Wesen sein. In dieser Argumentation sind – ebenso wie in Thomas' drittem Weg – zwei Dinge entscheidend: Die Idee eines notwendigen Wesens und das Prinzip vom zureichenden Grund. Auf dieses Prinzip werde ich gleich zurückkommen. Zuvor aber noch einige Bemerkungen zur Idee eines notwendigen Wesens – eines Wesens, das nicht nicht existieren kann, weil es seinen Grund in sich selbst hat.[4]

Kant schreibt im Rahmen seiner Kritik des ontologischen Arguments für die Existenz Gottes:

> Man hat zu aller Zeit von dem *absolutnotwendigen* Wesen geredet und sich nicht sowohl Mühe gegeben, zu verstehen, ob und wie man sich ein Ding von dieser Art auch nur denken könne, als vielmehr dessen Dasein zu beweisen. Nun ist zwar eine Namenerklärung von diesem Begriffe ganz leicht, daß es nämlich so etwas sei, dessen Nichtsein unmöglich ist; aber man wird hiedurch um nichts klüger, in Ansehung der Bedingungen, die es unmöglich machen, das Nichtsein eines Dinges als schlechterdings undenklich anzusehen, und die eigentlich dasjenige sind, was man wissen will, nämlich ob wir uns durch diesen Begriff überall etwas denken, oder nicht. Denn alle Bedingungen, die der Verstand jederzeit bedarf, um etwas als notwendig anzusehen, vermittelst des Worts: *Unbedingt* wegwerfen, macht mir noch lange nicht verständlich, ob ich alsdann durch einen Begriff eines Unbedingtnotwendigen noch etwas, oder vielleicht gar nichts denke. (Kant *KrV* A 592f./B 620f., 668f.)

Kant äußert also Zweifel, ob der Begriff des „absolutnotwendigen Wesens" überhaupt ein kohärenter Begriff ist. Sicher, verbal ist dieser Begriff schnell definiert: Etwas ist ein absolut notwendiges Wesen genau dann, wenn es nicht nicht sein kann, wenn es unmöglich ist, dass es nicht existiert. Aber ist es wirklich denkbar, dass etwas unter den so definierten Begriff fällt? Müsste es sich bei einem solchen

Wesen nicht um etwas handeln, bei dem die Annahme, dass es nicht existiert, einen Widerspruch beinhaltet? Und hatten wir nicht schon im letzten Kapitel gesehen, dass es niemals widersprüchlich ist anzunehmen, dass ein Begriff leer ist? Eine ähnliche Argumentation geht auf John Findlay zurück (Findlay 1948):[5]
1. Wenn etwas die Bezeichnung „Gott" wirklich verdient, muss es notwendig existieren und seine göttlichen Eigenschaften notwendigerweise besitzen.
2. Es gibt aber keine notwendige Existenz. Notwendigkeit beruht auf logisch-analytischen Beziehungen zwischen den Begriffen, die wir verwenden. Ob es überhaupt etwas gibt, das unter diese Begriffe fällt, folgt aus solchen Beziehungen nicht.
3. Also kann es notwendigerweise kein notwendigerweise existierendes Wesen geben.

Hinter dieser Argumentation steht die Annahme, dass ein Satz dann und nur dann notwendigerweise wahr ist, wenn sich aus der Annahme des Gegenteils ein Widerspruch ergibt. Dies nennt man „logisch-analytische Notwendigkeit". Außerdem teilt Findlay offenbar Kants Auffassung, dass aus einer negativen Existenzannahme niemals ein Widerspruch folgt. Beide Annahmen kann man bestreiten. Trotzdem, der Begriff eines absolut notwendigen Wesens ist nicht so harmlos, wie er aussieht. Es gibt zumindest Gründe, die dagegen sprechen, dass dieser Begriff wirklich kohärent ist.

Hinzu kommt ein zweiter Punkt. Thomas und Leibniz benötigen ein absolut notwendiges Wesen – ein Wesen, das nicht nur notwendigerweise existiert, sondern den Grund seiner Notwendigkeit in sich selbst trägt – als Endpunkt aller Verursachungs- und Begründungsketten. Das Prinzip vom zureichenden Grund verlangt, dass es für alles – auch für das absolut notwendige Wesen – eine Ursache oder einen Grund gibt. Der Grund für ein absolut notwendiges Wesen kann aber nicht in etwas anderem liegen. Mit anderen Worten: Das absolut notwendige Wesen muss sein eigener Grund sein. Aber das klingt doch sehr nach dem Baron von Münchhausen. Wie kann etwas sein eigener Grund sein? Thomas bestreitet explizit, dass etwas seine eigene *Ursache* sein kann. Aber liegt es nicht auch im Begriff des Grundes, dass A nur dann der Grund für B sein kann, wenn A von B verschieden ist? Bei Aussagen jedenfalls ist jeder Versuch, eine Aussage A durch sich selbst zu begründen, ein Zirkelschluss und daher unzulässig. Außerdem: Gilt nicht allgemein, dass A nur dann ein Grund von B ist, wenn B nicht der Fall wäre, wenn es A nicht gäbe? Doch was soll die Aussage „A ist der Grund von A" dann bedeuten? Dass A nicht der Fall wäre, wenn es A nicht gäbe?

Die Probleme, die sich ergeben, wenn man versucht, alles auf Gott als das absolut notwendige Wesen zurückzuführen, werden auch in der folgenden Passage aus Löfflers *Einführung in die Religionsphilosophie* deutlich:

> Obwohl Gott in theistischen Religionen als höchst realer Gegenstand gedacht wird, wird er nicht als Bestandteil der Welt betrachtet, wie sie uns vordergründig zugänglich ist. [...] Gott wird [...] ein Begründungsverhältnis zur Welt zugeschrieben, er wird als deren Daseinsgrund, deren Ursache oder deren inhaltsbestimmender Faktor gedacht. [...] Gott erfüllt damit eine Erklärungsfunktion dafür, dass die Welt existiert. [...] Wäre Gott ein Gegenstand innerhalb der Welt, würde er diese Funktion nicht erfüllen, weil er selbst erklärungsbedürftig wäre. Diese Außerweltlichkeit Gottes wird häufig auch als seine *Transzendenz* bezeichnet. Es liegt auf der Hand, dass die präzise Darstellung dieser Verhältnisse auf sprachliche Grenzen stößt. Religionen, aber auch deren philosophische Reflexionen bedienen sich daher nicht selten indirekter, metaphorischer oder bewusst paradox klingender Umschreibungen dafür. (Löffler 2006, 36)

Wohl wahr. Aber ist die Annahme, Gott sei zwar höchst real, aber trotzdem nicht Teil der Welt, sondern transzendent, nicht eher der verzweifelte Versuch, der Frage zu entkommen, welchen Grund es für die Existenz Gottes gibt? Genau so verzweifelt wie die Annahme, es gebe Wesen, die ihren Grund in sich selbst haben? Mir scheint, dass es zum Begriff der Welt gehört, dass die Welt alles umfasst, was es gibt.[6]

> **Welt** bezeichnet all das, was ist. (http://de.wikipedia.org/wiki/Welt – Abruf 18.12.2012, 11.10 Uhr)

Wenn es Steine und Flüsse gibt, gehören sie zur Welt; wenn es Pflanzen, Tiere und Menschen gibt, gehören sie zur Welt; wenn es Zahlen gibt, gehören sie zur Welt; wenn es abstrakte Gegenstände wie Universalien und Propositionen gibt, gehören sie zur Welt; und wenn es übernatürliche Wesen wie Geister, Engel oder Gott gibt, gehören auch sie zur Welt. Alles was es gibt, gehört zur Welt. Und bei allem, was es gibt, kann man die Frage stellen, warum es existiert. Anders als uns das *Prinzip vom zureichenden Grund* glauben machen will, können wir aber nicht davon ausgehen, dass es auf jede dieser Warum-Fragen eine Antwort gibt. Manche Dinge sind einfach so wie sie sind, und mehr ist dazu nicht zu sagen. Das sollen die folgenden Überlegungen zeigen.

5.3 Das Prinzip vom zureichenden Grund

Das Prinzip vom zureichenden Grund galt für Jahrtausende als eine absolut gewisse unumstößliche philosophische Wahrheit, und zwar sowohl in seiner allgemeinen Form „Nichts geschieht ohne zureichenden Grund" als auch in der speziellen Form „Alles, was zu existieren anfängt, muss einen Grund seiner Existenz haben". Erst seit ca. 250 Jahren sind – berechtigte – Zweifel an dieser Auffassung aufgekommen. Um zu verstehen, wie es zu diesem Wandel kommen konnte, ist es hilfreich, sich das Erkenntnismodell vor Augen zu führen, das seit der frühen Neuzeit die europäische Philosophie geprägt hat.[7]

Das Vorbild für alle (wissenschaftliche) Erkenntnis war die Geometrie Euklids.[8] Man beginnt mit Definitionen, Postulaten und Axiomen und leitet aus diesen nacheinander alle anderen Lehrsätze der Geometrie ab. Postulate und Axiome gelten dabei als über jeden Zweifel erhaben. Descartes hat diese Grundidee folgendermaßen zum Ausdruck gebracht: Wir beginnen mit *intuitiv* gewissen, d. h. klaren und deutlichen Prinzipien, die so einleuchtend sind, dass wir an ihrer Wahrheit nicht zweifeln können, um dann aus diesen Prinzipien alle weiteren wahren Aussagen logisch *deduktiv* abzuleiten.

Zu den intuitiv gewissen Prinzipien gehören für Descartes die Aussagen „Ich existiere" (2. Meditation), „Ich habe eine klare und deutliche Vorstellung von mir selbst, insofern ich nur ein denkendes, nicht ausgedehntes Ding bin, und eine deutliche Vorstellung vom Körper, sofern er lediglich ein ausgedehntes, nicht denkendes Ding ist" (2. und 6. Meditation), „Ich finde in mir die Idee eines im höchsten Maße vollkommenen Wesens" (3. Meditation) und „In der vollständigen wirkenden Ursache muss mindestens ebensoviel Realität enthalten sein wie in dem von dieser Ursache Bewirkten" (3. Meditation). Aus diesen Aussagen lassen sich seiner Meinung nach die folgenden Aussagen deduktiv ableiten: „Es gibt Gott, d. h. ein absolut vollkommenes Wesen" (3. und 5. Meditation), „Es gibt eine Außenwelt" und „Sowohl das Wahrnehmungs- als auch das Denkvermögen sind grundsätzlich zuverlässige Vermögen der Erkenntnisgewinnung" (6. Meditation).

Hume modifiziert dieses Erkenntnismodell auf zweierlei Weise. Erstens unterscheidet er zwei Arten der Erkenntnis.

> Alle Gegenstände der menschlichen Vernunft und Forschung lassen sich naturgemäß in zwei Arten zerlegen, nämlich in *Beziehungen von Vorstellungen* und in *Tatsachen*. Von der ersten Art sind die Wissenschaften der Geometrie, Algebra, und Arithmetik; und kurz gesagt, jede Behauptung von entweder intuitiver oder demonstrativer Gewißheit. [...] Tatsachen, der zweite Gegenstand der menschlichen Vernunft sind nicht in gleicher Weise als gewiß verbürgt; ebensowenig ist unsere Evidenz von ihrer Wahrheit, wenn auch noch so stark, von der gleichen Art wie bei der vorhergehenden. Das Gegenteil jeder Tatsache bleibt immer möglich, denn es kann niemals einen Widerspruch in sich schließen und wird vom Geist mit derselben Leichtigkeit und Deutlichkeit vorgestellt, als wenn es noch so sehr mit der Wirklichkeit übereinstimmte. *Daß die Sonne morgen nicht aufgehen wird*, ist ein nicht minder verständlicher Satz und nicht widerspruchsvoller, als die Behauptung, *daß sie aufgehen wird*. Wir würden daher vergeblich versuchen, seine Falschheit zu demonstrieren. Wäre er demonstrativ falsch, so enthielte er einen Widerspruch und ließe sich niemals deutlich vom Geiste vorstellen. (Hume *Untersuchung*, 35f.)

Nach Hume gibt es also erstens den Bereich der *Beziehungen von Vorstellungen*, in dem das Euklidisch/Cartesische Erkenntnismodell anwendbar ist und in dem es intuitive und demonstrative Gewissheit gibt; nur in diesem Bereich können wir apriorisches Wissen erlangen.[9] Und es gibt zweitens den Bereich der *Tatsachen*, in dem alles Wissen, soweit es nicht auf Wahrnehmung und Erinnerung zurückgeht, auf Kausalschlüssen[10] beruht, bei denen es sich nur um Wahrscheinlichkeitsschlüsse handelt.

Die zweite Modifikation betrifft die Frage, welche Aussagen als intuitiv gewiss gelten können. Hume misstraut der von Descartes postulierten Fähigkeit zur rationalen Intuition, mit deren Hilfe wir vermeintlich auch bestimmte *nicht-analytische* Aussagen *a priori* als wahr erkennen können. Für ihn gilt: Intuitiv gewiss sind nur Aussagen, bei denen die Annahme des Gegenteils einen Widerspruch beinhaltet; wir würden heute sagen: intuitiv gewiss sind nur analytische Wahrheiten. Weil das so ist, beschränkt sich für Hume der Bereich, in dem wir auf apriorischem Wege sicheres Wissen erwerben können, letzten Endes auf die Mathematik. Über Gott, die Seele und die Welt können wir kein *a priori* Wissen erlangen.

Humes Skepsis in Bezug auf die Fähigkeit zur rationalen Intuition – die Fähigkeit, nicht-analytische erste Prinzipien intuitiv als wahr zu erkennen – wurde im 19. Jahrhundert durch die Entdeckung der nicht-euklidischen Geometrien auf eindrucksvolle Weise indirekt gestützt. Auch Euklid ging, wie schon gesagt, von einer Reihe von Definitionen, Axiomen und Postulaten aus, um dann aus diesen die Lehrsätze der Geometrie deduktiv abzuleiten. Zu Euklids Axiomen gehören Aussagen wie „Was demselben gleich ist, ist auch einander gleich" und „Wenn Gleichem Gleiches hinzugefügt wird, sind die Ganzen gleich" – Aussagen, die man ohne Weiteres für analytisch halten kann. Zu den Axiomen gehört aber auch das berühmte Parallelenaxiom „Und dass, wenn eine gerade Linie beim Schnitt mit zwei geraden Linien bewirkt, dass innen auf derselben Seite entstehende Winkel zusammen kleiner als zwei Rechte werden, dann die zwei geraden Linien bei Verlängerung ins unendliche sich treffen auf der Seite, auf der die Winkel liegen, die zusammen kleiner als zwei Rechte sind" (Euklid 1997, 3). Die äquivalente moderne Formulierung dieses Axioms lautet: „In einer Ebene gibt es zu jeder Geraden *g* und jedem Punkt *S*, der nicht auf *g* liegt, genau eine Gerade, die durch *S* geht und parallel zu *g* ist."

Ist dieses Axiom wirklich intuitiv gewiss? Auf zwei Wegen hat man versucht, eine Antwort auf diese Frage zu finden. Der erste Weg bestand in dem Versuch zu zeigen, dass das Axiom gar nicht benötigt wird, da es sich aus den anderen Axiomen deduktiv ableiten lässt. Beim zweiten Weg dagegen versuchte man nachzuweisen, dass sich – ganz im Sinne Humes – doch ein Widerspruch ergibt, wenn man das Parallelenaxiom durch seine Negation ersetzt. Aber alle diese Versuche scheiterten. Gauß erkannte schließlich die Unlösbarkeit des Problems. Doch erst Lobatschewski veröffentlichte 1826 eine neue – die später so genannte

„hyperbolische" – Geometrie, in der alle Axiome Euklids gelten außer dem Parallelenaxiom.[11] Auf dieser Grundlage entwickelten sich die nicht-euklidischen Geometrien, bei denen das Parallelenaxiom entweder ganz wegfällt oder durch andere Axiome ersetzt wird, wobei zum Teil auch noch andere Axiome der euklidischen Geometrie in Mitleidenschaft gezogen werden. Die Entdeckung nichteuklidischer Geometrien war nicht nur für die Mathematik, sondern auch für die Grundannahmen des Euklidisch/Cartesischen Erkenntnismodells von entscheidender Bedeutung. Denn sie zeigte, auf welch wackligen Füßen die Annahme steht, es gebe *nicht-analytische* erste Prinzipien, deren Wahrheit intuitiv eingesehen werden kann.[12]

Dieser kurze Abriss der Geschichte der Erkenntnistheorie in der frühen Neuzeit wäre unvollständig, wenn nicht auch noch die Philosophie Kants zur Sprache käme, die in gewisser Weise den Abschluss dieser Entwicklung bildet. Kant kritisiert Humes These, nur analytische Wahrheiten (und das, was aus ihnen deduktiv abgeleitet werden kann) ließen sich *a priori* als wahr erweisen. Denn für Kant gibt es auch synthetische Aussagen *a priori* – Aussagen, die nicht analytisch sind, und deren Wahrheit man trotzdem *a priori* als wahr erkennen kann.[13] Die Grundlage der synthetischen Aussagen *a priori* ist nicht das Prinzip des Widerspruchs; für sie gilt nicht, dass die Annahme des Gegenteils einen Widerspruch beinhaltet. Die Erkenntnis ihrer Wahrheit beruht aber auch nicht, wie die Rationalisten glaubten, auf rationaler Intuition. Synthetische Aussagen *a priori* werden vielmehr durch den Nachweis als wahr erwiesen, dass sie zu den *Bedingungen der Möglichkeit von Erfahrung* gehören. Zu den Aussagen, die man auf diese Weise *a priori* als wahr erkennen kann, gehört nach Kant z. B. das Prinzip „Bei allem Wechsel der Erscheinungen beharrt die Substanz, und das Quantum derselben wird in der Natur weder vermehrt noch vermindert" (Kant *KrV* A 182/B 224, 280). Wenn diese Aussage nicht wahr wäre, so Kant, könnte es keine objektive Erfahrung geben. Synthetische Aussagen *a priori* haben aber einen „Nachteil": Sie gelten nur für den Bereich möglicher Erfahrung, für das, was Kant „Erscheinungswelt" nennt. Ob sie auch außerhalb der Erscheinungswelt gelten, können wir, so Kant, mit unserem beschränkten Verstand nicht herausfinden. Das ist im Rahmen religionsphilosophischer Überlegungen insofern misslich, als Gott, die Seele und die Welt als ganze nicht zur Erscheinungswelt gehören, da sie keine Gegenstände möglicher Erfahrung sind. Kant und Hume stimmen deshalb am Ende darin überein, dass das, was man „spezielle Metaphysik" nannte – rationale Theologie, rationale Psychologie und rationale Kosmologie – nicht möglich ist, dass wir also über Gott, die Seele und die Welt als ganze keine Erkenntnis *a priori* gewinnen können.

Kommen wir zurück zum Prinzip vom zureichenden Grund. Für Descartes stand völlig außer Frage, dass dieses Prinzip *intuitiv* als wahr erkannt werden kann.

> Denn es ist für das natürliche Licht ganz selbstverständlich, daß nicht nur aus dem Nichts nichts entsteht,[14] und daß das, was vollkommener ist, von dem, was weniger vollkommen ist, als dessen wirkender und vollständiger Ursache nicht hervorgebracht werden kann, sondern auch, daß in uns keine Idee oder Vorstellung irgendeines Dinges sein könne, von der nicht irgendein Urbild irgendwo, sei es in uns selbst oder außerhalb von uns, existiert, das alle Vollkommenheiten tatsächlich enthält. (Descartes *Prinzipien*, I 18)

Hume dagegen nährt skeptische Zweifel. Für ihn ist das Prinzip vom zureichenden Grund keineswegs intuitiv gewiss, da es nicht die Bedingung erfüllt, dass die Annahme des Gegenteils einen Widerspruch beinhaltet; und in seinen Augen lässt sich dieses Prinzip auch nicht deduktiv beweisen. Was den ersten Punkt angeht, schreibt Hume:

> Diese Regel [dass, *was zu existieren anfängt, einen Grund seiner Existenz haben müsse*] pflegt in unseren Urteilen als selbstverständlich vorausgesetzt zu werden; man gibt weder, noch verlangt man einen Beweis dafür. Man nimmt an, sie beruhe auf Intuition, sei also einer jener Grundsätze, welche man zwar mit den Lippen verneinen, aber unmöglich in seinem Innern bezweifeln könne. Wenn wir jedoch diesen Grundsatz an dem oben erörterten Begriff des Wissens prüfen, so entdecken wir an ihm kein Kennzeichen einer solchen intuitiven Gewißheit, sondern finden im Gegenteil, daß er von einer Beschaffenheit ist, die jener Art der Überzeugung vollkommen fremd ist. (Hume *Traktat*, 106)

Zur Begründung dieser These führt Hume an:

> Da alle voneinander verschiedenen Vorstellungen voneinander trennbar sind, die Vorstellung einer Ursache aber von der Vorstellung ihrer Wirkung augenscheinlich verschieden ist, so fällt es uns leicht, einen Gegenstand in diesem Augenblick als nichtexistierend und im nächsten als existierend zu denken, ohne daß wir damit die neue Vorstellung einer Ursache oder eines hervorbringenden Prinzips verbinden. Es ist also zweifellos möglich, die Vorstellung einer Ursache in der Einbildungskraft von der des Anfangs einer Existenz zu trennen; folglich ist auch die tatsächliche Trennung dieser Gegenstände möglich, in dem Sinne nämlich, daß sie keinen Widerspruch und keine Absurdität in sich schließt [...]. (ebd., 107)

Das ist ein bisschen verwirrend; denn zunächst scheint Hume nur dafür zu argumentieren, dass wir uns bei jeder einzelnen Kausalaussage der Form „A ist die Ursache von B" widerspruchsfrei vorstellen können, dass B nicht durch A, sondern durch etwas anderes hervorgerufen wird, und dass A nicht B, sondern etwas anderes hervorbringt. Aber darum geht es nicht. Die eigentliche Frage ist, ob wir uns ebenso widerspruchsfrei vorstellen können, dass etwas, A, zu existieren anfängt, ohne dass es irgendetwas gibt, das die Existenz von A verursacht. Aber auch dies ist Hume zufolge der Fall. Und in der Tat: Warum sollte die Annahme, dass irgendetwas ohne jede Ursache und ohne jeden Grund einfach anfängt zu existieren, einen Widerspruch beinhalten?

Um nachzuweisen, dass sich das Prinzip, „daß, *was zu existieren anfängt, einen Grund seiner Existenz haben müsse*", auch nicht beweisen lässt, setzt sich Hume mit drei Beweisversuchen auseinander und zeigt, dass alle diese Versuche an grundlegenden Fehlern leiden. Erster Beweisversuch:

> Alle Zeitpunkte und Orte, sagen einige Philosophen, in denen ein Gegenstand als anfangend gedacht werden könnte, sind an sich einander gleich; wenn also nicht irgend eine Ursache vorhanden ist, die *einem* Zeitpunkt und *einem* Ort speziell angehört und dadurch den Anfang der Existenz [des fraglichen Gegenstandes] bestimmt und fixiert, so muß dieser ewig in der Schwebe bleiben, der Gegenstand kann niemals zu sein anfangen, eben aus Mangel an etwas das seinen Anfang bestimmt. (ebd., 107)

Hume antwortet kühl: Wenn widerspruchsfrei denkbar ist, dass A überhaupt ohne jede Ursache zu existieren anfängt, warum soll es dann nicht genauso widerspruchsfrei denkbar sein, dass es auch keine Ursache dafür gibt, dass A genau zu diesem Zeitpunkt und genau an diesem Ort zu existieren anfängt? Gewiss, wir mögen das *Gefühl* haben, dass es doch einen Grund/eine Ursache dafür geben muss, warum A genau zu diesem Zeitpunkt (und nicht 2 Stunden später) und genau an diesem Ort (und nicht 100 m weiter westlich) zu existieren anfängt. Aber mehr als dieses Gefühl haben wir eben nicht; insbesondere haben wir keinen Grund für die Annahme, dass die Aussage „Nicht nur dafür, dass A überhaupt zu existieren anfängt, sondern auch dafür, dass A genau zu diesem Zeitpunkt und genau an diesem Ort zu existieren anfängt, gibt es keine Ursache" einen Widerspruch beinhaltet.

Zweiter Beweisversuch:

> Alles, sagt man, muß eine Ursache haben; denn wenn einem Ding die Ursache fehlte, so müßte *es sich selbst* hervorbringen, also existieren ehe es existierte, was unmöglich ist. (ebd., 108)

Hume erwidert: Wer argumentiert, dass die Ursache für den Anfang der Existenz von A, wenn sie nicht in etwas anderem liege, in A selbst liegen müsse, setzt voraus, was ich, Hume, bestreite, nämlich dass es für diesen Anfang auf jeden Fall eine Ursache geben muss. Aber meine Annahme ist, dass der Anfang der Existenz von A überhaupt keine Ursache hat, d. h., dass diese Ursache auch nicht in A selbst liegt.

Dritter Beweisversuch:

> Was ohne eine Ursache hervorgebracht worden ist, ist aus *nichts* hervorgebracht worden, hat mit anderen Worten *nichts* zu seiner Ursache. Nichts kann aber niemals eine Ursache sein, ebensowenig wie es etwas oder gleich zwei rechten Winkeln sein kann. Dieselbe Intuition, vermöge deren wir einsehen, daß nichts nicht gleich zwei rechten Winkeln oder nicht etwas ist, überzeugt uns auch davon, daß es niemals Ursache von etwas sein kann. Wir müssen also zugestehen, daß jeder Gegenstand etwas Reales als Ursache für seine Existenz fordert. (ebd., 109)

Hume wiederholt: Wenn man davon *ausgeht*, dass alles eine Ursache haben muss, dann kommt man notgedrungen dazu, nach Ausschluss aller anderen Ursachen A selbst oder *nichts* als Ursache für den Anfang der Existenz von A anzusehen. Nun geht es aber genau darum, ob tatsächlich alles eine Ursache haben muss; dies darf also nicht schon vorausgesetzt werden. Man könnte hinzufügen: Wer den Satz „*Nichts* ist die Ursache dafür, dass A anfängt zu existieren" so versteht, als würde er besagen „Der Anfang der Existenz von A hat eine Ursache, nämlich *nichts*", begeht einen schweren logischen Fehler. Denn der Ausdruck „nichts" ist kein Name, er bezeichnet keinen obskuren Gegenstand namens „nichts", der die Ursache von irgendetwas sein könnte. „nichts" ist ein Quantor und „*Nichts* ist die Ursache dafür, dass A anfängt zu existieren" besagt nichts anderes als „*Es gibt keine* Ursache für den Anfang der Existenz von A". Mir scheint, dass Hume Recht hat: Wir haben keinen Grund für die Annahme, dass die Aussage „Für den Anfang der Existenz von A gibt es keine Ursache" einen Widerspruch beinhaltet. Und wir können das Prinzip vom zureichenden Grund auch nicht deduktiv beweisen. Mit anderen Worten: Wir können die Wahrheit dieses Prinzips, wenn es denn überhaupt wahr ist, nicht *a priori* erkennen.

Kant war allerdings anderer Meinung. Er stimmt mit Hume zwar darin überein, dass das Prinzip vom zureichenden Grund keine analytische Wahrheit ist. Trotzdem ist es in seinen Augen wahr und seine Wahrheit kann sogar *a priori* erkannt werden. Denn auch für die Aussage „Alle Veränderungen geschehen nach dem Gesetz der Verknüpfung von Ursache und Wirkung" (Kant *KrV* A 189/ B 232, 286) gilt nach Kant: Wenn sie nicht wahr wäre, wäre objektive Erfahrung unmöglich. Da objektive Erfahrung aber möglich ist, muss die Aussage wahr sein, d. h. sie gilt, so Kant, zumindest in der Erscheinungswelt, der Welt, wie sie sich uns in der Erfahrung darstellt.

Diese These ist jedoch von der Entwicklung der empirischen Wissenschaften überholt worden. Wenn die Quantenphysik Recht hat, gibt es zumindest für einige Ereignisse tatsächlich überhaupt keine Ursache – zumindest keine hinreichende Ursache. Es hat zwar lange gedauert, bevor dies allgemein akzeptiert wurde, aber heute geht man davon aus, dass es z. B. für den Zeitpunkt, zu dem ein Radiumatom zerfällt, weder einen Grund noch eine Ursache gibt. Radium hat eine Halbwertszeit von 1602 Jahren, d. h., von einer bestimmten Menge von Radiumatomen wird in dieser Zeit die Hälfte zerfallen sein. Aber von einem einzelnen Radiumatom können wir nicht nur nicht *sagen*, wann genau es zerfallen wird; dies ist vielmehr *objektiv* unbestimmt. Für diesen Zeitpunkt gibt es nach allem, was wir wissen, weder Grund noch Ursache. Mir scheint daher, dass wir festhalten müssen: Das Prinzip vom zureichenden Grund lässt sich nicht nur nicht *a priori* als wahr erweisen; nach allem, was wir heute über die Welt wissen, ist dieses Prinzip sogar (empirisch) falsch.

Blicken wir noch einmal zurück. Mit seinen ersten beiden Wegen wollte Thomas zeigen, dass es einen ersten (unbewegten) Beweger bzw. eine erste (unverursachte) Ursache geben muss. Seine Argumente für diese Konklusionen sind nicht besonders überzeugend. Trotzdem bleibt die Frage, ob unendliche Ketten von Bewegern und unendliche Ketten von Ursachen tatsächlich möglich sind. Diese Frage hängt eng zusammen mit der generellen Frage, ob es möglich ist, dass die Welt ewig ist, dass sie also zumindest keinen Anfang hat. Thomas scheint zu denken: Die Welt muss einen Anfang haben; und wenn sie einen Anfang hat, muss es eine Ursache/einen Grund dafür geben, dass sie überhaupt angefangen hat, zu existieren; und dieser Grund kann nur Gott sein. Wir können hier die Frage, ob die Welt einen Anfang haben *muss*, getrost beiseite lassen. Denn empirisch spricht ja viel dafür, dass sie tatsächlich einen Anfang hat. Das Standardmodell der Kosmologie jedenfalls lehrt uns, dass unser Weltall vor ca. 13,7 Milliarden Jahren im so genannten „Urknall" entstanden ist. Die Frage ist, was aus der Tatsache folgt, dass die Welt einen Anfang hat.

William Craig hat in letzter Zeit ein Argument wieder populär gemacht, das oft als „*kalam*-Argument" bezeichnet wird, da seine Wurzeln bis in die mittelalterliche islamische Philosophie zurückreichen:[15]
(1) Alles, was zu existieren beginnt, hat eine Ursache.
(2) Das Universum hat (irgendwann) angefangen zu existieren.
(3) Also hat das Universum eine Ursache.
Vertreter dieses Arguments haben sich große Mühe gegeben, die Prämisse (2) zu begründen. In meinen Augen sind aber zwei andere Punkte entscheidend. Erstens ist das *kalam*-Argument nur dann ein gutes Argument für die Existenz Gottes, wenn es zusätzlich gelingt zu zeigen, dass die Ursache des Universums nur ein im christlichen Sinne verstandener Gott sein kann. Und das ist sicher alles andere als selbstverständlich. Zweitens, und das ist für mich der wirklich kritische Punkt: Es gibt keinen Grund, der für die Richtigkeit der Prämisse (1), für die Richtigkeit des Prinzips vom zureichenden Grund spricht. Wenn man die Frage stellt, was daraus folgt, dass die Welt einen Anfang hat, lautet die richtige Antwort deshalb: Nichts.

Wenn unser Weltall tatsächlich vor ca. 13,7 Milliarden Jahren in einem „Urknall" entstanden ist, *kann* es natürlich sein, dass es für diesen Urknall einen Grund oder eine Ursache gegeben hat. Aber nichts spricht dafür, dass es einen solchen Grund oder eine solche Ursache gegeben haben *muss*.[16] Wir müssen genauso mit der Möglichkeit rechnen, dass das nicht so ist. Es könnte auch sein, dass der Urknall einfach nur stattgefunden hat – ohne von irgendetwas oder irgendjemandem hervorgerufen worden zu sein. Und, um auch Thomas' dritten Weg und Leibniz' Überlegungen wieder aufzunehmen: Es könnte auch sein, dass die ganze Welt tatsächlich nichts weiter ist als eine kontingente Kette kontingenter Ereignisse. Wenn nicht alles eine Ursache oder einen Grund haben muss, ist das durchaus denkbar. Dann können wir also auch aus der Kontingenz der Welt nicht schließen, dass es wenigstens ein notwendiges Wesen geben muss.

Auch der dritte Weg des Thomas von Aquin und Leibniz' Version des kosmologischen Arguments können also nicht überzeugen. Die schlichte und unbestreitbare Tatsache, dass es eine kontingente Welt gibt, berechtigt uns nicht zu dem Schluss, dass es für diese Welt einen Grund/eine Ursache gibt, und damit noch weniger zu dem Schluss, dass dieser Grund/diese Ursache nur in einem notwendigen Wesen liegen kann. Wir können dies nicht mit deduktiver Gewissheit folgern. Und ich sehe auch nicht, dass man sagen könnte, dass die Existenz unserer Welt die Existenz eines solchen notwendigen Wesens zumindest wahrscheinlich macht. Denn worauf sollte sich z. B. die Aussage „Es ist wahrscheinlicher, dass die Welt eine Ursache/einen Grund hat, als dass sie einfach nur zufällig (ohne Grund und Ursache) existiert" stützen? Und auch für einen Schluss auf die beste Erklärung findet sich keine Grundlage. Weder die Tatsache, dass unsere Welt irgendwann zu existieren begonnen hat, noch die Tatsache, dass die ganze Welt genauso kontingent ist wie die in ihr vorkommenden Dinge, ist also ein guter Grund für die Überzeugung, dass es ein notwendiges Wesen gibt, dass diese Welt hervorgebracht hat.

Hinzu kommt ein Punkt, den ich noch einmal betonen möchte. Selbst wenn kosmologische Argumente doch in der einen oder anderen Form Bestand haben sollten, sie zeigen bestenfalls, dass es ein (notwendiges) Wesen gibt, dass die kontingente Welt verursacht, erschaffen oder auf andere Weise hervorgebracht hat. Sie sagen nichts weiter über die Natur dieses Wesens aus. Viele stellen sich das, wovon sie glauben, dass die Welt auf es zurückgeht, ohne weitere Begründung als Person vor – ein Wesen, das denken, entscheiden und handeln kann. Aber kosmologische Argumente stützen diese Konklusion nicht. Das, was die ganze übrige Welt hervorgebracht hat, könnte – was diese Argumente angeht – auch ein unpersönliches Prinzip sein, zu dem in Kontakt zu treten schlicht unmöglich ist.

6. Teleologische Argumente für die Existenz Gottes

6.1 Die Grundstruktur teleologischer Argumente

Auch teleologische Argumente für die Existenz Gottes sind *a posteriori* Argumente; d. h., sie gehen von Tatsachen aus, von denen wir nur aufgrund von Erfahrung wissen.[1] Diese Tatsachen sind jedoch so offensichtlich, dass sie von niemandem bestritten werden. Bei den kosmologischen Argumenten sind es die Tatsachen, dass es in der Welt Verursachungsketten gibt bzw. dass es überhaupt eine Welt gibt, die auch anders sein und die wohl auch nicht sein könnte, also eine kontingente Welt. Und bei den teleologischen Argumenten ist es die Tatsache, dass die Welt als ganze zweckmäßig eingerichtet ist oder dass es in der Welt doch zumindest nicht von Menschen geschaffene zweckmäßige Dinge (z. B. Lebewesen) gibt – komplexe Dinge, deren Teile so abgestimmt zusammenwirken, dass ein positiver, vorteilhafter Effekt entsteht. Die Frage ist: Woher kommen diese *natürlichen* zweckmäßigen Dinge, die nicht von uns Menschen hergestellt wurden? Was ist ihre Ursache?

Viele Autoren betrachten teleologische Argumente für die Existenz Gottes als *Analogieschlüsse*. Neben den natürlichen zweckmäßigen Dingen gibt es auch *künstliche*, von uns Menschen hergestellte zweckmäßige Dinge – *Maschinen*. Die natürlichen zweckmäßigen Dinge weisen eine starke Ähnlichkeit zu diesen Maschinen auf; Maschinen gehen aber alle auf intelligente Wesen als Urheber zurück; also werden auch die natürlichen zweckmäßigen Dinge auf intelligente Wesen als Urheber zurückgehen. So verstanden haben teleologische Argumente für die Existenz Gottes die folgende Grundstruktur:

(AS)   (1)   As und Bs sind einander sehr ähnlich.
        (2)   As haben Ursachen vom Typ C.
        (3)   Also werden auch Bs Ursachen vom Typ C haben.

Man kann teleologische Argumente für die Existenz Gottes allerdings auch als *Schlüsse auf die beste* – oder vielleicht sogar auf die *einzig mögliche* – *Erklärung* ansehen. Es war und ist für viele schlicht unvorstellbar, dass zweckmäßige Wesen entstehen, ohne dass irgendwo im Hintergrund intelligente Wesen am Werk sind. So beginnt William Paley das erste Kapitel seiner *Natural Theology* mit der Überlegung:

> Angenommen, ich stoße beim Gang über eine Heide mit dem Fuß gegen einen *Stein* und werde gefragt, wie dieser Stein dahin kam. Dann könnte ich antworten, dass er, da mir nichts Gegenteiliges bekannt ist, schon immer da gelegen habe. Und es wäre sicher nicht leicht zu

zeigen, dass diese Antwort widersinnig ist. Wenn ich aber eine *Uhr* auf dem Boden finden würde und man mich dann fragte, wie denn diese Uhr dahin gekommen sei, dann würde ich nicht auf die Idee kommen, dieselbe Antwort zu geben und zu sagen, nach allem, was ich wisse, könnte die Uhr schon immer da gelegen haben. Aber warum soll diese Antwort für die Uhr nicht genauso gelten wie für den Stein? Warum ist sie im zweiten Fall nicht genauso angemessen wie im ersten? Aus keinem anderen Grund als aus dem folgenden: Wenn wir die Uhr untersuchen, dann sehen wir (was wir beim Stein nicht bemerken könnten), dass ihre verschiedenen Teile zu einem bestimmten Zweck (purpose) geformt und zusammengesetzt sind, d. h., dass sie so geformt und angepasst sind, dass eine Bewegung entsteht, und zwar eine Bewegung, die so reguliert ist, dass sie die Stunden des Tages anzeigt. [Außerdem bemerken wir dann,] dass, wenn die verschiedenen Teile anders geformt wären, als sie es tatsächlich sind, wenn sie eine andere Größe hätte, als sie haben, oder auf andere Weise angeordnet oder zusammengefügt wären, als sie es tatsächlich sind, entweder gar keine Bewegung durch die Maschine ausgeführt würde oder jedenfalls keine, die derselben Verwendung entsprechen würde. [...] Wenn man diesen Mechanismus beobachtet hat, [...] ist, denken wir, der Schluss *unvermeidlich*, dass die Uhr einen Urheber haben *muss*: zu irgendeiner Zeit und an irgendeinem Ort muss es einen oder mehrere Handwerker gegeben haben, die die Uhr zu dem Zweck hergestellt haben, dem sie heute tatsächlich dient, die ihren Bau ausgedacht und ihre Verwendung geplant haben. (Paley 1809, 1ff. – meine Hervorh.)

Diese Passage ist zunächst merkwürdig, weil auf Anhieb nicht zu sehen ist, warum für den Stein als Antwort auf die Frage, warum der Stein da liegt, die Antwort ausreichen soll: Er hat schon immer da gelegen. Erstens ist sehr unwahrscheinlich, dass das tatsächlich stimmt. Und zweitens: Ist das wirklich eine Antwort auf die gestellte Frage, d. h. eine akzeptable Erklärung? Wahrscheinlich hat sich Paley jedoch nur unglücklich ausgedrückt. Was er meinte, ist etwas anderes. Wenn jemand fragt „Wie ist dieser Stein dahin gekommen?" oder „Wie sind die Felsen auf Teneriffa entstanden?", dann sind wir in der Regel mit einer Antwort zufrieden, in der nur natürliche Umstände und keine intelligenten Wesen erwähnt werden. (Anders etwa als bei der Frage „Woher kommen die großen Skulpturen auf den Osterinseln?") Anders ist das bei zweckmäßigen Dingen, also bei Dingen, deren Teile so geformt und miteinander verbunden sind, dass die Interaktion der Teile einem bestimmten Zweck dient. Wenn nach der Entstehung eines solchen zweckmäßigen Dings gefragt wird, dann, so Paley, „ist der Schluss unausweichlich": Es *muss* einen oder mehrere Urheber gegeben haben, die dieses Ding zu dem Zweck hergestellt haben, den wir an ihm vorfinden; zweckmäßiges Design, so Paleys Überzeugung, geht immer auf Absichten zurück; die Urheber müssen sich überlegt haben, wie man ein Ding herstellen kann, das diesem Zweck dient, aufgrund dieser Überlegung müssen sie einen Plan entworfen und dann das Ding dem Plan entsprechend angefertigt haben. Die Erklärung durch Bezugnahme auf intelligente Urheber ist, so Paley zumindest implizit, die *einzig denkbare Erklärung*.

In Paleys Argument darf das Wort ‚Zweck' nicht so verstanden werden, dass man nur dann sagt, dass etwas einem Zweck dient, wenn es mit der entsprechenden *Absicht* hergestellt wurde. In diesem Fall wäre das Argument nämlich trivial. Denn dann wäre es eine analytische Wahrheit, dass zweckmäßige Dinge von intelligenten Wesen mit einer bestimmten Absicht hergestellt wurden. ‚Zweck' muss hier also eine schwächere Bedeutung haben – etwa: Ein Ding dient dem Zweck Z, wenn die Interaktion der Teile dieses Dings den Effekt Z erzeugt und wenn dieser Effekt in gewisser Weise positiv ist (also etwa dem Überleben dient). In diesem Sinne hat die Niere den Zweck, das Blut von Giftstoffen zu reinigen, weil die Interaktion der Teile der Niere dazu führt, dass diese Giftstoffe aus dem Blut ausgeschieden werden, und weil dies dem Überleben des gesamten Organismus dient.[2]

Halten wir außerdem noch einmal fest, dass es für die Struktur teleologischer Argumente grundsätzlich zwei Lesarten gibt – sie können als Analogieschlüsse verstanden werden nach dem Schema

(TA_{AS}) (1) Die Welt als ganze ist ein zweckmäßiges Ding bzw. es gibt in der Welt zweckmäßige Dinge (z. B. Lebewesen), die den von Menschen geschaffenen zweckmäßigen Dingen (Maschinen) sehr ähnlich sind.

(2) Maschinen haben alle einen intelligenten Urheber.

(3) Also werden wohl auch die nicht von Menschen geschaffenen zweckmäßigen Dinge einen intelligenten Urheber haben.

Oder als Schlüsse auf die beste Erklärung nach dem Schema

(TA_{BE}) (1) Die Welt als ganze ist ein zweckmäßiges Ding bzw. es gibt in der Welt zweckmäßige Dinge (z. B. Lebewesen).

(2) Die beste (oder vielleicht sogar einzige) Erklärung für die Existenz zweckmäßiger Dinge ist, dass sie auf einen intelligenten Urheber zurückgehen.

(3) Also wird die ganze Welt oder zumindest die nicht von Menschen geschaffenen zweckmäßigen Dinge, die wir in ihr vorfinden, auf einen intelligenten Urheber zurückgehen.

6.2 Humes Kritik an teleologischen Argumenten für die Existenz Gottes

Teleologische Argumente für die Existenz Gottes waren über Jahrtausende fast unumstritten. Selbst Hume konnte sich ihrer Suggestionskraft nicht entziehen. In seinen *Dialogen über natürliche Religion*[3] kritisiert er sie deshalb nicht grundsätzlich, sondern nur im Detail. Dabei fasst Hume teleologische Argumente als Analogieschlüsse vom Typ (AS) auf. Die zentrale Voraussetzung solcher Schlüsse ist, dass sich die As und die Bs tatsächlich sehr ähnlich sind. Hume selbst formuliert das so: Wenn man nach dem Grundsatz „Gleiche Wirkungen, gleiche Ursachen" schließt, dann müssen sich die Wirkungen tatsächlich soweit wie möglich gleichen, damit man auf gleiche Ursachen schließen darf. Ist das bei teleologischen Argumenten der Fall? Nun, so Hume, Häuser, Schiffe, Werkzeuge und Maschinen auf der einen und das ganze Universum auf der anderen Seite sind sich sicher in manchen Punkten ähnlich; aber sind diese Ähnlichkeiten groß genug, um einen Schluss auf gleiche Ursachen zu rechtfertigen?[4] Schließlich gibt es auch ganz offenkundige Unterschiede. Dieses Argument lässt sich durch folgende Überlegung weiter stützen. Das Universum mag tatsächlich eine große Ordnung und Regelmäßigkeit aufweisen, wie sich etwa an den mathematisch wohl bestimmten Bahnen zeigt, auf denen die Planeten um die Sonne kreisen. Aber wenn man an den Aspekt der Zweckmäßigkeit denkt: Gibt es wirklich gute Gründe für die Annahme, dass die Teile des Universums so geformt und angeordnet sind, dass ihre Interaktion irgendeinem Zwecke dient? Das ist jedenfalls alles andere als offensichtlich, kann in einem Argument also nicht einfach vorausgesetzt werden. Allerdings richtet sich diese Kritik nur gegen den *ersten Teil* der ersten Prämisse. Denn dass zum Beispiel Lebewesen zweckmäßig eingerichtet sind, daran kann eigentlich kein Zweifel bestehen. Doch Hume hat noch weitere Pfeile im Köcher.

Hume zufolge beruhen teleologische Argumente, wie schon gesagt, auf dem Prinzip „Gleiche Wirkungen, gleiche Ursachen". Wenn das so ist, muss man, so Hume, dieses Prinzip aber auch ernst nehmen. Deshalb lässt er in seinen *Dialogen* Philo[5] sagen:

> Laß uns bitte die Grundlagen deiner Argumentation noch einmal überprüfen. *Gleiche Wirkungen sind ein Beweis für gleiche Ursachen*. So argumentiert man, wenn man sich auf Erfahrung stützt; und nur so kann man, wie du sagst, auch im theologischen Bereich argumentieren. Nun gilt mit Sicherheit, daß ein solches Argument um so stärker ist, je ähnlicher die beobachteten Wirkungen und je ähnlicher die daraus erschlossenen Ursachen sind. Jede Abweichung hier wie dort vermindert die Wahrscheinlichkeit und schwächt den Erfahrungsschluß. An dem genannten Grundsatz kannst du nicht zweifeln; also mußt du auch seine Konsequenzen akzeptieren. (Hume *Dialoge*, 54)

Wenn die Wirkungen wirklich ähnlich sind, müssen also auch die Ursachen sehr ähnlich sein. Teleologische Argumente beschränken sich aber auf *einen einzigen* Aspekt – den des intelligenten Urhebers; über die weiteren Eigenschaften dieses Urhebers sagen sie in aller Regel nichts. Über die Ursachen, d. h. die Urheber von Maschinen wissen wir jedoch deutlich mehr. Erstens: Maschinen werden von Menschen, also von Wesen aus Fleisch und Blut geschaffen. Müssten wir deshalb nicht eigentlich zu dem Schluss kommen, dass die Urheber der natürlichen zweckmäßigen Dinge ebenfalls intelligente Wesen sind, die wie wir aus Fleisch

6.2 Humes Kritik an teleologischen Argumenten für die Existenz Gottes — 89

und Blut bestehen? Zweitens: Lässt das Argument wirklich den Schluss zu, dass alle natürlichen zweckmäßigen Wesen genau einen intelligenten Urheber haben?

> Und welchen Schatten eines Beweises, fuhr Philo fort, kann deine Hypothese für die Einheit Gottes liefern? Eine große Anzahl Menschen tun sich zusammen zum Bau eines Hauses oder Schiffes, zur Gründung einer Stadt oder zur Bildung eines Staates. Warum sollten sich nicht verschiedene Gottheiten zum Entwurf und zur Gestaltung einer Welt zusammentun? Das würde die Ähnlichkeit zum menschlichen Bereich doch nur vergrößern. (ebd., 57f.)

Gerade die besten Maschinen gehen nicht auf einzelne Menschen zurück, sondern beruhen auf der Zusammenarbeit vieler Handwerker und Ingenieure. Und die natürlichen zweckmäßigen Dinge, die wir in der Welt vorfinden, sind häufig noch viel kunstvoller als die von uns hergestellten Maschinen. Müssten wir deshalb nicht zu dem Schluss kommen, dass auch diese natürlichen zweckmäßigen Dinge auf der Zusammenarbeit mehrerer intelligenter Wesen beruhen?

Schließlich: Wie steht es mit der Vollkommenheit der Urheber der natürlichen zweckmäßigen Wesen?

> Zweitens gibt dir deine Theorie keinen Grund, der Gottheit selbst unter endlichen Vorzeichen Vollkommenheit zuzuschreiben, sie also für frei von Irrtum, Fehlern und widersprüchlichem Verhalten zu erklären. Die Werke der Natur stellen uns vor viele unerklärliche Probleme. [...] [F]ür deine Argumentationsweise sind alle diese Probleme tatsächlich vorhanden; ja sie könnten als weiterer Beleg für die behauptete Ähnlichkeit mit menschlicher Erfindung und Gestaltung dienen. (ebd., 56f.)

Der Bau von Pflanzen und Tieren mag uns zu Recht beeindrucken, was die Funktionalität und die Interaktion ihrer Teile angeht. Aber selbst die höchstentwickelten Tiere sind alles andere als vollkommen, wenn man z. B. an ihre Anfälligkeit für Krankheiten denkt und an die unzähligen Leiden, denen auch Tiere ausgesetzt sind. Auch was die Vollkommenheit der Intelligenz der Urheber angeht, legen die Prämissen teleologischer Argumente daher eher den Schluss nahe, dass diese Intelligenz keineswegs vollkommen ist. Wenn teleologische Argumente dafür sprechen, dass es in der Welt Dinge gibt, die auf nichtmenschliche intelligente Urheber zurückgehen, dann sprechen sie auch dafür, dass diese intelligenten Wesen uns Menschen viel ähnlicher sind als etwa einem christlich verstandenen Gott.

Mit diesen Argumenten deckt Hume eine entscheidende Schwäche teleologischer Argumente auf: Wie bei vielen anderen Argumenten für die Existenz Gottes reichen die Prämissen nicht aus, um aus ihnen auf die starke Konklusion „Es gibt einen (christlich verstandenen) Gott" zu schließen. Bestenfalls erlauben sie den Schluss auf die Konklusion „Es gibt intelligente Urheber für die natürlichen zweckmäßigen Wesen". Die Prämissen erlauben aber nicht den Schluss auf die

Existenz eines allmächtigen, allwissenden und vollkommen guten Wesens. Im Gegenteil: Wenn überhaupt können wir aus den Prämissen teleologischer Argumente nur schließen, dass Lebewesen intelligente Urheber haben, die entweder nicht in der Lage waren, sich den Plan für wirklich vollkomme zweckmäßige Systeme auszudenken, oder die nicht die Fähigkeit besaßen, einen solchen Plan in die Tat umzusetzen, oder denen gar nicht daran gelegen war, Lebewesen so vollkommen wie möglich zu schaffen. Hume schließt den fünften Teil seiner *Dialoge* deshalb mit einer Bemerkung, deren ironischer Ton seine Kritiker sicher erbittert hat, deren Berechtigung jedoch kaum bestritten werden kann.

> Mit einem Wort, Cleanthes, wer deiner Hypothese folgt, ist vielleicht imstande zu behaupten oder zu vermuten, daß das Universum irgendwann einmal aus so etwas wie einem Plan heraus entstanden ist. Doch darüber hinaus kann er absolut nichts ermitteln [...]. Nach allem, was er weiß, ist diese Welt, sofern man einen höheren Maßstab anlegt, sehr fehlerhaft und unvollkommen: Vielleicht war sie bloß der erste, noch ungeübte Versuch einer Gottheit im Kindesalter, die später, beschämt über ihre schwache Vorstellung, die Flinte ins Korn warf; oder sie ist nur das Werk einer unselbständigen und untergeordneten Gottheit, das den Vorgesetzten dieser Gottheit zum Spott dient; oder sie ist das kindische Greisenwerk einer schon altersschwachen Gottheit, das sich seit deren Tode von dem ersten empfangenen Antrieb und der dabei mitbekommenen Energie aufs Geratewohl weiterbewegt. Mit Recht äußerst du Zeichen des Entsetzens, Demea, über diese befremdlichen Unterstellungen; doch sie und tausend andere ihrer Art stammen von Cleanthes, nicht von mir. Von dem Augenblick an, wo man die göttlichen Eigenschaften für begrenzt hält, werden alle diese Unterstellungen möglich. Ich für meinen Teil kann nicht glauben, daß ein so wildes und grundloses System der Theologie in irgendeiner Hinsicht besser ist als gar keines. (ebd., 59f)

6.3 Darwin

Auch wenn Hume und viele andere teleologische Argumente für die Existenz Gottes als Analogieschlüsse verstehen, spricht in meinen Augen viel dafür, sie doch eher als Schlüsse auf die beste Erklärung aufzufassen. Die Suggestivkraft dieser Argumente beruhte über die Jahrhunderte im Wesentlichen darauf, dass man sich einfach nicht vorstellen konnte, dass zweckmäßige Dinge anders entstehen können als aufgrund des Plans eines intelligenten Urhebers. Wer sonst sollte dafür sorgen, dass alle Teile genau die Form haben, die benötigt wird, damit ihr Zusammenwirken einem Zweck dient, und wer sonst sollte diese Teile so zusammenfügen, dass dieser Zweck tatsächlich erreicht wird? Es bedurfte einer nachvollziehbaren Alternative, um diese Intuition zu erschüttern – eine Alternative, die erst in der zweiten Hälfte des 19. Jahrhunderts durch Darwins Evolutionstheorie in den Blick kam.

Darwins Grundidee kann man so zusammenfassen: Nehmen wir an, dass wir es mit Wesen zu tun haben, die sich reproduzieren können, und dass viele Eigenschaften dieser Wesen vererbt werden. Dieser Vererbungsprozess ist aber nicht vollkommen zuverlässig, d. h., manchmal werden die Eigenschaften fehlerhaft oder mehr oder weniger stark verändert weitergegeben. Wenn diese Veränderungen aufgrund von Zufallsprozessen erfolgen, werden die neuen Eigenschaften manchmal nützlich, manchmal neutral und manchmal schädlich sein. Schädlich heißt hier, dass die Träger der Eigenschaften größere Probleme mit der Ernährung, mit Krankheiten oder mit Fressfeinden haben und dass sie sich deshalb im Endeffekt weniger gut reproduzieren können. Nützlich sind also am Ende die Eigenschaftsveränderungen, die dazu führen, dass ihre Träger den größeren Reproduktionserfolg haben.[6] Offensichtlich wird der Anteil von Wesen mit diesen Eigenschaften an der Gesamtpopulation steigen. Auch ohne viel Phantasie kann man sich vorstellen, dass auf diese Weise aus einfachen reproduktionsfähigen Dingen im Laufe der Zeit Wesen entstehen, die aus Teilen bestehen, die so aufeinander abgestimmt sind und die so miteinander interagieren, dass die Wesen insgesamt eine gute Chance haben, hinreichend lange zu überleben und sich in dieser Zeitspanne möglichst erfolgreich zu reproduzieren.

Zweckmäßigkeit, so wird deutlich, *muss nicht* auf intelligente Urheber zurückgehen, sie *kann* auch in einem Prozess von Mutation und Selektion entstehen. Teleologische Argumente, verstanden als Schlüsse auf die beste Erklärung, sind damit in ihren Grundfesten erschüttert. Wenn es alternative Erklärungen gibt, ist der Schluss vom zweckmäßigen Aufbau eines Wesens auf einen intelligenten Urheber nicht mehr zwingend. Allerdings: Wenn es zwei mögliche Erklärungen für die Entstehung von Lebewesen gibt, kann man immer noch versuchen zu zeigen, dass die eine besser ist als die andere. Oder man kann versuchen zu zeigen, dass eine Erklärung zumindest bei bestimmten Lebewesen nicht zutreffen *kann*. Schauen wir also zuerst auf die Argumente, die für Darwins Evolutionstheorie und damit gegen die Theorie sprechen, alle Lebewesen seien von einem Schöpfer geschaffen.

Wenn man die zweite Theorie vertritt – die Theorie, dass alle Tiere von einem Schöpfer geschaffen wurden –, hat man zwei Möglichkeiten. Man kann der Auffassung sein, dass Gott – wie die *Genesis* sagt – alle Tiere zum selben Zeitpunkt erschaffen hat. Da wir heute wissen, dass einerseits im Laufe der Zeit viele Tierarten ausgestorben sind und dass es andererseits heute viele Tierarten gibt, die es früher nicht gab, ist diese Auffassung außerordentlich unplausibel. Plausibler ist deshalb die zweite Spielart des Kreationismus, die besagt, dass jede Tierart zu dem Zeitpunkt erschaffen wurde, an dem sie entstanden ist. Wenn überhaupt lässt sich der Kreationismus heute nur noch in dieser Version vertreten. Die Alternative zum Kreationismus ist die Darwinsche These, dass sich alle Tierarten in einem natürlichen Prozess aus früheren Tierarten entwickelt haben. Was spricht für diese Darwinsche Annahme?

Darwin selbst hat eine große Zahl an Beobachtungen von Merkmalen lebender und schon ausgestorbener Tierarten zusammengetragen, die alle durch seine Theorie am besten erklärt werden.[7] Ein einfaches Beispiel: Bei vielen in Höhlen lebenden Insekten sind die Augen nicht ausgebildet, so dass sie nicht sehen können. Dies ließe sich leicht durch die Annahme erklären, dass Gott diese Insekten ohne Augen erschaffen hat, weil sie ihnen in der Umgebung, in der sie leben, nichts nutzen würden. Aber die Dinge sind etwas komplizierter. In Nordamerika gibt es ebenso wie in Europa sowohl Höhleninsekten als auch normal sehfähige Insekten. Und die Bedingungen, unter denen sie leben, sind sich jeweils physikalisch recht ähnlich. Nun lässt sich feststellen, dass die nordamerikanischen Höhleninsekten den normalen nordamerikanischen Insekten viel ähnlicher sind als den europäischen Höhleninsekten – abgesehen natürlich von der Blindheit. Umgekehrt gilt genauso: Die europäischen Höhleninsekten sind den normalen europäischen Insekten viel ähnlicher als den nordamerikanischen Höhleninsekten. Wie lässt sich das mit dem Kreationismus vereinbaren? Eigentlich sollte man doch annehmen, dass Gott nur eine Art von Höhleninsekten geschaffen hat, die optimal an das Leben in Höhlen angepasst ist. Warum sollte er zwei Arten von Höhleninsekten schaffen – und das auch noch so, dass die nordamerikanische Art den normalen nordamerikanischen Insekten ähnelt und die europäische Art den normalen europäischen Insekten? Die evolutionäre Erklärung ist da viel plausibler: Die nordamerikanischen Höhleninsekten haben sich aus normalen nordamerikanischen Insekten entwickelt und beim Besiedeln ihres neuen Lebensraums ihr Augenlicht verloren, und genauso bei den europäischen Höhleninsekten.

Das Fell mancher Pferdefohlen weist ein ähnliches Streifenmuster auf, wie wir es von Zebras kennen. Auch hier meint Darwin, die beste Erklärung für dieses Phänomen liege in der Annahme, dass Pferde, Esel, Zebras und andere ähnliche Arten von einem gemeinsamen Vorfahren abstammen.

> Wer an die unabhängige Erschaffung der einzelnen Pferdespezies glaubt, wird vermutlich sagen, daß einer jeden Art die Neigung, im freien wie im domestizierten Zustande auf so eigentümliche Weise zu variieren, anerschaffen worden sei, der zufolge sie oft wie andere Arten derselben Gattung gestreift erscheine [...]. Sich zu dieser Ansicht bekennen heißt nach meiner Meinung, eine tatsächliche für eine nicht tatsächliche oder wenigstens unbekannte Ursache aufzugeben. Sie macht aus den Werken Gottes nur Täuschung und Nachäfferei – und ich werde dann beinahe ebenso gern mit den alten und unwissenden Kosmogonisten annehmen, daß die fossilen Muscheln nie einem Tier angehört, sondern im Gesteine erschaffen worden seien, um die jetzt an der Seeküste lebenden Schaltiere nachzuahmen. (Darwin 1992, 185f. – zitiert nach Kitcher 2009, 67f.)

Fragen wie diese gibt es in Hülle und Fülle:

> Warum gibt es Vögel mit Schwimmhäuten zwischen den Zehen, die auf trockenem Land leben, oder Spechte in Gegenden, in denen gar keine Bäume wachsen? Warum ähneln die Fossilien ausgestorbener Säugetierarten in Australien den Beuteltieren, die heute auf diesem Kontinent leben? Warum ähneln die ausgestorbenen gepanzerten Säugetiere Südamerikas den heute dort zu findenden Gürteltieren? Warum besitzen die Vögel Südamerikas so viele Ähnlichkeiten untereinander und so große Unterschiede gegenüber den Vögeln der Alten Welt? Warum gilt dasselbe auch für die Reptilien und die Säugetiere? Warum ähneln die Floren und Faunen von Inseln regelmäßig den Floren und Faunen der benachbarten Kontinente? (Kitcher 2009, 68)

Darwin selbst nennt weitere Beispiele:

> Was kann es Sonderbareres geben, als daß die Greifhand des Menschen, der Grabfuß des Maulwurfs, das Rennbein des Pferdes, die Ruderflosse der Seeschildkröte und der Flügel der Fledermaus sämtlich nach demselben Modell gebaut sind und gleiche Knochen in der nämlichen gegenseitigen Lage enthalten? (Darwin 1992, 505f. – zitiert nach Kitcher 2009, 68)

Wie will der Kreationist dies alles erklären? Es dient doch keinem erkennbaren Nutzen, dass manche Vögel Schwimmhäute besitzen, obwohl sie gar nicht im Wasser leben. Auch die anatomischen Ähnlichkeiten zwischen der menschlichen Hand, dem Grabfuß des Maulwurfs, dem Rennbein des Pferdes, der Ruderflosse von Seeschildkröten und den Flügeln von Fledermäusen sind für Kreationisten kaum erklärbar. Wenn man unterstellt, dass Gott die Gliedmaßen dieser Tiere ihrem jeweiligen Zweck optimal angepasst hat, würde man doch viel eher einen jeweils eigenen Ansatz erwarten.

> Wer die Ruderflosse der Schildkröte, das Pferdebein, die menschliche Hand, den Grabfuß des Maulwurfs und den Flügel der Fledermaus entwerfen soll, ohne daß ihm irgendwelche Vorgaben Einschränkungen auferlegten, der könnte viel bessere Ergebnisse erzielen, wenn er sich nicht an einen gemeinsamen Bauplan hielte. (Kitcher 2009, 69)

Welchem Zweck dient also die allen diesen Gliedmaßen gemeinsame Grundstruktur? Im Grunde kann der Kreationist dies alles nur für ein „großes Mysterium" halten. Gott hat es gefallen, diesen und keinen anderen Ansatz zu wählen. Warum, wissen wir nicht. Offenkundig ist Darwins Annahme, dass sich alle Tierarten in einem natürlichen Prozess aus früheren Tierarten entwickelt haben, den kreationistischen Scheinerklärungen deutlich überlegen.

> Wer die Lebewesen als Produkte eines intelligenten Plans versteht, kommt nicht an der Genialität vorbei, mit der die vorhandenen Materialien an neue Zwecke angepasst wurden.

> Nicht daß diese Baupläne einfach nur unvollkommen wären, aber von einem wirklich intelligenten Designer, der nicht gezwungen wäre, bei der Gestaltung neuer Lebewesen auf die vorhandenen zurückzugreifen und sie aus ihnen hervorgehen zu lassen, könnte man sehr viel Besseres erwarten. Die gemeinsame Abstammung zeigt sich besonders deutlich in den zahlreichen gemeinsamen Merkmalen von Lebewesen, die ganz verschiedene Entwicklungswege einschlugen, um den Anforderungen ihrer jeweiligen Umwelt zu genügen. (ebd.)

Natürlich gab und gibt es auch vieles, was Darwin nicht erklären konnte. Das hat er selbst offen zugestanden.

> Warum fehlen in den fossilen Funden die „zahlreichen Übergangsformen", die Darwins Erklärung voraussetzte. Wie ließ sich die offenbar plötzliche Explosion des Lebens am Ende des Kambriums erklären? [...] Wie erklären Darwinisten die Entstehung komplexer Organe und Strukturen? Ein bevorzugtes Beispiel ist hier das Auge. Darwins Zeitgenossen wußten um diese Schwierigkeiten und sprachen sie in ihren Besprechungen und den Debatten über seine Theorie an. Aber sie wußten auch um den Unterschied zwischen den beiden [...] Alternativen: Die eine erklärte gar nichts, die andere hatte bereits vieles erklärt und berechtigte nach Darwins Ansicht zu großen Hoffnungen für die weitere Forschung. (ebd., 71)

Ein zentrales Argument für die Darwinsche Theorie, das dafür spricht, dass sich alle Lebewesen aus einem gemeinsamen Ursprung entwickelt haben, sind also die strukturellen Ähnlichkeiten, die wir bei ihnen finden, obwohl diese Lebewesen sich in den unterschiedlichsten Lebensräumen behaupten müssen. Neben diesem Argument der *homologen Organe* nennt Ulrich Kutschera in seinem Buch *Streitpunkt Evolution* noch drei weitere:

Embryonalentwicklung: Frühe Entwicklungsformen der Embryonen so unterschiedlicher Tiere wie Mensch, Fisch, Schwein, Schildkröte und Vogel sehen sich so ähnlich, „dass sie auch von Spezialisten nur schwer auseinander gehalten werden können" (U. Kutschera 2007, 25).

> Gemäß der „biogenetischen Grundregel" [...] werden gewisse embryonale Stadien entfernter Verwandter während der frühen Ontogenese rekapituliert (wiederholt): Man kann z. B. bei einem vier Wochen alten menschlichen Embryo [...] die Anlagen fischartiger „Kiemenbögen" und „Kiemenspalten" erkennen, die jedoch später nicht ausgebildet werden. Beim Mensch bleibt die erste Kiemenspalte erhalten; sie wird durch das Trommelfell nach außen hin verschlossen. Diese an Fische erinnernden Relikte des menschlichen Körpers belegen die stammesgeschichtliche Verwandtschaft der Land- und Wasser-Wirbeltiere in eindrucksvoller Weise. (ebd.)

Rudimentäre Organe und *Atavismen*: Im Laufe der Evolution haben immer wieder schon vorhandene Organe neue Funktionen übernommen. Manchmal haben Organe ihre Funktion aber auch einfach verloren. Trotzdem lassen sich oft noch „Reste" dieser Organe nachweisen.

Durch Funktionswechsel rückgebildete, meist nicht mehr benötigte Organe werden als Rudimente bezeichnet. So sind z. B. bei Walen, die von Huftieren abstammen, Knochenrudimente der Hinterextremitäten und des Beckens nachweisbar. Unsere einheimische Blindschleiche [...] zeigt im Körperinneren ebenfalls Reste (Rudimente) des Schulter- und Beckengürtels. An den entsprechenden intakten Organen der Vierfüßer werden die Muskeln für die Extremitäten aufgehängt, die dieser beinlosen Echse (Schleiche) fehlen [...]. (ebd.)

„Atavismen" nennt man Missbildungen, die als Wiederkehr schon überwundener Entwicklungsstadien erscheinen.

So werden immer wieder Pferde geboren, die mit Huf und einer kleinen, funktionslosen Zehe versehen sind. Diese Tatsache steht mit Fossilreihen im Einklang, die belegen, dass sich die Pferde im Verlauf der letzten 50 Millionen Jahre aus kleinen, an Hunde erinnernde Fünfzeher entwickelt haben (Urpferde). Beim Menschen ist das gelegentliche Auftreten überzähliger Brustwarzen bekannt, die entlang einer Milchleiste zur Entwicklung kommen. Diese Strukturen erinnern an die Verhältnisse bei vierfüßigen Säugetieren, die zahlreiche bauchständige Zitzenpaare ausbilden (z. B. Ratten und Katzen). (ebd., 25f.)

Paläontologie: Darwins Theorie impliziert, dass alle Lebewesen von Ur-Organismen abstammen, von denen die allermeisten, vielleicht sogar alle, inzwischen ausgestorben sind. Für Darwin war es deshalb ein schwerwiegendes Problem, dass im 19. Jahrhundert so gut wie keine fossilen Funde aus dem Präkambrium vorhanden waren. Es sah deshalb so aus, als wäre das Leben – sozusagen schlagartig – vor etwa 550 Millionen Jahren im Kambrium mit hartschaligen Lebewesen wie den Trilobiten entstanden.[8] Die neuere paläontologische Forschung konnte diese Lücke aber schließen:

[D]ie ersten versteinert erhaltenen Ur-Lebewesen [sind] etwa 3500 Mio. J. alt [...]. Obwohl derzeit darüber diskutiert wird, welcher Organismengruppe diese Mikrofossilien angehören (vermutlich den anaeroben Bakterien), besteht kein Zweifel daran, dass diese „Ur-Mikroben" die ältesten versteinerten Lebensspuren repräsentieren. Weiterhin sei an dieser Stelle auf die Stromatolithen (versteinerte Mikroben-Schichten) hingewiesen, die aus 3500 bis ca. 1500 Mio. J. alten Sedimentgesteinen erhalten sind. Diese versteinerten „Mikroben-Matten" enthalten u. a. ehemals photosynthetisch aktive Cyanobakterien [...], die in den warmen Ozeanen des Archaikums bereits vor ca. 2700 Mio. J. fossil nachgewiesen sind. Infolge der Photosyntheseaktivität dieser aus Protocyten (Bakterienzellen) zusammengesetzten Mikroorganismen kam es vor etwa 2200 Mio. J. zu einem Anstieg im Sauerstoff (O_2)-Gehalt der Uratmosphäre. Erste versteinerte Zellen mit einem membranumgrenzten, „echten" Kern [...] sind aus 1900 Mio. J. alten Gesteinsformationen bekannt; mehrzellige Algen [...] traten vor 1200 Mio. J. auf [...]. Gegen Ende des Präkambriums (vor etwa 570 Mio. J.) sind die ersten mehrzelligen Tiere und zahlreiche Schwämme nachgewiesen. (ebd., 27)

Kutschera stellt daher fest:

> Das Problem der fehlenden Übergangsformen – zu Darwins Zeit noch ein kontroverser Punkt – kann heute als weitgehend gelöst angesehen werden. Obwohl wir noch immer relativ wenige Zwischenformen unter den über 250 000 beschriebenen Fossilien kennen, zeigen diese Dokumente dennoch eindeutig, dass neue „Baupläne des Lebens" in Stufen entstanden sind (Makroevolution). Die evolutive Bildung neuer Arten und Varietäten unter Beibehaltung des „Bauplans" ist ebenfalls durch zahlreiche Fossilreihen dokumentiert (Mikroevolution). (ebd., 30)

Im 20. Jahrhundert wurde Darwins Theorie auch durch die Ergebnisse der Molekulargenetik weiter gestützt. Die von Darwin beobachteten Ähnlichkeiten auf anatomischer und physiologischer Ebene wurden durch Ähnlichkeiten auf der Ebene der Chromosomen weitgehend bestätigt. Gene enthalten unter anderem Anweisungen für den Aufbau von Proteinen. Und auch auf dieser Ebene konnten entsprechende Ähnlichkeiten festgestellt werden.

> Lebewesen, denen man nach den bisherigen Kriterien nur eine entfernte Verwandtschaft zuschrieb, zeigen bei den Proteinen größere Unterschiede als näher verwandte Arten. Wie schon die Chromosomenanalyse, so ermöglicht nun der Vergleich der Proteine eine noch feinere Analyse und die Bestimmung spezifischer Beziehungen, die man auf der Grundlage des grobschlächtigen anatomischen Vergleichs nicht hätte finden können. Gelegentlich werden dadurch Irrtümer korrigiert, etwa wenn sich zeigt, daß eine Spezies, der man aufgrund des anatomischen Vergleichs eine größere Verwandtschaft zu einer zweiten als zu einer dritten Spezies zugeschrieben hatte, in Wirklichkeit eine engere Verwandtschaft mit der dritten Spezies besitzt. (Kitcher 2009, 77)

Ein Vergleich der Genome von Schimpanse und Mensch etwa hat eine Übereinstimmung von fast 99 % ergeben. Noch verblüffender aber ist ein anderer Befund der Molekulargenetik: Ein großer Teil der DNA entwickelterer Tiere erfüllt keinerlei Funktion. Bei Bakterien sind diese funktionslosen Sequenzen viel seltener. In den Genomen mehrzelliger Lebewesen finden sich dagegen immer wieder – und zum Teil in mehreren Kopien – Reste von DNA-Sequenzen, die wohl einmal einer Funktion dienten, heute aber funktionslos, zum Teil sogar schädlich sind. Im Laufe der Zeit mussten deshalb Mechanismen entwickelt werden, die dazu dienen, Teile der genetischen Ausstattung zu unterdrücken. Wenn Gott alle Tierarten neu erschaffen hat, ist das völlig unverständlich. Warum bekommt jede Tierart nicht den Satz von Genen, den sie für ein gedeihliches Leben benötigt – ohne jeden Zusatz funktionsloser oder gar schädlicher Gene?

> Aus darwinistischer Sicht ist all das erklärbar – als molekulare Entsprechung des auf anatomischer Ebene in der Geschichte des Lebens überall erkennbaren Pfuschs. Die Evolution arbeitet mit einer gemeinsamen Knochenstruktur, um daraus hier den Flügel einer Fleder-

maus und dort die Schwimmflosse einer Schildkröte zu entwickeln. Sie arbeitet mit den ererbten DNA-Sequenzen und bastelt sich auf molekularer Ebene Lösungen für das Problem einer vorteilhaften Gestaltung biochemischer Prozesse zusammen. In der Geschichte des Lebens sammelt sich der Pfusch der Vergangenheit in Gestalt ehemals funktioneller Sequenzen, degenerierter Gene und langer Wiederholungen im Genom an. Welche konkurrierende Erklärung könnten die Kreationisten dafür anbieten? Schließlich können sie nicht behaupten, das seien erstaunlich gute Baupläne. Denn vieles von dem, was wir dort finden, ist Flickwerk, chaotisch und teilweise sogar so gefährlich, daß neue Verfahren zur Eindämmung der Risiken entwickelt werden mußten. Angesichts der Zunahme der empirischen Belege für die darwinistische Auffassung bleibt den Kreationisten kaum etwas anderes übrig, als ihre Zuflucht bei jenen Antworten zu suchen, die Darwin für unbefriedigende Ausreden hielt, und sich auf die Feststellung zu beschränken, daß diese Eigenschaften des Lebens eben unerforschliche Mysterien seien. (ebd., 80)

Mit anderen Worten: Es kommt darauf an, dass man genau hinschaut. Vertreter teleologischer Argumente für die Existenz Gottes sehen im Allgemeinen nur, dass es in dieser Welt Lebewesen gibt, die eine funktionale, zweckmäßige Struktur aufweisen. Wer genauer hinsieht, sieht aber mehr: Dass viele Teilstrukturen auch bei sehr unterschiedlichen Lebewesen auf demselben „Bauplan" beruhen, obwohl dies – funktional gesehen – keineswegs immer der optimale Bauplan ist, dass es überhaupt viele Dysfunktionalitäten und dass es in den Genomen vieler Lebewesen überflüssige und zum Teil sogar schädliche DNA-Sequenzen gibt. Diese Details lassen sich kaum durch die Annahme erklären, alle Lebewesen seien von einem vollkommen intelligenten Wesen erschaffen worden. Darwins Theorie liefert demgegenüber nicht nur eine Erklärung dafür, wie zweckmäßige Lebewesen überhaupt in einem natürlichen Prozess von Mutation und Selektion entstehen können. Diese Theorie kann mit der Annahme, dass alle Lebewesen auf einen gemeinsamen Ursprung zurückgehen, aus dem sie sich Schritt für Schritt entwickelt haben, auch ihre strukturellen Ähnlichkeiten erklären. Und die Annahme einer evolutionären Entwicklung aller Lebewesen macht auch die Dysfunktionalitäten und den „Pfusch" verständlich, der allenthalben zu beobachten ist. Wenn man nicht nur von der Tatsache ausgeht, dass es überhaupt Lebewesen gibt, sondern auch von den spezifischen Eigenschaften und Schwächen dieser Lebewesen, ist Darwins Theorie der Schöpfungsidee daher eindeutig überlegen.

6.4 Intelligent Design

Wie kann man angesichts der überwältigenden Belege, die für Darwins Theorie sprechen, versuchen, die Grundidee teleologischer Argumente doch noch zu verteidigen? Vertreter des so genannten „Intelligent Design" wie Michael Behe gestehen zunächst zu, dass Darwin in vielem Recht hat – viele Lebewesen und Organe sind auf evolutionärem Wege durch Mutation und Selektion entstanden. Auf der anderen Seite weisen sie aber auf bestimmte Organe oder organartige Strukturen hin, von denen sie glauben zeigen zu können, dass sie auf gar keinen Fall so entstanden sein *können*. Das zentrale Stichwort lautet „irreduzible Komplexität".[9] Eine Struktur ist irreduzibel komplex, wenn sie (a) einem Zweck dient und (b) aus einer Vielzahl von Teilen besteht, die *alle* für das Erreichen dieses Zwecks erforderlich sind. Als Beispiel für eine irreduzibel komplexe Struktur wird oft die Bakteriengeißel (Flagellum) angeführt.

> Untersuchungen haben gezeigt, dass dreißig bis vierzig Proteine nötig sind, um eine funktionierende Geißel in der Zelle zu produzieren. Ungefähr die Hälfte der Proteine sind Teile der fertigen Struktur, während die anderen für die Herstellung der Geißel notwendig sind. Für fast alle diese Proteine gilt: Wenn auch nur eines von ihnen fehlt – etwa die Teile, die als Filament, Stab, Haken, usw. dienen – kann keine funktionierende Geißel entstehen. (Behe 2007b, 354)

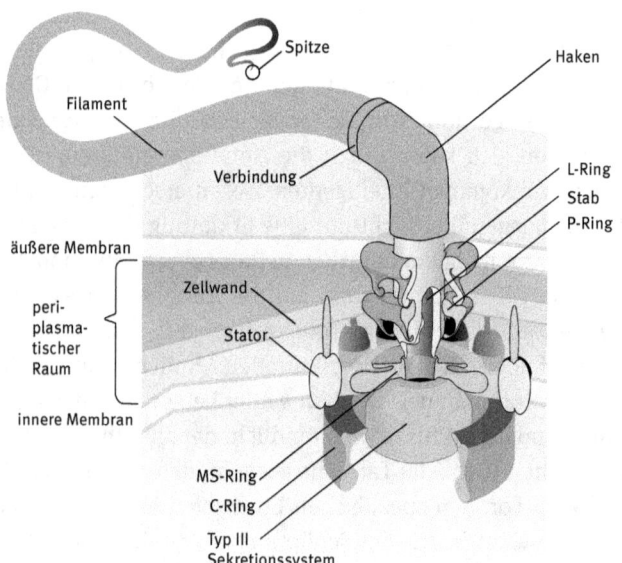

Abbildung 1
(http://commons.wikimedia.org/wiki/File:Flagellum_base_diagram_de.svg
Quelle: Flagellum base diagram de.svg, Wikimedia Commons, aufgerufen am 8.6.2013)

Warum können Behe zufolge irreduzibel komplexe Strukturen nicht auf evolutionärem Wege entstanden sein?

Ein irreduzibel komplexes System kann nicht durch kleine aufeinander folgende Modifikationen aus einem Vorgängersystem heraus auf direktem Wege entstehen (d. h. durch fortwährende Verbesserung der Anfangsfunktion, die aufgrund des gleichen Mechanismus bestehen bleibt). Wenn nämlich irgendeinem Vorgänger eines irreduzibel komplexen Systems ein Teil fehlt, führt dies definitionsgemäß zum Funktionsverlust. (Behe 2007a, 73)

Systematisch lassen sich die Gründe, die nach Behe dafür sprechen, dass irreduzibel komplexe Strukturen nicht evolutionär entstehen können, so zusammenfassen: (i) Auf der einen Seite sei es extrem unwahrscheinlich, dass alle Teile einer irreduzibel komplexen Struktur *zugleich* durch Mutation entstünden, auf der anderen Seite könnten die Teile aber auch nicht *nacheinander* entstanden sein, da (ii) in der Evolution nur überlebe, was einem Zweck diene, die Struktur ihren Zweck aber erst erfülle, wenn *alle* Teile vorhanden seien.

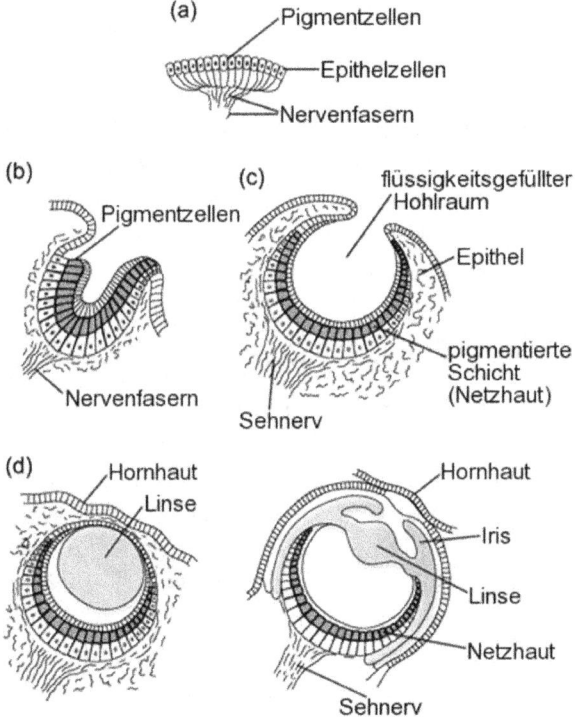

Abbildung 2
(http://commons.wikimedia.org/wiki/File: Stages_in_the_evolution_of_the_eye_(de).png
Quelle: Stages in the evolution of the eye (de).png, Wikimedia Commons, aufgerufen am 8.6.2013)

Nun ist es der Evolutionsbiologie durchaus gelungen zu zeigen, wie z. B. eine so komplexe Struktur wie die des Auges Schritt für Schritt durch ständige kleine Verbesserungen entstanden sein kann.[10] Es begann mit einfachen Zellen, die auf das auf die Haut auffallende Licht reagieren, was offenbar evolutionär ein Vorteil sein kann (a). Wenn diese Zellen in einer kleinen Vertiefung liegen (b), lässt sich auch etwas über die Richtung des einfallenden Lichts ausmachen. Wenn dieser Hohlraum größer wird (c), entsteht eine Art Lochkamera, bei der auf einer Netzhaut schon eine grobes Bild der Umgebung entsteht. Dieses Bild wird schärfer, wenn sich zusätzlich eine Linse ausbildet und das Ganze durch eine Hornhaut geschützt wird (d). Und dieser Effekt lässt sich noch verbessern, wenn schließlich eine Iris hinzukommt, die es erlaubt, die Menge des einfallenden Lichts zu regulieren.

Behe sieht, dass evolutionäre Erklärungen auch komplexer Strukturen durchaus möglich sind. Aber in seinen Augen besteht ein prinzipieller Unterschied zwischen dem Auge und der Bakteriengeißel. Während bei der Entwicklung des Auges schon die Vorgängerstrukturen die Funktion des Sehens (mehr oder weniger gut) erfüllen, kann dies bei der Bakteriengeißel nicht der Fall sein. Augen sind eben *nicht* irreduzibel komplex; auch wenn das eine oder andere Teil fehlt, wird die Funktion, wenn auch etwas schlechter, erfüllt. Bei der Bakteriengeißel gilt dagegen: Wenn auch nur ein Teil fehlt – etwa Filament, Stab oder Haken – kann die Struktur die Funktion nicht mehr erfüllen. Genau darin besteht ja die *irreduzible* Komplexität der Bakteriengeißel.

Behe übersieht hier offenbar zwei Dinge. Erstens hatten wir schon gesehen, dass im Genom von Lebewesen immer wieder nutzlose Kopien funktionstüchtiger Gene vorkommen.[11] Schon beim Duplikationsprozess können schwerwiegende Fehler auftreten; häufig werden solche Kopien aber erst durch spätere Mutationen so verändert, dass sie selbst funktionslos werden. In beiden Fällen spricht man von „Pseudogenen". Entscheidend ist hier Folgendes: „Das duplizierte Gen ist [...] nicht demselben Selektionsdruck ausgesetzt wie das Original-Gen, da ein Nicht-Funktionieren des Duplikats nicht weiter tragisch ist, wenn das Original-Gen noch funktioniert" (ebd.). Damit ergibt sich die Möglichkeit des Entstehens neuer vorteilhafter Merkmale, so wie etwa die Grün-Opsin-Gene bei Säugetieren durch Gen-Duplikation aus den Rot-Opsin-Genen entstanden sind. An sich funktionslose Kopien von Genen können also im Laufe der Entwicklung durchaus eine neue Funktion gewinnen.

Zweitens, und das ist wohl noch wichtiger, können die Teile einer irreduzibel komplexen Struktur sehr wohl *nacheinander* entstehen, wenn sie, bevor alle Teile beisammen sind, *anderen* Zwecken dienen.[12] So hat z. B. Kenneth Miller (2007) darauf hingewiesen, dass die Basisringe der Bakteriengeißel den Ringen des so genannten Typ-III-Sekretionssystems sehr ähnlich sind, während die Nadel des

Sekretionssystems dem Haken der Geißel ähnelt. Die Bakteriengeißel könnte also aus einem Typ-III-Sekretionssystem hervorgegangen sein, das deutlich weniger Teile umfasst als die Geißel selbst. Pallen und Matzke (Pallen & Matzke 2006, Matzke 2006) haben sogar versucht, im Detail ein Modell zu entwickeln, das verständlich macht, wie die Bakteriengeißel Schritt für Schritt in einem evolutionären Prozess entstanden sein könnte. Seriöserweise kann man daher im Augenblick nur sagen, dass die evolutionäre Entwicklung der Bakteriengeißel zwar noch nicht vollständig aufgeklärt ist – so wie es viele andere bisher ungelöste Probleme für die Darwinsche Theorie gibt –; aber nichts spricht dafür, dass eine evolutionäre Erklärung in diesem Fall prinzipiell unmöglich ist.

Ganz generell unterschätzt Behe die Fähigkeit der Evolution, aus schon Vorhandenem neue und zum Teil sogar irreduzibel komplexe Strukturen zu entwickeln. In seinem Buch *Finding Darwin's God* erläutert Kenneth Miller diese Fähigkeit am Beispiel von Hammer, Amboss und Steigbügel, den drei kleinsten Knochen, die die Schwingungen des Trommelfells auf das Innenohr übertragen.[13] Dieses System aus fünf Teilen ist nach Behes Definition sicher irreduzibel komplex – wenn auch nur ein Teil fehlt, kann das System seine Funktion nicht erfüllen. Und dennoch kann man gut nachvollziehen, wie dieses System evolutionär entstanden ist, weil sich fast alle Stadien durch fossile Funde belegen lassen. Am Anfang der Entwicklung steht bei manchen Reptilien eine dreiteilige Struktur, in der die Funktion von Hammer, Amboss und Steigbügel von einem einzigen Knochen wahrgenommen wird. In der Folge werden zwei Knochen, die zunächst als Teile des hinteren Unterkiefers eine andere Funktion erfüllten, nach hinten verschoben, verkleinert und schließlich an diesen einen Knochen angefügt, wodurch das Gesamtsystem funktionstüchtiger wird. Es finden sich sogar Fossilien, bei denen diese beiden Knochen in einem Zwischenstadium noch beiden Funktionen dienen.

> Erinnern wir uns an Behes Aussage „Wenn nämlich irgendeinem Vorgänger eines irreduzibel komplexen Systems ein Teil fehlt, führt dies definitionsgemäß zum Funktionsverlust." Nun, man kann es nicht anders sagen – diese Aussage ist *falsch*. Was die Evolution tut, ist, Teile hinzuzufügen, die lebende Systeme erweitern, verbessern und manchmal sogar vollständig umgestalten. Wenn die Erweiterung oder Umgestaltung abgeschlossen ist, kann es durchaus sein, dass jedes Teil des endgültigen Systems tatsächlich unverzichtbar ist – so wie bei *Hammer*, *Amboss* und *Steigbügel*. Diese ineinandergreifende Notwendigkeit bedeutet nicht, dass sich das System nicht aus einfacheren Versionen entwickeln konnte – und in diesem Fall wissen wir, dass genau dies passiert ist. (K. Miller 2000, 139)

Damit spricht Miller eine weitere Überlegung an – dass die Teile einer Struktur, auch wenn sie am Ende unverzichtbar sind, in den Zwischenstadien der Entwicklung dieser Struktur keineswegs immer unverzichtbar gewesen sein müssen.[14]

Wenn man z. B. einen Wasserlauf überqueren will, kann man dies tun, indem man zu Beginn einige (sagen wir drei) große Steine in den Wasserlauf legt – mit überwindbaren Zwischenräumen, damit das Wasser weiter fließen kann. Um das Überqueren bequemer zu machen, kann man in einem zweiten Schritt ein Holzbrett oder eine andere Planke über die Steine legen. Zum Schluss kann man dann den zweiten Stein entfernen, so dass eine Brücke entsteht. Im dritten Stadium ist das Brett oder die Planke unverzichtbar; im zweiten Stadium war sie es offenbar noch nicht. Alle diese Überlegungen zeigen, dass es entgegen der zentralen These Behes offenbar viele Möglichkeiten gibt, wie auch irreduzibel komplexe Strukturen evolutionär entstehen können.

Doch selbst wenn sich herausstellen sollte, dass es im Bereich der Lebewesen Strukturen gibt, die nicht auf evolutionärem Weg entstanden sein können oder deren evolutionäre Entstehung zumindest extrem unwahrscheinlich ist, würde das dafür sprechen, dass ein intelligenter Designer seine Hand im Spiel hat? Der Biochemiker Franklin Harold schreibt dazu: „Wir sollten, *aus prinzipiellen Gründen*, die Substitution des Dialogs von Zufall und Notwendigkeit durch Intelligent Design zurückweisen [...]" (Harold 2001, 205 – zitiert nach Behe 2007b, 356; meine Hervorh.). Warum? Offenbar gehört Harold zu den Wissenschaftlern, die meinen, dass die Naturwissenschaften grundsätzlich darauf festgelegt sind, nach natürlichen Ursachen für die von ihnen untersuchten Phänomene zu suchen, und dass schon aus diesem Grund die Bezugnahme auf übernatürliche Erklärungen prinzipiell illegitim ist. Im dritten Kapitel *Empirische Belege für die Existenz des Übernatürlichen* habe ich ausführlich erläutert, warum ich diese Annahme nicht teile. Könnte es aber nicht auch noch andere Gründe geben, die für Harolds These sprechen?

Ich denke ja. In meinen Augen handelt es sich bei der Annahme eines intelligenten Urhebers zur Erklärung der Entstehung irreduzibel komplexer Strukturen eindeutig um eine *ad hoc*-Hypothese – eine Hypothese, die zur Erklärung eines speziellen Phänomens eingeführt wird, für die es aber keine *unabhängigen* Belege gibt. Falls es im Bereich der Lebewesen Strukturen gibt, für deren Entstehung wir keine evolutionäre Erklärung finden, dann heißt das zunächst einmal wirklich nur: Für diese Strukturen haben wir keine natürliche Erklärung. Das *Fehlen* einer natürlichen Erklärung ist allein aber sicher kein ausreichender Grund für die Annahme, dass hier übernatürliche intelligente Wesen ihre Hand im Spiel haben. Vielmehr sind solche Erklärungen billig, zu billig. Grundsätzlich lässt sich nämlich alles auf diese Weise erklären. Immer wenn wir ein Phänomen A beobachten, für das wir keine natürliche Erklärung haben, können wir sagen, A geht auf das Wirken eines übernatürlichen Wesens zurück, das in den natürlichen Weltlauf eingreift und das Phänomen A hervorbringt. Gerade weil sie so billig zu haben sind, sind solche Erklärungen deshalb nur glaubhaft, wenn sie auch noch durch unabhängige Belege gestützt werden.[15]

Ad hoc-Hypothesen sind nicht grundsätzlich abzulehnen. Manchmal führen sie in der Wissenschaft tatsächlich zu neuen Erkenntnissen – wie etwa die Hypothese der Existenz von Neutrinos, die Wolfgang Pauli 1930 zur Erklärung des kontinuierlichen Spektrums des Beta-Zerfalls aufstellte.

> Bis 1930 war der radioaktive Betazerfall nicht verstanden. Bei einem solchen Zerfall wurde bis dahin nur ein ausgesandtes Elektron beobachtet. Zusammen mit dem verbleibenden Kern würde es sich somit um ein Zweikörperproblem handeln, mit dem sich allerdings das kontinuierliche Spektrum des Betazerfalls nicht erklären ließ, ohne eine Verletzung des Energieerhaltungssatzes anzunehmen. Das führte Wolfgang Pauli dazu, ein bis dahin unbeobachtetes Elementarteilchen zu postulieren, das neben dem Elektron und dem Kern ebenfalls an dem Prozess teilnehmen sollte. Dieses Teilchen sollte einen Teil der beim Zerfall freiwerdenden Energie tragen, und so die Energie- und Impulserhaltung sicherstellen. Pauli nannte sein am 4. Dezember 1930 in einem privaten Brief postuliertes hypothetisches Teilchen zuerst Neutron. Enrico Fermi, der eine Theorie über die grundlegenden Eigenschaften und Wechselwirkungen dieses Teilchens ausarbeitete, benannte es in *Neutrino* (italienisch für „kleines Neutron", „Neutrönchen") um, um einen Konflikt mit dem heute unter gleichem Namen bekannten Teilchen zu vermeiden. Erst 1933 präsentierte Pauli seine Hypothese einem breiteren Publikum und stellte die Frage nach einem möglichen experimentellen Nachweis. (http://de.wikipedia.org/wiki/Neutrino – Abruf 27.01.2012, 11.40 Uhr)

Der letzte Satz des Zitats zeigt, dass Pauli selbst sah, dass seine Hypothese, die zunächst insofern eine *ad hoc*-Hypothese war, als die Annahme der Existenz von Neutrinos am Anfang nur dadurch gestützt wurde, dass sie eine Erklärung des kontinuierlichen Spektrums des Beta-Zerfalls ermöglichte, auf Dauer nur akzeptiert werden würde, wenn es gelänge, unabhängige Belege für sie zu finden. Tatsächlich wurden Neutrinos erst über 20 Jahre später zum ersten Mal beobachtet: „1956 gelang der Gruppe um Clyde L. Cowan und Frederick Reines mit dem Poltergeist-Experiment der Nachweis anhand des inversen Betazerfalls an einem der ersten großen Kernreaktoren. Beide Forscher sandten am 14. Juni 1956 Wolfgang Pauli ein Telegramm mit der Erfolgsmitteilung nach Zürich." (ebd.)

Behes Annahme, die (vermeintliche) Tatsache, dass es für die Existenz irreduzibel komplexer Strukturen keine evolutionäre Erklärung gibt, spreche eindeutig für die These, diese Strukturen seien auf das Eingreifen übernatürlicher intelligenter Wesen zurückzuführen, greift also zu kurz. Natürlich könnte die Annahme der Existenz solcher Wesen eine Erklärung irreduzibel komplexer Strukturen liefern. Aber plausibel wird diese Annahme erst, wenn sich auch noch andere, unabhängige Belege für sie finden lassen.

6.5 Fine Tuning

In den letzten Jahren wurde eine völlig neue Variante teleologischer Argumente entwickelt – das so genannte „*fine tuning*-Argument".[16] Der modernen Physik zufolge gibt es in unserem Weltall eine ganze Reihe von fundamentalen Naturkonstanten – etwa die Gravitationskonstante, die starke Wechselwirkung (die Protonen und Neutronen im Atomkern zusammenhält), die Masse von Protonen und Elektronen usw. –, deren Wert nach allem, was wir wissen, auch anders hätte sein können, als er tatsächlich ist. Theoretische Berechnungen haben nun gezeigt, dass sich das Universum ganz anders entwickelt hätte, wenn der Wert einiger Naturkonstanten auch nur geringfügig anders gewesen wäre: Es hätte „keine Expansion des Universums, keine stabilen Atome, damit natürlich auch kein Leben auf Kohlenstoffbasis, keine Evolution etc." (Löffler, 2006, 71) gegeben.

> Auch die Anfangsgeschwindigkeit der Expansion des Universums war (nachträglich betrachtet) „gerade richtig", um sowohl sein sofortiges gravitationsbedingtes Wiederkollabieren zu verhindern als auch eine zu schnelle Ausbreitung ohne die Bildung von Strukturen. Ebenso waren die Störungen kurz nach der Entstehung des Universums einerseits stark genug, dass sich durch Ungleichverteilungen Strukturen wie Galaxien herausbilden konnten, andererseits aber auch wieder nicht so stark, dass das Universum im Chaos versunken wäre. Die Liste dieser zusammenstimmenden Faktoren könnte noch lange fortgesetzt werden, und teilweise sind die Toleranzbereiche, innerhalb derer sie sich bewegen müssen, äußerst schmal [...]. Insgesamt, so nun die Verfechter des fine tuning-Arguments, sei es extrem unwahrscheinlich, dass dieses Zusammentreffen zufällig zustande gekommen ist, es spreche vielmehr alles für eine intelligente Planung durch Gott. (ebd.)

Vertreter des *fine tuning*-Arguments behaupten also: Es kann kein Zufall sein, dass die Naturkonstanten in unserem Universum gerade die Werte haben, die die Entwicklung einer strukturierten Welt mit stabilen Atomen und hochkomplexen Lebewesen möglich machen. Denn dass die Naturkonstanten genau diese Werte haben, ist extrem unwahrscheinlich. Also muss ein intelligenter Urheber dafür gesorgt haben, dass die Naturkonstanten genau die Werte haben, die sie tatsächlich haben.

Wie viele Argumente für die Existenz Gottes hat auch das *fine tuning*-Argument eine *prima facie* Plausibilität, die aber zerrinnt, wenn man genauer hinsieht. Da ist zunächst die Frage, was denn eigentlich für die Annahme spricht, dass es extrem unwahrscheinlich ist, dass die Naturkonstanten in unserem Universum gerade die Werte haben, die die Entwicklung einer strukturierten Welt mit stabilen Atomen und hochkomplexen Lebewesen möglich machen. Vielleicht steht hinter dieser Annahme die folgende Überlegung: Es gibt (fast) unendlich viele Werte, die die Naturkonstanten haben könnten; jeder dieser Werte hat die gleiche Wahrscheinlichkeit; also ist es extrem unwahrscheinlich, dass die Naturkonstanten genau die Werte haben, die sie tatsächlich haben. Wenn das so ist, folgt allerdings sofort, dass das *fine tuning*-Argument auch für beliebige andere Werte der Naturkonstanten gelten würde. Alle diese Werte sind extrem unwahrscheinlich; also würde es auch dafür sprechen, dass ein intelligenter Urheber für die exakten Werte der Naturkonstanten gesorgt haben müsste, wenn diese Werte ganz anders wären, als sie tatsächlich sind.

Das Gewicht dieses Arguments wird noch deutlicher, wenn man den Fall der Werte der Naturkonstanten mit einem alltäglichen Fall vergleicht. Die Wahrscheinlichkeit, dass man im Lotto sechs Richtige + Superzahl tippt, beträgt 1 zu 139.838.160. Trotzdem gibt es immer wieder Menschen, die die Gewinnklasse I erreichen. Nehmen wir an, einer dieser Gewinner heißt Karl Glücklich. Wenn Karl tatsächlich gewinnt, war die Wahrscheinlichkeit im Vorhinein also äußerst gering. Würde uns das aber zu dem Schluss berechtigen, dass ein übernatürliches intelligentes Wesen dafür gesorgt hat, dass Karl Glücklich die richtigen Zahlen getippt hat? Wohl kaum! Dieses Beispiel lässt sich noch weiter führen. Angenommen, die allermeisten Menschen, die Lotto spielen, haben einen Beruf und deshalb auch ein einigermaßen auskömmliches Gehalt. Nur Karl geht es schlecht; er ist arbeitslos, seine Frau hat ihn verlassen und er lebt mehr schlecht als recht seit einigen Jahren auf der Straße; er bettelt. Eines Tages wirft ihm ein Passant statt einiger Münzen einen ausgefüllten Lottoschein in den Hut. Und: Karl Glücklich gewinnt fünf Millionen Euro. Vielleicht würden wir sagen, dieses Mal hat es aber wirklich den Richtigen getroffen. Aber natürlich würde uns auch das nicht zu der Annahme berechtigen, dass ein übernatürliches intelligentes Wesen Karl Glücklich zu seinem Gewinn verholfen hat. Auch Dinge, die unwahrscheinlich und in unseren Augen äußerst positiv sind, passieren einfach. Und wenn sie passieren, können wir – wie bei den kosmologischen Argumenten – tatsächlich nicht davon ausgehen, dass es dafür einen Grund oder eine Ursache gibt.

6.6 Gott und die Evolution

Es sieht so aus, als hätten zumindest die großen christlichen Kirchen in der Zwischenzeit ihren Frieden mit der Evolutionstheorie geschlossen. Ja, sagt man, es gibt überwältigend viele Belege für die These, dass sich die Lebewesen in dieser Welt alle in einem evolutionären Prozess aus einem gemeinsamen Ursprung entwickelt haben. Aber diese Tatsache sei durchaus mit der Annahme vereinbar, dass Gott zwar nicht jede Art für sich geschaffen hat, dass aber irgendwann die Welt als ganze erschaffen und dabei so eingerichtet wurde, dass sich in ihr stabile Atome, Galaxien, Sterne und Planeten und auf zumindest einem Planeten Lebewesen und schließlich Menschen entwickeln konnten. Das mag sein. Aber man muss sich immer wieder vor Augen führen: Dass eine Annahme A mit einer gut bestätigten Annahme B *vereinbar* ist, ist für sich genommen noch kein Argument, das für die Wahrheit von A spricht. Außerdem lohnt es hier wieder, auf die Details zu achten. Es geht nicht nur darum, dass sich überhaupt Lebewesen und zum Schluss Menschen entwickelt haben. Es geht auch darum, wie dieser Prozess im Einzelnen abgelaufen ist und zu welchen konkreten Ergebnissen er geführt hat. Sicher: Dass sich in unserer Welt die vielfältigsten Formen von Leben entwickelt haben, wobei Lebewesen tatsächlich äußerst subtil aufgebaute zweckmäßige Systeme sind, gibt Anlass zum Staunen. Nur Staunen ist kein Argument. Und: Wir dürfen über dieser Tatsache die Unmenge von Schmerz und Leid nicht vergessen, die der Prozess der Evolution mit sich gebracht hat. Philip Kitcher schildert das sehr anschaulich:

> Viele Menschen sind beunruhigt vom Leid der Menschen und anderer fühlender Lebewesen und fragen sich, wie dieses Leid mit den Plänen eines allmächtigen und liebenden Gottes vereinbar sei. Darwins Darstellung der Geschichte des Lebens erweitert den Maßstab solchen Leides noch beträchtlich. Millionen Jahre hindurch erfahren Milliarden von Tieren gewaltiges Leid, und zahlreiche Arten sterben vollständig aus, bis schließlich an der Spitze eines Zweiges am Stammbaum der Evolution vielleicht eine Spezies mit jenen Fähigkeiten entsteht, die uns in die Lage versetzen, den Schöpfer anzubeten. [...] Außerdem ist das Leiden der Tiere kein zufälliges, sondern ein notwendiges Moment in der Entwicklung des Lebens. Die natürliche Selektion gründet in einem heftigen Konkurrenzkampf, und auch wenn nicht immer die Rücksichtslosesten das Rennen machen, bringt sie doch in zahlreichen Fällen eine „Natur mit Zähnen und Klauen rot von Blut" hervor (wie Tennyson dies einmal mit einem vordarwinschen Bild ausdrückte). Unsere Vorstellung göttlicher Vorsehung muß davon ausgehen, daß dieser Schöpfer eine aberwitzige Geschichte konstruiert hat, eine Geschichte des Lebens mit einem dem Hauptereignis vorangehenden Vorspiel, das drei Milliarden Jahre währte und das oft grausame Leiden unzähliger fühlender Lebewesen umfasst, ein Leiden, das keine bloße Nebenfolge darstellt, sondern konstitutiver Bestandteil des vom Schöpfer gewählten Drehbuchs ist. (Kitcher 2009, 152f.)

Wer argumentiert, die Tatsache, dass wir in einer Welt leben, in der die Naturgesetze die Evolution hochkomplexer Lebewesen erlauben, zeige doch, dass diese Welt ihren Ursprung in einem intelligenten Schöpfer haben müsse, der darf diese negativen Aspekte der Evolution nicht ausblenden. Hätte ein allmächtiger, allwissender und vollkommen guter Schöpfer die Naturgesetze nicht so einrichten können, dass sich Lebewesen in einem Prozess entwickeln, der ohne Leid und Grausamkeit auskommt? Auch Darwin hat die negativen Seiten der Evolution hervorgehoben:

> Es darf uns nicht befremden, wenn der Stachel der Biene, als Waffe gegen einen Feind gebraucht, ihren eigenen Tod verursacht; wenn die Drohnen in so ungeheuerlicher Anzahl nur für einen einzigen Akt erzeugt und dann größtenteils von ihren unfruchtbaren Schwes-

tern getötet werden; wenn unsere Nadelhölzer eine so unermeßliche Menge von Pollen verschwenden; wenn die Bienenkönigin einen instinktiven Haß gegen ihre eigenen fruchtbaren Töchter empfindet; oder wenn die Ichneumoniden sich im lebenden Körper von Raupen ernähren, und andere Fälle mehr. (Darwin 1992, 547 – zitiert nach Kitcher 2009, 154)

Wenn wir den Prozess der Evolution als einen rein natürlichen Prozess begreifen, der weder auf einen allmächtigen, allwissenden und vollkommen guten Gott zurückgeht noch von einem solchen Gott gelenkt wird, ist die Tatsache, dass es im Laufe der Evolution immer wieder zu äußerst schmerzlichen und grausamen Episoden gekommen ist, nicht sehr verwunderlich. Wenn wir allerdings annehmen, der Prozess der Evolution ginge doch auf einen intelligenten Urheber zurück, was besagt dann diese Tatsache über das Wesen dieses Urhebers? Müssen wir uns diesen Urheber dann nicht als ein Wesen vorstellen, das dem Leid der in diesem Prozess entstehenden Wesen zumindest gleichgültig gegenübersteht oder das nicht in der Lage ist, dieses Leid zu verhindern?[17] Diese Frage wird uns im nächsten Kapitel noch ausführlicher beschäftigen.

7. Das Problem des Übels

7.1 Versionen des Problems des Übels

Während die ontologischen, kosmologischen und teleologischen Argumente die wichtigsten Argumente sind, die in der Geschichte der Philosophie *für* die Existenz Gottes angeführt wurden, ergibt sich aus dem Problem des Übels das zentrale Argument *gegen* die Annahme, dass ein Gott existiert, der die von vielen Religionen postulierten Eigenschaften der Allmacht, Allwissenheit und moralischen Vollkommenheit besitzt.[1] Dass es in der Welt unermesslich viel Schmerz und Leid gibt, ist kaum zu bestreiten. In Humes *Dialogen über natürliche Religion* überbieten sich Demea und Philo[2] geradezu in der Aufzählung all dessen, was dem Menschen in der Welt widerfahren kann. Zunächst Demea:

> Wenn ein Fremder unvermittelt in diese Welt versetzt würde, so würde ich ihm zur Exemplifizierung ihrer Übel eine Klinik voll von Kranken, ein Gefängnis belegt mit Verbrechern und Schuldnern, ein Schlachtfeld übersät mit Leichen, eine dem Ozean ausgelieferte Flotte, ein unter Tyrannei siechendes Volk sowie Hungersnot und Pest zeigen. Wohin aber sollte ich ihn führen, um ihm ein Bild zu bieten von der heiteren Seite des Lebens und seinen Freuden? Auf einen Ball, in eine Oper, auf einen Empfang bei Hofe? Er könnte zu Recht denken, ich zeigte ihm lediglich eine andere Art von Elend und Jammer. (Hume *Dialoge*, 96)

Und Philo ergänzt:

> Du schreibst, Cleanthes – wie ich glaube, mit Recht –, der Natur einen Zweck und eine Absicht zu. Aber was, ich bitte dich, ist das Ziel dieser erstaunlichen Kunstfertigkeit und Organisation, die sie in allen Lebewesen erkennen läßt? Die bloße Erhaltung der Individuen und die Fortpflanzung der Art. Es scheint ihrem Zweck zu genügen, wenn eine derartige Aufeinanderfolge im Universum gerade eben gewährleistet ist – ohne daß sie dem Glück der einzelnen Glieder irgendwelche Sorge oder Aufmerksamkeit widmen würde. Für diesen Zweck stellt sie keine Mittel bereit: keine Einrichtung, die lediglich Vergnügen oder Sorglosigkeit verschaffen soll; kein Arsenal an reiner Freude und Zufriedenheit; keine Befriedigung ohne die Verbindung mit irgendeinem Bedürfnis oder Mangel. Jedenfalls werden die wenigen Erscheinungen dieser Art durch entgegengesetzte Erscheinungen von noch größerem Gewicht in den Schatten gestellt. (ebd., 99f.)

Müssen wir nicht also, legt Hume Philo in Mund, Epikur Recht geben?

> Auf Epikurs alte Fragen gibt es noch immer keine Antwort: Ist er willens, aber nicht fähig, Übel zu verhindern? Dann ist er ohnmächtig. Ist er fähig, aber nicht willens? Dann ist er boshaft. Ist er sowohl fähig als auch willens? Woher kommt dann das Übel? (ebd., 99)

Bei Laktanz findet sich eine ausführlichere Version dieses Arguments:

> Gott will entweder die Übel aufheben und kann nicht; oder Gott kann und will nicht; oder Gott will nicht und kann nicht; oder Gott will und kann. Wenn Gott will und nicht kann, so ist er ohnmächtig; und das widerstreitet dem Begriffe Gottes. Wenn Gott kann und nicht will, so ist er mißgünstig, und das ist gleichfalls mit Gott unvereinbar. Wenn Gott nicht will und nicht kann, so ist er mißgünstig und ohnmächtig zugleich, und darum auch nicht Gott. Wenn Gott will und kann, was sich allein für die Gottheit geziemt, woher sind dann die Übel, und warum nimmt er sie nicht hinweg? (Laktanz *Vom Zorne Gottes*, Abs. 13)[3]

Dies ist ein besonders schönes Stück Philosophie, auch weil es sich um einen Beweis durch vollständige Fallunterscheidung handelt. Und es ist zugleich die klassische Version der logischen Variante des Problems des Übels, die heute häufig so formuliert wird.[4] Die beiden Aussagen

(1) Gott existiert und ist allwissend, allmächtig und vollkommen gut

und

(2) Es gibt auf der Welt unermesslich viel Schmerz und Leid

sind logisch inkonsistent. Die Aussage (2) ist aber unbestreitbar wahr; also muss die Aussage (1) falsch sein, d. h., es kann keinen Gott geben, der zugleich allwissend, allmächtig und vollkommen gut ist.

So einfach und überzeugend dieses Argument aussieht, es ist immer wieder bestritten worden, dass die Aussagen (1) und (2) tatsächlich inkonsistent sind. Was heißt es überhaupt, dass zwei Aussagen inkonsistent sind? Grundsätzlich spricht man von der Inkonsistenz zweier Aussagen, wenn aus ihnen ein Widerspruch „p und nicht-p" folgt. Aber ist das bei (1) und (2) tatsächlich der Fall? Vergleichen wir diese Aussagen mit den Aussagen

(3) Dieses Buch ist rot

und

(4) Dieses Buch ist nicht farbig.

Auch hier ist nicht offensichtlich, dass diese beiden Aussagen inkonsistent sind. Aber diese Inkonsistenz kann doch leicht explizit gemacht werden. Denn aus der Aussage (3) und der *analytischen Wahrheit*[5]

(5) Alles, was rot ist, ist farbig

lässt sich die Aussage

(6) Dieses Buch ist farbig

ableiten. Und (4) und (6) bilden offensichtlich einen Widerspruch. Gibt es auch für das Aussagenpaar (1) und (2) eine analytisch wahre Aussage, die es gestattet, in analoger Weise aus diesen beiden Aussagen einen Widerspruch herzuleiten? Auf Anhieb denkt man vielleicht an die Aussage

(7) Ein allmächtiges, allwissendes und vollkommen gutes Wesen verhindert das Auftreten jeder Art von Schmerz und Leid.

Doch ist diese Aussage tatsächlich analytisch wahr? Analytisch wahr ist sicher, dass ein allmächtiger, allwissender und vollkommen guter Gott in jeder Situation das Beste tut – das moralisch Beste und das, was auch für uns Menschen das jeweils Beste ist. Aber ist es wirklich immer das Beste, jede Art von Schmerz und Leid zu verhindern? Kann es nicht Situationen geben, in denen zumindest ein bisschen Schmerz und Leid notwendig sind, um ein höheres Gut zu erreichen – etwas, was diesen Schmerz und dieses Leid mehr als aufwiegt? Man kann etwa an Fälle denken wie den, dass man eine unangenehme und auch durchaus schmerzhafte Behandlung beim Zahnarzt über sich ergehen lassen muss, weil ansonsten die Zähne dauerhaften Schaden nehmen würden, was deutlich schwerer wiegt als die Schmerzen bei der Behandlung selbst. Sicher ist dieses Beispiel im Falle Gottes nicht angemessen; denn Gott könnte unsere Zähne auch ohne jede schmerzhafte Behandlung richten. Trotzdem zeigt das Beispiel, dass es zumindest *möglich* ist, dass es Situationen gibt, in denen man Schmerzen und Leid in Kauf nehmen muss, wenn man bestimmte höherwertige Güter erreichen will. Die Aussage (7) ist daher nicht analytisch. Analytisch wahr ist nur die Aussage
(7′) Ein allwissendes, allmächtiges und vollkommen gutes Wesen verhindert das Auftreten von jedem Leid, das nicht zur Erlangung eines höherwertigen Gutes logisch notwendig ist.
Aus (1) und (7′) folgt aber nur
(8) Es gibt auf der Welt kein Leid, das nicht zur Erlangung eines höherwertigen Gutes logisch notwendig ist.
Und hieraus und aus (2) ergibt sich kein Widerspruch. Denn es scheint zumindest möglich, dass alles Leid, das wir in der Welt vorfinden, der Erlangung höherwertiger Güter dient. Das logische Problem des Übels scheint auf den ersten Blick also gar nicht so schwerwiegend zu sein. Doch auch hier lohnt es, genauer hinzusehen. Zunächst soll aber noch die zweite Variante des Problems des Übels dargestellt werden – das evidentielle Problem.

Auch wenn aus der Tatsache, dass es in der Welt unermesslich viel Schmerz und Leid gibt, *nicht logisch zwingend* folgen sollte, dass es keinen allwissenden, allmächtigen und vollkommen guten Gott gibt, kann man doch argumentieren, dass diese Tatsache die Existenz eines solchen Gottes zumindest sehr *unwahrscheinlich* macht. Letzten Endes geht es bei der Unterscheidung zwischen dem logischen und dem evidentiellen Problem des Übels darum, ob man aus der Aussage
(2) Es gibt auf der Welt unermesslich viel Schmerz und Leid
mit *deduktiver Sicherheit* auf die Aussage
(1*) Es gibt keinen allwissenden, allmächtigen und vollkommen guten Gott
schließen kann oder ob (1*) aus (2) nur mit *nicht-deduktiver Wahrscheinlichkeit* folgt.[6] Auch das evidentielle Problem hat Hume in seinen *Dialogen* erläutert.

7.2 Das evidentielle Problem des Übels

Angesichts der Anzahl und des Ausmaßes der Übel, die Demea und Philo so anschaulich geschildert haben, sieht sich Cleanthes in Humes *Dialogen* zu einem fast schon verzweifelten Rückzug gezwungen: Wenn wir dieses Leid nicht leugnen wollen (und wie könnten wir das), müssen wir uns, so Cleanthes, von der Vorstellung verabschieden, dass Gott *unendlich* vollkommen ist. Nur die Annahme, dass Gott zwar äußerst mächtig, weise und gut, aber eben nicht unendlich vollkommen ist, ermöglicht eine Erklärung für all die Schmerzen, die wir in der Welt vorfinden:

> Sofern wir jedoch die Vollkommenheit des Urhebers der Natur als endlich, wenngleich menschlicher Vollkommenheit weit überlegen betrachten, so ist eine zufriedenstellende Erklärung des natürlichen wie des moralischen Übels möglich, und jede widrige Erscheinung kann plausibel gemacht und eingeordnet werden. Es besteht dann die Möglichkeit, sich für ein geringeres Übel zu entscheiden, um einem größeren zu entgehen, oder Unannehmlichkeiten in Kauf zu nehmen um eines lohnenden Zieles willen. Kurzum: Güte, gelenkt durch Weisheit und eingeschränkt durch Notwendigkeit, könnte genau eine solche Welt hervorbringen wie unsere gegenwärtige. (Hume *Dialoge*, 106f.)

Philo erwidert ungerührt, auch dieses Zugeständnis reiche nicht:

> Man muß, so denke ich, folgendes einräumen: Wenn ein durchaus beschränkter Verstand, von dem wir annehmen wollen, daß er von unserem Universum keinerlei Kenntnis hat, die Versicherung besäße, daß es die Schöpfung eines sehr guten, weisen und mächtigen, wenngleich endlichen Wesens sei, so würde er sich *im voraus*, aufgrund seiner Vermutungen, von diesem Universum ein anderes Bild machen, als wir es in der Erfahrung vorfinden. Und er würde bloß von diesen Eigenschaften der Ursache aus, über die er Bescheid weiß, niemals auf die Idee kommen, daß die Wirkung so voller Laster, Elend und Unordnung sein könnte, wie es in diesem Leben den Anschein hat. (ebd., 107)

Der erste Schritt Humes lautet also: Wenn wir jemandem, der von unserer Welt keinerlei Kenntnis hat, erzählen, es gebe eine Welt, die von einem sehr guten, weisen und mächtigen, wenngleich endlichen Wesen geschaffen wurde, dann würde er nie auf die Idee kommen, dass diese Welt so voller Laster, Elend und Unordnung ist wie die unsere. Er würde sich vielmehr eine Welt vorstellen, die voller Frieden und Freude ist und die, wenn überhaupt, nur sehr wenig Leid und Elend enthält. Mit anderen Worten: Dass ein sehr gutes, weises und mächtiges, wenngleich endliches Wesen eine Welt schafft, die so voller Schmerz und Leid ist wie die unsere, ist äußerst unwahrscheinlich. Und weil das so ist, kann die Welt mit all den Übeln, die sie enthält, niemals ein Grund für die Annahme sein, dass sie von einem sehr guten, weisen und mächtigen, wenngleich endlichen Wesen geschaffen wurde – geschweige denn von einem allmächtigen, allwissenden und vollkommen guten Gott.

> Kurz, ich wiederhole meine Frage: Ist die Welt, insgesamt betrachtet und wie sie sich uns in diesem Leben darstellt, anders als jene Welt, die ein Mensch bzw. ein ähnlich beschränktes Wesen *im voraus* von einer sehr mächtigen, weisen und gütigen Gottheit erwarten würde? Es muß Zeichen eines merkwürdigen Vorurteils sein, diese Frage zu verneinen. Und hieraus folgere ich, daß die Welt, wie vereinbar sie unter Voraussetzung gewisser Annahmen und Hypothesen mit der Vorstellung von einer solchen Gottheit auch sein mag, uns niemals einen Schluß auf deren Existenz ermöglicht. Die Vereinbarkeit wird von mir nicht unbedingt geleugnet, lediglich die Ableitbarkeit. Hypothesen sind, insbesondere wo die Unendlichkeit von den göttlichen Eigenschaften ausgeschlossen wird, vielleicht ausreichend zum Beweis einer Vereinbarkeit; doch sie können niemals Grundlage einer Ableitung sein. (ebd., 109)

Selbst wenn es *möglich* ist, dass die Übel dieser Welt mit der Annahme der Existenz eines allmächtigen, allwissenden und vollkommen guten Gottes logisch vereinbar sind, spricht die Tatsache, dass unsere Welt so unermesslich viel Schmerz und Leid enthält, für sich genommen also ganz sicher *nicht für* die Annahme, dass sie von einem allmächtigen, allwissenden und vollkommen guten Wesen geschaffen wurde, ganz im Gegenteil. Das heißt, die Tatsache, dass unsere Welt so ist, wie sie ist, macht es *nicht wahrscheinlich*, dass es einen Gott im christlichen Sinne gibt.

Dieses Argument kann man mit Mitteln der modernen Wahrscheinlichkeitstheorie noch ein Stück weiter führen. Angenommen, wir haben es mit einem Ereignis E zu tun und wollen herausfinden, ob dieses Ereignis eher auf die Ursache U_1 (Hypothese H_1) oder auf die Ursache U_2 (Hypothese H_2) zurückzuführen ist; wir wollen also wissen, ob angesichts von E die Hypothese H_1 wahrscheinlicher ist oder die Hypothese H_2. Technisch gesprochen heißt das, dass wir uns für die bedingten Wahrscheinlichkeiten $p(H_1|E)$ und $p(H_2|E)$ interessieren. Nun lässt sich aufgrund von Bayes' Theorem

(BT) $\quad p(A|B) = [p(B|A) \times p(A)]/p(B)$

die bedingte Wahrscheinlichkeit $p(A|B)$ auf die umgekehrte bedingte Wahrscheinlichkeit $p(B|A)$ zurückführen. Wenn wir uns für die bedingten Wahrscheinlichkeiten $p(H_1/E)$ und $p(H_2/E)$ interessieren, ist es daher sinnvoll, zuerst die umgekehrten bedingten Wahrscheinlichkeiten $p(E/H_1)$ und $p(E/H_2)$ zu betrachten. Diese Werte nennt man die „Likelihood" von E bzgl. H_1 bzw. H_2.

Nehmen wir folgendes Beispiel. Beim Arzt erscheint ein Patient mit roten Flecken im Gesicht. Hat dieser Patient Masern oder nur eine Grippe? (Wir wollen annehmen, dass auch eine Grippe manchmal solche roten Flecken verursacht.) Unabhängig von differentialdiagnostischen Tests sollte sich der Arzt fragen: Wie wahrscheinlich ist es eigentlich, dass jemand mit Masern solche roten Flecken zeigt, und wie wahrscheinlich ist es, dass eine Grippe zu roten Flecken führt? Nehmen wir an, dass Masern in 95 % aller Fälle zu roten Flecken führen, eine

Grippe aber nur in 5 % aller Fälle, dann ist die Likelihood von roten Flecken bzgl. Masern p(rote Flecken|Masern) = 0,95 und die Likelihood von roten Flecken bzgl. Grippe p(rote Flecken|Grippe) = 0,05. Unter diesen Umständen ist es offenbar sinnvoll, wenn der Arzt davon ausgeht, dass der Patient an Masern leidet. Denn die Likelihood-Regel besagt:

(LR) Wenn zur Erklärung eines Phänomens E zwei rivalisierende Hypothesen H_1 und H_2 existieren, dann gilt: Wenn die Likelihood von E bzgl. H_1 – p(E/H_1) – deutlich größer ist als die Likelihood von E bzgl. H_2 – p(E/H_2) –, dann spricht E eher für H_1 als für H_2.

Genau genommen ergibt sich aus Bayes' Theorem natürlich, dass auch die Ausgangswahrscheinlichkeiten eine Rolle spielen, die man nicht außer Acht lassen darf – d. h., die Frage, wie oft Masern bzw. eine Grippe überhaupt vorkommen. Nehmen wir an, dass 10 % aller Menschen an Grippe erkranken, aber nur 0,1 % an Masern, dann ist nach Bayes' Theorem p(Masern|rote Flecken) = [0,95 × 0,001]/p(rote Flecken) = 0,00095/p(rote Flecken) und p(Grippe|rote Flecken) = [0,05 × 0,1]/p(rote Flecken) = 0,005/p(rote Flecken). In diesem Fall ist der zweite Wert also deutlich größer als der erste, und der Arzt sollte doch eher von einer Grippe ausgehen. Die Likelihoodregel ist also streng genommen nur anwendbar, wenn die Ausgangswahrscheinlichkeiten für die beiden Hypothesen H_1 und H_2 in etwa gleich sind. Aber sie kann mit Vorsicht auch in Fällen angewandt werden, in denen diese Ausgangswahrscheinlichkeiten nicht bekannt sind.

Man kann Hume durchaus so verstehen, dass er auf eine ähnliche Überlegung hinaus will. Es geht um die Hypothese

(H_1) Es gibt ein sehr gutes, weises und mächtiges, wenngleich endliches Wesen, das diese Welt erschaffen hat.

Wie stark wird diese Hypothese durch die Tatsache gestützt, dass unsere Welt so ist, wie sie ist – voller Elend, Schmerz und Leid? Um diese Frage zu beantworten, betrachten wir zunächst die Wahrscheinlichkeit, dass ein sehr gutes, weises und mächtiges, wenngleich endliches Wesen eine Welt wie die unsere schafft. Diese Wahrscheinlichkeit – die Likelihood einer Welt wie der unseren bzgl. H_1 – ist, so Hume, äußerst gering. Eine einzelne Likelihood ist aber nicht sehr aussagekräftig. Erst der Vergleich ermöglicht weitergehende Aussagen. Betrachten wir außer H_1 also auch die Hypothesen H_2 und H_3:

(H_2) Diese Welt wurde von einem äußerst mächtigen, wenngleich endlichen Wesen geschaffen, das allerdings gegenüber den Leiden seiner Geschöpfe völlig gleichgültig ist

und

(H_3) Unsere Welt, wie sie jetzt ist, hat sich – ohne Eingriff übernatürlicher Mächte – in einem rein natürlichen Prozess aus einem natürlichen Anfangszustand entwickelt.[7]

Wie steht es um die Likelihood unserer Welt bzgl. dieser beiden Hypothesen? Wie wahrscheinlich ist es, dass ein äußerst mächtiges, wenngleich endliches Wesen, das allerdings gegenüber den Leiden seiner Geschöpfe völlig gleichgültig ist, eine Welt wie die unsere schafft? Und wie wahrscheinlich ist es, dass ein rein natürlicher Entwicklungsprozess zu einer Welt wie der unseren führt? Wenn man unvoreingenommen ist, wird man zugestehen müssen, dass beide Wahrscheinlichkeiten deutlich höher sind als die Likelihood einer Welt wie der unseren bzgl. H_1. Da wir über die Ausgangswahrscheinlichkeiten der drei Hypothesen nichts wissen, können wir daher bei aller Vorsicht feststellen: Die Tatsache, dass unsere Welt so viel Schmerz und Leid enthält, spricht nicht für die Hypothese H_1, sondern viel eher für Hypothesen wie H_2 oder H_3.

Hume fügt eine wichtige Bemerkung hinzu. Die Ausgangsfrage ist: Gibt es Gründe für die Annahme, dass ein christlich verstandener Gott existiert? D. h., gibt es Tatsachen, die es für einen *unvoreingenommenen* Betrachter zumindest wahrscheinlich machen, dass es einen solchen Gott gibt? Bei der Beantwortung dieser Frage kommt es, so Hume, nicht darauf an, was *möglicherweise* der Fall ist und ob unser endlicher Verstand vielleicht nicht in der Lage ist, alle diese Möglichkeiten zu erfassen. Bei der Beantwortung der Frage müssen wir vielmehr allein von dem ausgehen, was uns zugänglich ist. Und dabei, so Hume, finden wir eben keinen Grund für die Hypothese, dass unsere Welt von einem allmächtigen, allwissenden und vollkommen guten Gott erschaffen wurde.

> Nehmen wir dagegen an (und so verhält es sich tatsächlich beim Menschen), dieses Wesen ist *nicht* im voraus vom Dasein eines höchsten, mit Güte und Macht begabten Geistes überzeugt, sondern muß diese Überzeugung aus den Erscheinungen der Dinge gewinnen. Dann ändert sich der Fall vollkommen, und das betreffende Wesen wird für eine solche Schlußfolgerung nie einen Grund finden. Es mag zwar von den engen Grenzen seines Verstandes uneingeschränkt überzeugt sein. Doch das nützt ihm nichts, wenn es darum geht, sich ein Bild von der Güte höherer Mächte zu machen; denn es muß sich dieses Bild machen aufgrund dessen, was es weiß, und nicht aufgrund dessen, wovon es keine Kenntnis hat. [...] Du bist deshalb darauf angewiesen, mit ihm lediglich auf der Basis der bekannten Erscheinungen zu argumentieren und jede willkürliche Annahme oder Vermutung fallenzulassen. (ebd., 108)

Wenn wir nur von dem ausgehen, was uns zugänglich ist – und dazu gehört neben dem vielen Schönen in der Welt auch das unermessliche Leid, das wir in ihr finden –, und wenn wir alle möglichen Gründe außer Acht lassen, die Gott haben könnte, dieses Leid zuzulassen (denn von diesen Gründen haben wir keine Kenntnis), sprechen die Tatsachen also deutlich gegen die Annahme, dass unsere Welt von einem Wesen geschaffen wurde, das seine Geschöpfe über alles liebt.

7.3 Theodizeeversuche

Auch wenn Gott allmächtig, allwissend und vollkommen gut ist, kann er nicht jedes Leid verhindern. Vielmehr muss er alles Leid zulassen, das zur Erlangung höherwertiger Güter logisch notwendig ist. Man kann sich, wenn man vom evidentiellen Problem absieht, mit der Feststellung begnügen, dass es zumindest nicht logisch ausgeschlossen ist, dass diese Bedingung für jeden Schmerz und jedes Leid erfüllt ist, die in unserer Welt vorkommen. (Auch wenn es einem schwer fallen mag, sich das angesichts von Katastrophen wie dem Erdbeben von Lissabon oder Verbrechen wie dem Holocaust vorzustellen.) Damit, meinen manche, sei zumindest das logische Problem des Übels erledigt. So schreibt z. B. Franz von Kutschera:

> Hier geht es jedoch nur [...] um die akademische Frage der rationalen Theologie, ob eine logische Unverträglichkeit zwischen dem Übel in der Welt und der Annahme der Allmacht, Allwissenheit und Güte Gottes besteht, und die haben wir negativ beantwortet. (F. v. Kutschera 1990, 61)

Viele Philosophen haben sich damit aber nicht begnügt. Sie haben sich vielmehr Gedanken darüber gemacht, *welche* Umstände es denn sein könnten, die es auch einem allmächtigen, allwissenden und vollkommen guten Gott unmöglich machen, Schmerz und Leid zu verhindern. Wenn solche Umstände vorliegen, ist Gott gerechtfertigt, Schmerz und Leid zuzulassen. Deshalb spricht man bei entsprechenden Überlegungen von Versuchen einer *Theodizee*[8] – Versuchen herauszufinden, welche Umstände Gott nicht nur darin rechtfertigen, Schmerz und Leid zuzulassen, welche Umstände es ihm vielmehr sogar unmöglich machen, diesen Schmerz und dieses Leid zu verhindern.

Manche Theodizeeversuche wirken allerdings ein bisschen verzweifelt. Nachdem Japan im Frühjahr 2011 von einem schweren Erdbeben mit nachfolgendem Tsunami heimgesucht wurde, hat der frühere Vorsitzende des Rates der Evangelischen Kirche in Deutschland, Wolfgang Huber, in dem Artikel „Angst, Fragen, Zweifel" versucht, Kindern die Frage zu beantworten, wie Gott das zulassen konnte. Auf die Frage, wo Gott denn während dieser Katastrophe gewesen sei, antwortet er:

> Er ist bei dem kleinen Mädchen, bei den Schiffspassagieren, bei dem einsamen Mann auf dem Hausdach [...]. Er ist auch bei einem alten Mann, der von lauter Trümmern umgeben ist. Inmitten dieser Trümmer seines bisherigen Lebens sagt der Mann: „Ich bete, dass es doch noch gut wird." [...] Wie ich den Alten am Fernsehschirm sprechen höre, spüre ich etwas von Gottes Nähe mitten in dem Chaos von Erdbeben, Tsunami und Atomgefahr. Ich spüre: Gott ist bei den Menschen in Not. (Huber 2011)

Kann das wirklich sein? Hier wird Gott als eine Person geschildert, die sich neben den Vater eines Kindes setzt, das gerade ertrunken ist, um ihn zu trösten, obwohl es vorher durchaus in ihrer Macht stand, das Kind zu retten. Aber das hat sie nicht getan. Warum nicht? Huber bietet folgende Erklärung an:

> Die Welt, in der wir leben, ist [...] keine heile, immer glückliche Welt. Es gibt in ihr nicht nur den plätschernden Bach, sondern auch den reißenden Tsunami. [...] Sie birgt auch Lavamassen, die sich plötzlich in einem Vulkanausbruch Raum schaffen. Zu ihr gehören auch Erdplatten, die sich gegeneinander verschieben und ein gewaltiges Erdbeben auslösen können, so wie jetzt in Japan. Die Erde, auf der wir leben, [...] bietet Raum für Schönes, das wir bewundern, für Gutes, das sich entwickeln kann. Doch ihre Kräfte können auch zerstörerisch wirken. Beides gehört zusammen. In dieser Spannung ist die Welt geschaffen. [...] Wenn [eine Naturkatastrophe] geschieht, darf man sich nicht ausmalen, Gott säße an einem Schalter, um solche Vorgänge in Gang zu setzen oder abzuschalten. Er hat der Natur mit ihren Gesetzen ihr eigenes Recht eingeräumt [...]. Mit den Gesetzen der Natur müssen wir rechnen – auch mit der Verschiebung von Erdplatten, mit Erdbeben und Tsunamis. (ebd.)

Noch einmal: Kann das wirklich sein? Gott hat der Natur mit ihren Gesetzen „ihr eigenes Recht" eingeräumt? Und jetzt kann oder will er nicht eingreifen, selbst wenn das Naturgeschehen zu unglaublichen Katastrophen führt? Huber zeichnet das Bild eines Gottes, dem die Geltung der Naturgesetze wichtiger ist als all das Leid, das durch sie hervorgerufen wird. Würden wir von einem Wesen, das so handelt und sich höchstens im Nachhinein bequemt, seine Geschöpfe zu trösten, wirklich sagen, dass es vollkommen gut ist? Ich kann nicht sehen, dass man diese Frage guten Gewissens bejahen kann.

Hubers Überlegung ähnelt sehr einem Argument, das besonders unter evangelischen Theologen weit verbreitet ist. In einer Fernsehdiskussion in der ARD am 18. November 2012 zum Thema „Unheilbar krank – Leben mit dem Tod" bemerkt der Moderator Günter Jauch, dass sich viele, bei denen eine lebensbedrohliche Krankheit diagnostiziert wird, doch die Frage stellen:

> ... Wie kann ein doch an sich liebender Gott so etwas zulassen? Ist das eine Prüfung Gottes? Oder ist das eine Strafe Gottes? ... Gott wäre doch in der Lage, uns allen ein Leben in Fülle zu schenken.

Darauf antwortet Margot Käßmann:

> Mein Gottesbild ist ein anderes; mein Gottesbild ist das, dass Gott selbst Leid kennt. Im Christentum ist es der Gott, der selbst am Kreuz stirbt und Ohnmacht erfährt. Und das ist der Gott, der Menschen Kraft geben will, mit dem Leid zu leben, das Leid anzunehmen und auch den Tod als Teil des Lebens anzunehmen. Also, diese Allmacht Gottes, die wir in Gedanken haben, und die Ohnmacht Gottes, die wir da am Kreuz sehen, zusammenzudenken, das ist ... theologisch die größte Herausforderung. Aber für mich ist Krankheit niemals

> Strafe ... Sondern Krankheit ist Teil dieses Lebens, Leid ist Teil des Lebens, Tod auch ... Aber hier in diesem Leben, glaube ich, dass Gott uns die Kraft geben will ..., dass Menschen mit Leid umgehen können, die Kraft haben, Leid zu tragen.

Margot Käßmann geht also einfach davon aus, dass es Schmerz, Leid und Tod gibt. Die Frage, warum das so ist, stellt sie sich nicht. Gott, so ihre Theodizee, bemüht sich, uns das Leiden erträglich zu machen, uns zu helfen, mit dem Leid umzugehen, die Kraft zu haben, das Leid zu ertragen. Dafür nimmt er sogar in Kauf, dass sein eigener Sohn Mensch wird, am Kreuz qualvoll stirbt und eine Situation tiefster Ohnmacht erfährt. Aber diese Sichtweise ist höchst eigenartig. Auch die evangelische Theologie leugnet doch nicht, dass Gott die Welt erschaffen hat. Und wenn diese Welt so viel Schmerz und Leid enthält, muss man daher die Frage stellen, warum das so ist. Was hat Gott sich dabei gedacht? Und hätte er nicht wenigstens die allerschlimmsten Übel verhindern können? Huber jedenfalls gibt eine – wenn auch unbefriedigende – Antwort: Gott hat der Natur „ihr eigenes Recht" eingeräumt. Käßmann und viele andere dagegen weigern sich einfach, die Frage, woher das Leid kommt, überhaupt ernst zu nehmen.

Schon Hume war der Meinung, dass es zu den vier wichtigsten Ursachen all der Leiden gehört, von denen die Welt übervoll ist, „daß die Welt nach allgemeinen Gesetzen gelenkt wird – was für ein ganz und gar vollkommenes Wesen keineswegs notwendig erscheint" (Hume *Dialoge*, 111). Wäre es nicht häufig besser, wenn Gott wenigstens ein klein wenig eingreifen würde – so wenig, dass es selbst der geschulte Beobachter kaum merken würde?

> Ein Wesen, das die geheimen Triebkräfte des Weltalls kennt, müßte daher mit Leichtigkeit alle diese Umstände durch einzelne Willensakte zum Besten des Menschen wenden und die ganze Welt glücklich machen können, ohne sich irgendwie zu verraten. Eine Flotte, deren Vorhaben der Gesellschaft Nutzen bringt, könnte stets günstigen Wind haben. Gute Fürsten könnten sich vorzüglicher Gesundheit und eines langen Lebens erfreuen. Für Macht und Ansehen bestimmte Personen könnten mit einem guten Charakter und tugendhaften Anlagen ausgestattet sein. Einige wenige Vorkehrungen dieser Art, regelmäßig und mit Umsicht durchgeführt, würden das Gesicht der Welt verändern. Und doch würden sie, so scheint es, nicht stärker den Lauf der Natur stören oder die menschliche Lebensführung in Verwirrung bringen als die gegenwärtige Einrichtung der Dinge, wo die Ursachen verborgen, komplex und wechselhaft sind. Ein paar einfache Manipulationen am Gehirn des noch jungen Caligula hätten aus ihm einen Trajan machen können. Eine einzige Welle, ein wenig höher als die anderen, hätte Cäsar und sein Geschick auf dem Grund des Meeres begraben und damit einem beträchtlichen Teil der Menschheit die Freiheit zurückgeben können. (ebd., 111f.)

Mir scheint, dass der Religionsskeptiker Hume hier die Dinge wieder viel klarer sieht als manche, die versuchen, uns davon zu überzeugen, dass Gott alle Übel dieser Welt zu Recht zulässt. Offenbar kann Gott – auch gegen die Naturgesetze – in den Lauf der Natur eingreifen, ansonsten wären Wunder ja nicht möglich. Wenn er das nicht tut – nicht einmal um schlimmste Katastrophen zu vermeiden –, lässt sich das nur so erklären, dass ihm die uneingeschränkte Geltung der Naturgesetze wichtiger ist als das durch sie verursachte Leid. Und das ist mit unserem Begriff von Liebe und Güte sicher nicht vereinbar.

Auch viele ältere Theodizeeversuche wirken nicht überzeugender. So schreibt etwa Augustinus im *Gottesstaat*:

> Denn Gott hätte nicht einmal einen Menschen, geschweige denn einen Engel geschaffen, dessen künftige Bosheit er vorausgewußt, wenn er nicht ebenso wüßte, wie er sich ihrer zum Frommen der Guten bedienen und so die Weltordnung wie ein prachtvolles Gedicht auch mit Hilfe von Antithesen sozusagen ausschmücken würde. Die sogenannten Antithesen sind nämlich die hübschesten unter den Schmuckformen der Rede; man könnte sie auf lateinisch „opposita" oder besser „contraposita" nennen, doch ist diese Bezeichnung bei uns nicht gebräuchlich, obwohl sich auch der lateinische Stil, ja die Sprache aller Völker dieses Redeschmuckes bedient. [...] Wie also solche Gegenüberstellung von Gegensätzen die Schönheit des Stiles ausmacht, so ist auch die Schönheit des Weltalls gefügt durch Gegenüberstellung von Gegensätzen mit einer Stilkunst, die nicht mit Worten, sondern mit Dingen arbeitet. Ganz deutlich ist dieser Gedanke ausgesprochen im Buch Ecclesiasticus und zwar also: „Dem Bösen steht das Gute gegenüber und dem Tode das Leben; so dem Frommen der Sünder. Und auf diese Weise sollst du alle Werke des Höchsten betrachten, paarweise, eines dem andern gegenüber". (Augustinus *Gottesstaat*, Buch 11, Kap. 18)

Augustinus nimmt also an, dass die Welt durch die Anwesenheit von Schmerz und Leid insgesamt schöner wird, dass eine Welt, in der es nicht nur Gutes, sondern auch Schlechtes gibt, alles in allem stilvoller ist. Auch dieses Argument kann sein Ziel nicht erreichen. Selbst wenn man zugesteht, dass eine Welt, in der es nicht nur Freude und Glück, sondern auch Schmerz und Leid gibt, „stilvoller" und „schöner" ist, würden wir eine Person, die aus sozusagen ästhetischen Gründen in Kauf nimmt, dass Menschen bei einem Erdbeben qualvoll zu Tode kommen, wirklich gut nennen?

In theologischen Diskussionen wird zur Rechtfertigung von Leid und Schmerz oft auf Ijob und die Erbsündenlehre verwiesen. Ijob wird als Beispiel für einen Fall angeführt, in dem Gott jemandem die fürchterlichsten Übel auferlegt, um zu prüfen, ob er auch dann noch an seinem Glauben an ihn und sein Vertrauen in ihn festhält. Übel werden hier also gerechtfertigt als Mittel zur Prüfung der Festigkeit des Glaubens einer Person. Auch das ist kaum glaublich. Zunächst: Was ist das eigentlich für ein Gott, dem es so wichtig ist, dass Menschen auch noch in den widrigsten Situationen an ihrem Glauben an ihn festhalten? Wirklich entscheidend ist aber: Im Fall Ijob wird ja nicht nur Ijob selbst, sondern auch anderen Menschen – seinen Kindern – großes Leid zugefügt. Er verliert zuerst seinen ganzen Besitz, dann aber auch alle seine Kinder – seine sieben Söhne und drei Töchter kommen durch einen Hauseinsturz ums Leben. Kann jemand gut genannt werden, der um die Glaubensfestigkeit einer Person zu prüfen, völlig Unbeteiligte – möglicherweise qualvoll – zu Tode kommen lässt?

Augustinus hat neben der These, dass Übel die Welt verschönen, auch die These vertreten, dass alles, was man „Übel" nennt, entweder Sünde oder Sündenstrafe ist.[9] Das kann erstens heißen: Schmerz und Leid sind nichts anderes als die gerechte Strafe, die Gott jedem Sünder auferlegt, da er gerecht ist. Doch diese Annahme widerspricht dem, was wir tagtäglich erfahren. Kreiner bemerkt:

> Der massivste Einwand gegen die individuelle Vergeltungslogik besteht [...] darin, daß es allem Anschein nach Sündern gut ergehen kann, während umgekehrt Gerechte und Gottesfürchtige häufig Unrecht erleiden müssen. Gott „läßt seine Sonne aufgehen über Bösen und Guten, und er läßt regnen über Gerechte und Ungerechte". Die konkrete Erfahrung des Leids scheint der individuellen Vergeltungslogik zu widersprechen, denn ohne Unterschiede des sittlichen Verhaltens kann das Unheil alle Menschen treffen. Im Falle Erwachsener kann man dieser Aporie eventuell noch dadurch entgehen, daß man – wie die Freunde Ijobs – eine verborgene Schuld unterstellt. Im Falle von Kindern bleibt dieser Ausweg jedoch definitiv versperrt, sofern und weil sie in einem Alter sind, in dem sie noch keine sittlichen Entscheidungen treffen und daher gar nicht sündigen können. (Kreiner 2005, 147)

Und etwas später noch einmal:

> Die individuelle Vergeltungslogik, wonach Leid im wesentlichen zur Bestrafung der eigenen Sünden dient, erweist sich als nicht überzeugend. In ihr manifestiert sich zwar die tiefverwurzelte Sehnsucht, in diesem Leben möge es gerecht zugehen. Sie scheitert aber hoffnungslos an der Erfahrung des universalen Leids, das unterschiedslos alle betreffen kann, vor allem aber am Leiden der Kinder, die vor der Erreichung sittlicher Reife nicht sündigen können, dennoch aber vielfältigen Leiden unterworfen sind. Sie scheitert schließlich auch am Leid der Tiere, das nicht als Folge ihrer Sünden gedeutet werden kann. Gemessen am Ausmaß zahlloser Leiden erscheinen die davon Betroffenen ohnehin als „unschuldig": „Es gibt Schmerzen, die jede Form von Schuld unendlich übersteigen." [D. Sölle, *Leiden*, Stuttgart-Berlin 1986, 35f.] (ebd., 155f.)

Augustinus sieht diesen Einwand und modifiziert deshalb seine These: Schmerz und Leid sind nicht die gerechte Strafe, die Gott jedem Sünder für seine *eigenen* Taten auferlegt; sie sind die Strafe für die *Erbsünde*, an der alle Menschen teilhaben. Nun ist die Idee der Erbsünde an sich schon äußerst fragwürdig. Man kann zwar Schulden erben; aber Schuld? Setzt Schuld nicht individuelles freies Handeln voraus? Kreiner schreibt:

> Die kollektive Vergeltungslogik setzt in jeder Form ein höchst problematisches Gerechtigkeitsverständnis voraus, das nicht erst dem modernen moralischen Empfinden wider-

spricht, sondern weitgehend auch der voraugustinischen Tradition und natürlich den pelagianischen Kontrahenten Augustins. Danach kann es nicht gerecht sein, den einzelnen für die Sünden seiner „Väter" oder für die Sünden der Stammeltern zu bestrafen bzw. leiden zu lassen. In höchstem Maße ungerecht wäre insbesondere eine ewige Höllenstrafe aufgrund von Sünden, die von anderen begangen wurden. Dieser Einwand ließe sich durch eine Hinterfragung des zugrundeliegenden Gerechtigkeitsverständnisses ausräumen. Dies würde aber die Konsequenz nach sich ziehen, daß Gottes Handeln in einem Sinn „gerecht" ist, der nach dem geläufigen Verständnis eindeutig als „ungerecht" zu bezeichnen ist. Diese Veränderung der Bedeutung des Gerechtigkeitsbegriffs hätte vernichtende Konsequenzen für das Verständnis der sittlichen Vollkommenheit Gottes. Aus diesem Grund führt eine Relativierung des angeblich modernen Gerechtigkeitsverständnisses an dieser Stelle ebenfalls nicht weiter. (ebd., 158f.)

Auch dieser Einwand war Augustinus bekannt. Schon sein Zeitgenosse Julian von Aeclanum hatte – gut analytisch – gegen ihn argumentiert:[10] Wenn man über die Erbsünde reden will, muss man sich zunächst darüber klar werden, was denn überhaupt mit „Sünde" gemeint sein soll.

Dann macht Julian einen taktisch geschickten Zug; er legt die Definition von „Sünde" zugrunde, die Augustin in seiner Schrift *De duabus animabus* vorgeschlagen hatte. Diese Schrift stammt aus den Jahren 391/392; damals hatte Augustin noch nicht die Gnadenlehre von 397 entwickelt. In diesem Text hatte Augustin „Sünde" definiert als Willensentscheidung, zu tun oder zu lassen, was die Gerechtigkeit verbietet. Er hatte hinzugefügt, von „Wille" könne man nicht reden, wenn er nicht frei sei. Es ist klar: Diese Definition der Sünde ist unvereinbar mit der Vorstellung ererbter Sünde. Wo kein freier Wille, da ist keine Schuld. Das ist keineswegs, wie man gemeint hat, eine moderne Annahme; es ist die ausdrückliche Lehre Augustins vor 396, an die Julian erinnert. Ein Neugeborenes, insistiert er, hat noch keinen freien Willen, wie sollte es Schuld haben? (Flasch 2008, 27)

Augustinus reagiert mit einer zweifelhaften Unterscheidung zwischen der Sünde Adams, die ganz im Sinne seiner eigenen Definition auf einer freien Entscheidung beruhte, und den Sünden seiner Kinder, die zugleich Sünden und Sündenstrafen seien. Doch bei dieser zweiten Art von Sünde fehlt jede Möglichkeit, sie zu unterlassen. Und kann man für etwas – so massiv – bestraft werden, das man gar nicht vermeiden konnte?

Doch Augustinus hat noch ein zweites Argument gegen seine Kritiker: Dass die Welt voller Übel, voller Schmerz und Leid ist, ist unbezweifelbar. Wenn man von der Annahme ausgeht, dass es einen allmächtigen und allwissenden Gott gibt, der darüber hinaus vollkommen gerecht, wenn auch vielleicht nicht vollkommen barmherzig ist, dann ist die These, dass alle Übel in der Welt Strafen Gottes sind, die einzig mögliche Erklärung. Die Erbsündenlehre folgt also zwingend aus der Existenz des Übels und der Annahme Gottes. Doch dieses Argument kann man natürlich auch umkehren: Wenn die Existenz des Übels unbezweifelbar und die Erbsündenlehre – unter der Annahme der Existenz Gottes – die einzig mögliche Erklärung für das Übel ist, dann muss die Annahme, dass es einen Gott im christlichen Sinn gibt, falsch sein, da die Erbsündenlehre in sich inkonsistent ist.[11] Mir scheint klar, dass die Annahme, dass Gott jemanden für etwas bestraft, das er gar nicht begangen hat, nicht zu halten ist, und deshalb ist nur die Umkehrung des Augustinischen Arguments plausibel. Allerdings kann man dem Schluss auf die Nichtexistenz Gottes auch dadurch ausweichen, dass man die Annahme aufgibt, die Erbsündenlehre sei die einzig mögliche Erklärung für das Übel, das wir in der Welt vorfinden.

In der neueren Diskussion spielen zwei Theodizeeversuche eine besondere Rolle – das *Argument der Willensfreiheit* (die *free will defence*), das unter anderem von Alvin Plantinga vertreten wird,[12] und die *irenäische Theodizee* von John Hick. Das Argument der Willensfreiheit besagt: Eine Welt, in der es Wesen gibt, die in ihren Entscheidungen und Handlungen frei sind, ist besser als eine Welt, in der das nicht der Fall ist. Bei wirklich freien Wesen kann aber selbst Gott nicht verhindern, dass sie sich manchmal zum Schlechten entscheiden und deshalb durch ihre Handlungen anderen Leid zufügen. Deshalb ist es zumindest möglich, dass eine Welt, in der es Leid und Schmerz gibt, besser ist als alle möglichen Welten, in denen das nicht der Fall ist – unter anderem deshalb nicht, weil es in diesen Welten keine freien Wesen gibt.

Bei der Beurteilung des Arguments der Willensfreiheit muss man zunächst unterscheiden zwischen Fällen von Leid und Schmerz wie dem Holocaust oder dem Massaker des Anders Breivik, die auf das Handeln freier Wesen zurückgehen, und Fällen wie dem Erdbeben von Lissabon oder dem Tsunami 2004 im indischen Ozean, die auf natürlichen Ursachen beruhen. Bei Fällen der ersten Art spricht man von *moralischen*, bei Fällen der zweiten Art von *natürlichen Übeln*. Auf den ersten Blick sieht es so aus, als läge eine entscheidende Schwäche des Arguments der Willensfreiheit schon darin, dass es bestenfalls die Existenz moralischer Übel erklären kann. Allerdings kann man diesen Einwand durch die Hypothese vermeiden, dass die natürlichen Übel vielleicht auch auf das Handeln freier Wesen zurückgehen – etwa auf das Wirken rebellierender Geister oder gefallener Engel.[13] Das ist zwar nur eine sehr gewagte *ad hoc*-Hypothese,[14] aber lassen wir diesen Einwand trotzdem auf sich beruhen.

Ein weiterer schwerwiegender Einwand ergibt sich aus der Frage, ob man der These, eine Welt, in der es Wesen gibt, die in ihren Entscheidungen und Handlungen frei sind, sei auf jeden Fall besser als eine Welt, in der das nicht der Fall ist, wirklich uneingeschränkt zustimmen kann. Norbert Hoerster schreibt etwas sarkastisch:

> Wenn man mit dieser [These] konfrontiert wird, drängt sich spontan die Frage auf, ob eine Welt ohne menschliche Willensfreiheit wirklich schlechter wäre als die tatsächliche Welt mit solchen moralischen Übeln wie dem Holocaust. Dies hängt angesichts des ohne Zweifel immens *negativen* Werts solcher Übel natürlich davon ab, wie *hoch* man demgegenüber den *positiven* Wert der menschlichen Willensfreiheit zu veranschlagen bereit ist. Die Vermutung ist naheliegend, daß über eine so ausgefallene Wertungsfrage ein rational vermittelter Konsens zwischen den beiden Positionen gar nicht erreichbar ist. Ich könnte mir allerdings vorstellen, daß sogar ein Theologieprofessor [...], was den Wert der Willensfreiheit Hitlers angeht, dann ins Grübeln käme, wenn er selbst und seine Kirchenoberen die Opfer wären. (Hoerster 2005, 103f.)

Ein dritter Einwand beruht darauf, dass die Vertreter des Arguments der Willensfreiheit offenbar von einem inkompatibilistischen Freiheitsverständnis ausgehen, demzufolge freie Entscheidungen und Handlungen nicht determiniert sein können. Dieses Freiheitsverständnis ist allerdings nicht unumstritten. Kompatibilisten etwa haben zu zeigen versucht, dass Freiheit entscheidend von Bedingungen abhängt, die mit Determiniertheit durchaus vereinbar sind.[15] Und wenn diese kompatibilistische Analyse von Freiheit richtig ist, fehlt dem Argument der Willensfreiheit jede Grundlage.

John L. Mackie hat gegen das Argument der Willensfreiheit unter anderem eingewandt, dass das, was Menschen tun, ganz wesentlich von ihrem Charakter abhängt.[16] Mutter Teresa etwa wäre nie in der Lage gewesen, Menschen absichtlich Schmerz zuzufügen; sie hatte zwar die Freiheit dazu; aber sie hätte es nie getan. Daniel Dennett berichtet von sich, dass er niemals ein Kind quälen würde, selbst wenn man ihm tausend Dollar dafür bieten würde.[17] Al Capone dagegen hatte offenbar keine Skrupel, Menschen selbst umzubringen oder umbringen zu lassen, und das gilt ebenso für Adolf Eichmann und Anders Breivik. Trotzdem spricht – zumindest *prima facie* – alles dafür, dass alle diese Menschen in gleicher Weise frei waren. Hätte Gott nicht eine Welt schaffen können, in der alle freien Wesen einen guten Charakter haben und deshalb nichts Böses tun, obwohl sie frei dazu wären? Und wäre diese Welt nicht besser als die, in der wir tatsächlich leben?

Ein letzter in meinen Augen entscheidender Einwand gegen das Argument der Willensfreiheit ist wieder von Hume inspiriert.[18] Wenn ich mich frei entscheide, jemanden zu töten, dann führt diese Entscheidung noch nicht unmittelbar zum Tod dieser Person. Vielmehr muss ich mir erst eine Waffe besorgen und auf eine günstige Gelegenheit warten; ich lege an und drücke ab; aber noch immer ist nicht sicher, dass die Person, die ich töten möchte, auch tatsächlich stirbt. Denn ob die Kugel, die ich abfeuere, am Ende tödlich wirkt, hängt von vielen Umständen ab, die mir zum Teil nicht einmal bekannt sind – ob ein plötzlicher Windstoß die Kugel ablenkt; ob sich die Person, die ich töten will, unversehens duckt, um etwas aufzuheben; ob ein Gegenstand, der plötzlich zwischen mir und meinem Opfer auftaucht, die Kugel abfängt usw. Mit anderen Worten: Gott hat auch, wenn die freie Entscheidung schon getroffen und die Kugel vielleicht sogar schon abgefeuert wurde, immer noch viele Möglichkeiten, das Übel, das sie anrichten wird, zu verhindern. Durch ein solches Eingreifen Gottes würde ich in meiner Freiheit in keiner Weise eingeschränkt, und es würde auch an meiner Schuld nichts ändern. Vor Gericht würde ich vielleicht zwar nicht wegen Mordes, sondern nur wegen versuchten Mordes verurteilt; aber die Entscheidung zum Mord hatte ich schon getroffen und ich hatte die Waffe auch schon abgefeuert; was mich schuldig macht, ist also schon geschehen.

> [Gott] könnte in einem Fall wie dem des Holocaust, in dem die von ihm zwar nicht beabsichtigten, jedoch durchaus in Kauf genommenen „Kollateralschäden" der Willensfreiheit extreme Ausmaße annehmen, kraft seiner Allmacht ohne weiteres durch ein korrigierendes Wunder in den Weltverlauf eingreifen. Und zwar könnte er dies häufig sogar a) in der Weise tun, daß der Eingriff den Menschen lediglich als Zufall erscheinen muß und insofern ihr Vertrauen in einen gesetzmäßigen Weltverlauf unberührt läßt, und b) zu einem Zeitpunkt tun, der *zwischen* der betreffenden freien Handlung selbst und ihren schlimmen Auswirkungen liegt, so daß er die Auswirkungen nicht nur bereits mit Sicherheit voraussehen (und also abwenden) kann, sondern daß er außerdem die Handlung selbst als einen dem Täter zuzurechnenden (wenngleich erfolglosen) Versuch in dessen moralisches Schuldregister aufnehmen kann. (Hoerster 2005, 106f.)

Ich kann nicht sehen, wie man leugnen kann, dass eine Welt, in der Gott auf diese Weise den Holocaust und viele andere schreckliche Verbrechen verhindert und die Auswirkungen vieler Naturkatastrophen abgemildert hätte, besser wäre als die Welt, in der all diese Dinge tatsächlich passieren.

Alvin Plantinga hat allerdings in neuester Zeit auf diesen und ähnliche Einwände folgendermaßen repliziert:

> Nach christlicher Lehre war Gott, das allmächtige erste Wesen des Universums und der Schöpfer aller anderen Dinge, willens, selbst enormes Leid auf sich zu nehmen, um die Geschöpfe zu erlösen, die sich von ihm abgewandt hatten. Er erschuf menschliche Wesen; aber diese rebellierten gegen ihn und handelten gegen seinen Willen. Doch statt sie wie irgendein orientalischer Monarch zu behandeln, schickte er seinen Sohn, das Wort, die zweite Person der Dreifaltigkeit, auf die Welt. Das Wort ist Fleisch geworden und hat unter uns gewohnt. Er wurde der Lächerlichkeit preisgegeben, zurückgewiesen, und starb am Ende einen grausamen und erniedrigenden Tod am Kreuz. Und so furchtbar dies auch war, Jesus, das Wort, der Sohn Gottes, erlitt noch etwas viel Schrecklicheres: Er wurde von Gott verlassen, von seiner Liebe und Zuneigung ausgeschlossen: „Mein Gott, mein Gott, warum hast Du mich verlassen?" All dies nur, um die Menschen in die Lage zu versetzen, sich mit Gott zu versöhnen und das ewige Leben zu erwerben. Diese überwältigende Entfaltung von Liebe und Erbarmen ist nicht nur die größte Geschichte, die je erzählt wurde; es ist die größte Geschichte, die überhaupt erzählt werden *kann*. Keine andere groß-machende Eigen-

schaft der Welt kann diese auch nur erreichen. Wenn das so ist, enthalten jedoch gerade die besten möglichen Welten die Fleischwerdung und das Sühneopfer Christi, auf jeden Fall das Sühneopfer Christi. Aber jede Welt, in der das Sühneopfer Christi vorkommt, enthält Sünde und Böses und die daraus folgenden Leiden und Schmerzen. Außerdem, wenn das Heilmittel der Krankheit entsprechen soll, wird eine solche Welt eine große Menge Sünde enthalten und eine große Menge Leid und Schmerz. (Plantinga 2011b, 58f.)

Mit anderen Worten: Die vielen Übel und das große Leid in dieser Welt sind notwendig, damit Gott seinen eigenen Sohn in diese Welt schickt, so dass der Sohn durch seinen Opfertod die Menschheit mit Gott versöhnen kann. Und: Eine Welt, in der Gott selbst ein solches Opfer auf sich nimmt, ist allemal besser als jede Welt ohne Leid und Schmerz! Ich denke, die einzig angemessene Reaktion kann hier nur *ungläubiges Staunen* sein. Schon die Annahme, dass die Verfehlungen der Menschen, die gegen Gott rebellieren und sich von ihm abwenden, nur durch ein großes blutiges Opfer gesühnt werden können, ist überholten antiken Denkformen geschuldet.[19] Wenn Gott wirklich so groß und so gut ist, wie angenommen wird, warum dann dieses Sühneopfer? Kann er über die Verfehlungen der Menschen nicht großmütig hinwegsehen und den Menschen einfach verzeihen? Warum ist es ihm überhaupt wichtig, ob die Menschen gegen ihn rebellieren oder nicht? Eins ist sicher: Schaden können wir Gott nicht. Es könnte ihm also völlig egal sein, ob wir seinen Befehlen gehorchen. Und warum gibt er uns überhaupt Befehle? Nur wenn man Gott eben doch als eine Art orientalischen Despoten betrachtet, wird verständlich, warum er Widerspruch und Auflehnung auf so erschreckende Weise bestraft, und nur wenn man dem antiken Denkmuster verhaftet bleibt, dass jede Verfehlung durch eine Ausgleichshandlung gesühnt werden muss, damit die Weltordnung wieder hergestellt ist, wird klar, warum die Sünden der Menschheit durch ein Versöhnungsopfer aufgehoben werden müssen. Wenn man sich von diesen Denkmustern löst und zugleich von einem über alle Maßen liebenden, barmherzigen und großmütigen Gott ausgeht, wird dagegen völlig unverständlich, welchen Sinn die Menschwerdung und der Kreuzestod Jesu haben soll. Die Geschichte von der Menschwerdung und dem grausamen Tod des Sohnes Gottes ist nicht „die größte Geschichte, die je erzählt wurde"; es ist auch nicht „die größte Geschichte, die überhaupt erzählt werden *kann*" (ebd.). Es ist, wenn man Gott tatsächlich als ein allmächtiges, allwissendes und vollkommen gutes Wesen denkt, eine *völlig unverständliche* Geschichte.

Kommen wir schließlich noch auf den Theodizeeversuch von John Hick zu sprechen, den Hick selbst „irenäisch" nennt, weil er sich mit seinen Überlegungen auf den Kirchenvater Irenäus bezieht und damit zugleich von Augustinus abgrenzt. Augustinus, das hatten wir gesehen, führt die Existenz von Schmerz, Leid und Tod auf die Erbsünde zurück. Aber neben vielen anderen Schwierigkeiten ist die Erbsündenlehre mit Annahmen über die Entstehung der Welt verbunden, die heute äußerst unplausibel erscheinen. Am Anfang, so diese Annahmen, schuf Gott das Paradies und gab es Adam und Eva, damit sie darin ein glückliches Leben führen könnten; Adam und Eva aber ließen sich vom Teufel zur Sünde verführen; und zur Strafe versetzte Gott sie aus dem Paradies in die Welt, die wir kennen.

> Die meisten gebildeten Bewohner der modernen Welt betrachten die biblische Erzählung von Adam und Eva und ihrer Versuchung durch den Teufel eher als Mythos denn als Geschichte, und sie sind davon überzeugt, dass die Menschheit nicht ursprünglich in einem Zustand endlicher Vollkommenheit erschaffen wurde, von dem sie dann abfiel, sondern dass die Menschheit aus niedrigen Lebensformen entstand und sich aus einem in moralischer, spiritueller und kultureller Hinsicht primitiveren Zustand entwickelte. Sie lehnen außerdem die Vorstellung als unglaubwürdig ab, dass Erdbeben, Überschwemmungen, Krankheiten und Verfall die Folgen entweder des Falls von Menschen oder eines vorausgehenden Falls von Engeln sind, die gegenwärtig einen üblen Einfluss auf der Erde ausüben. Sie betrachten all diese Vorstellungen als Teil eines vorwissenschaftlichen Weltbildes [...]. Streng genommen kann man zwar keinen dieser alten biblischen Mythen und Sagen oder deren selbstbewusste Elaborationen im mittelalterlichen christlichen Weltbild widerlegen. Wem aber die daraus resultierende Theodizee, selbst wenn sie logisch möglich sein sollte, radikal unplausibel erscheint, muss sich anderswo nach einer Lösung des Problems des Übels umsehen. (Hick 2010, 90)

Warum könnte Gott die Welt so geschaffen haben, wie sie sich uns heute darstellt? Hicks Antwort beruht auf der Annahme, man müsse bei der Schöpfung zwei Phasen unterscheiden. In der ersten Phase entwickelt sich der Mensch auf evolutionäre Weise aus seinen Vorfahren in der Tierwelt. Das Ergebnis ist ein Wesen, das auf „einzigartige Weise intelligent" ist.

> Außerdem ist der Mensch ein ethisches Lebewesen, also ein sowohl geselliges als auch intelligentes Lebewesen, das in der Lage ist, die komplexen Anforderungen des sozialen Lebens wahrzunehmen und darauf zu reagieren. Der Mensch ist darüber hinaus ein religiöses Lebewesen, mit einer angeborenen Tendenz, die Welt unter dem Aspekt der Gegenwart und des Handelns übernatürlicher Wesen und Mächte zu erfahren. Der frühe *homo sapiens* ist also ein intelligentes soziales Lebewesen, das dazu in der Lage ist, das Göttliche zu erfahren. (ebd., 91)

Am Ende der ersten Phase ist der Mensch also ein „spirituell und moralisch unfertiges" Geschöpf, das jedoch aufgrund seiner besonderen Fähigkeiten in der Lage ist, in einer zweiten Phase durch eigene Entscheidung und eigenes Tun zu dem zu werden, zu dem Gott ihn eigentlich bestimmt hat. Dabei geht es nach Hick hauptsächlich um zwei Dinge. Erstens möchte Gott, dass es dem Menschen durch eigene Anstrengung gelingt, ihn, Gott, zu erkennen und zu lieben. Dazu ist das nötig, was Hick „epistemische Distanz" nennt. Wenn Gott seinen Geschöpfen unmittelbar gegenwärtig wäre, wären sie durch diese Gegenwart so überwältigt, dass sie keinerlei Freiheit in ihrer Beziehung zu Gott hätten (ebd., 92). Nur wenn Gott sich verbirgt, haben die Geschöpfe Gottes die Freiheit, ihn anzuerkennen, aber auch die Freiheit, ihn zu bezweifeln. Nur dann können sie sich aus freien Stücken entscheiden, Gott „zu erkennen und zu lieben" (ebd., 93).

Das zweite, was Gott möchte, ist, dass sich der Mensch durch eigene Anstrengung moralisch vervollkommnet. Warum schafft Gott den Menschen nicht von Anfang an als vollkommen tugendhaftes Wesen? Weil, so Hick, „Tugenden, die sich jemand aufgrund seiner eigenen Entscheidungen in Situationen voller Herausforderungen und Versuchungen hart erarbeitet hat, intrinsisch wertvoller sind als Tugenden, die fix und fertig und ohne jede Anstrengung seinerseits in ihm erschaffen wurden" (ebd., 94). Eine Welt, in der zunächst moralisch unvollkommene Wesen durch eigenes Tun immer mehr Tugenden erwerben, ist in Hicks Augen also besser als eine Welt, in der diese Wesen ohne eigenes Zutun von Anfang an als vollkommen tugendhaft erschaffen wurden. Damit sind moralische Übel aber unvermeidbar. Denn ein Wesen ist ja gerade dann moralisch unvollkommen, wenn es – wahrscheinlich um des eigenen Vorteils willen – andere Wesen missachtet und ihnen sogar Leid und Schmerz zufügt.

Und was ist der Grund für die natürlichen Übel? Warum hat Gott die Welt nicht als Paradies erschaffen, als einen Ort, an dem es weder Schmerz noch Leid gibt und das Leben keinerlei Strapazen, ja nicht einmal Anstrengungen erfordert? Weil, so Hick, in einer solchen Welt moralische Weiterentwicklung nicht stattfinden könnte. Wo die Möglichkeit zu Schmerz und Leid fehlt, gibt es auch keine moralisch richtigen und falschen Handlungen.

> Die Hypothese, wonach die Absicht Gottes darin besteht, endliche Personen in einer epistemischen Distanz zu ihm zu erschaffen, damit sie kraft ihrer eigenen moralischen und spirituellen Entscheidungen schrittweise zu Gotteskindern werden können, erfordert eine Umwelt, die kein leid- und stressfreies Paradies ist, sondern in etwa so beschaffen ist wie die Welt, in der wir uns tatsächlich befinden. Diese Hypothese erfordert eine Welt, in der sich das theologische Problem des Übels stellt. Sie erfordert eine Umwelt mit Herausforderungen, die zu bewältigen sind, mit Problemen, die zu lösen sind, und mit Gefahren, die zu bestehen sind; also eine Umwelt, in der sowohl Mühsal, Unglück, Scheitern, Niederlage und Not möglich sind als auch Freude, Glück, Erfolg, Triumph und Gelingen. Es ist gerade die Auseinandersetzung mit den realen Problemen in einer realen Umwelt, die eine Person zu einer Lebensform unter vielen macht. Diese Umwelt wurde nicht zu dem Zweck geschaffen, ausschließlich dem eigenen Wohlbefinden zu dienen, sondern dazu, Intelligenz, Mut und Entschlossenheit zu entwickeln. Gerade in den Beziehungen zwischen den Menschen und im Kampf um Überleben und Wohlergehen können die höheren Werte der gegenseitigen Liebe und Fürsorge, der Selbstaufopferung für andere und des Engagements für ein gemeinsames Gut entwickelt werden. (ebd., 98)

Der naheliegendste Einwand gegen diese Überlegungen liegt sicher in der Tatsache, dass es in unserer Welt nicht nur Schmerz und Leid, sondern so *unermesslich viel* Schmerz und Leid gibt. Mag sein, dass in einer Welt ohne Leid die spirituelle und moralische Entwicklung des Menschen nicht möglich wäre. Aber muss es wirklich der Holocaust, das Erdbeben von Lissabon oder der Tsunami im Indischen Ozean sein? Hick sieht das Problem und versucht, eine Antwort zu finden. Im Hinblick auf das Problem moralischer Übel schreibt er:

> Wenn wir den Wert menschlicher Freiheit und Verantwortung wirklich ernst nehmen und für die Erschaffung vollendeter Kinder Gottes für unverzichtbar halten, können wir konsistenterweise nicht von Gott verlangen, diese Freiheit zurückzunehmen, wenn ihr Missbrauch für uns unerträglich wird. (ebd., 99)

Mich überzeugt das nicht; denn wir hatten ja schon gesehen, dass Gott die allerschlimmsten Folgen des Missbrauchs der Freiheit verhindern könnte, ohne diese Freiheit selbst einzuschränken. Aber der zentrale Einwand gegen Hicks irenäische Theodizee liegt in einer anderen Überlegung, auf die ich jetzt eingehen möchte.

7.4 Das logische Problem des Übels

Wir hatten schon gesehen, das manche Philosophen das logische Problem des Übels als erledigt ansehen, weil die Aussage
(8) Es gibt auf der Welt kein sinnloses Leid, d. h., kein Leid, das nicht zur Erlangung eines höherwertigen Gutes logisch notwendig ist

nicht analytisch falsch ist. Aus der Tatsache des Übels folge daher nicht *logisch*, dass es keinen christlich verstandenen Gott gibt. Andere Philosophen haben versucht zu klären, was die Gründe sein könnten, die Gott veranlassen, Schmerz und Leid zuzulassen. Diese Überlegungen leiden oft daran, dass sie höchstens plausibel machen, warum es überhaupt Schmerz und Leid gibt. Sie erklären weder das Ausmaß des Leids, das wir tatsächlich in der Welt antreffen, noch zeigen sie, dass es keinen einzigen Fall von sinnlosem Leid gibt. Und dieser letzte Punkt ist tatsächlich von großer Bedeutung. Denn er macht deutlich, dass eine Theodizee nur wirklich erfolgreich ist, wenn sie zu dem Ergebnis führt, dass es in der Welt *keinen einzigen* Fall von Schmerz und Leid gibt, der nicht zur Erlangung eines höherwertigen Gutes logisch notwendig ist.[20]

Anders ausgedrückt: Üblicherweise sagt man, dass sich das logische Problem des Übels aus der (vermeintlichen) Inkonsistenz der Aussagen (1) und (2) ergibt.

Für Religionskritiker ist es aber sinnvoller, den eigentlichen Kern des logischen Problems in der Inkonsistenz der folgenden beiden Aussagen zu sehen:
(1) Gott existiert und ist allwissend, allmächtig und vollkommen gut
und
(2′) Es gibt auf der Welt Fälle von sinnlosem Leid.
Denn diese beiden Aussagen sind – wie sich aus der analytischen Wahrheit der Aussage (7′) ergibt – tatsächlich inkonsistent. Einem Religionskritiker kann es daher egal sein, ob *manche* Übel um höherer Güter willen in Kauf genommen werden müssen. *Ein einziger Fall* reicht ihm aus – ein Schmerz oder ein Leid, bei dem sich zeigen lässt, dass es *nicht möglich* oder *äußerst unwahrscheinlich* ist, dass dieser Schmerz oder dieses Leid zur Erlangung eines höherwertigen Gutes logisch notwendig ist. Und einen solchen Fall zu finden, ist keineswegs aussichtslos. Von Kutschera, der, wie wir gesehen haben, das logische Problem des Übels für im Prinzip gelöst hält, weist uns mit einer Nebenbemerkung den Weg:

> Es ist allerdings problematisch, Gott zu unterstellen, daß er das Leid der Kreatur als Mittel für höhere Zwecke einplant. Schweres Leid, wie der schmerzvolle Tod eines Kindes, kann kaum als Mittel zu irgendwelchen Zwecken moralisch gerechtfertigt werden. Daher leugnen solche Rechtfertigungsversuche im Effekt die moralische Perfektion Gottes, die sie gerade verteidigen wollten. (F. v. Kutschera 1990, 60)

Denken wir an den von von Kutschera angesprochenen Fall, dass ein Kind nach schwerem Leid einen qualvollen Tod stirbt, und stellen uns vor, dass es jemanden gibt, der das hätte verhindern können. Diese Person wird vor Gericht gestellt und bringt dabei zu ihrer Verteidigung vor: „Ich habe das Leben dieses Kindes nicht gerettet, weil ich nur so das Ziel X erreichen konnte." Was für ein Ziel könnte die Richter überzeugen? Machen wir es dramatisch, nehmen wir an, die Person führt aus: „Ich habe das Leben dieses Kindes nicht gerettet, weil ich nur so die Menschheit als ganze retten konnte." Den Richtern stellen sich zwei Fragen: 1. Stimmt es, dass die ganze Menschheit nur durch das qualvolle Sterben des Kindes gerettet werden konnte? 2. Rechtfertigt das Ziel die unterlassene Hilfeleistung?

Was die erste Frage angeht, könnte es sein, dass unsere Person tatsächlich von einem unheimlichen Mister X, der imstande ist, mit mehreren Atombomben die ganze Erde zu zerstören, vor die Wahl gestellt wurde: Entweder Du lässt das Kind qualvoll sterben oder ich zünde meine Atombomben. Was das logische Problem des Übels angeht, muss man sich aber klar machen, dass ein solcher Fall bei einem christlich verstandenen Gott nicht möglich ist. Gott kann Mister X jederzeit überwältigen; ja, er kann jederzeit die Naturgesetze durchbrechen; und er kann eigentlich immer den Lauf der Dinge zumindest graduell verbessern – z. B. indem er die Leidenszeit des Kindes ein wenig verkürzt. Für Gott sind die Hürden also deutlich höher. Und es ist ja auch schon klar geworden, dass Gott nur dann gerechtfertigt wäre, das Kind qualvoll sterben zu lassen, wenn dieser Tod für das Erlangen eines höherwertigen Gutes *logisch notwendig* ist. Ist ein solches Gut wirklich vorstellbar?

Lassen wir dieses Problem einen Moment ruhen und kommen zur zweiten Frage: Rechtfertigt das von unserer Person angegebene Ziel die unterlassene Hilfeleistung? Hier scheint es mir nicht aussichtslos, für die These zu argumentieren: *In keinem Fall!* Warum nicht? Von Kutschera hat den entscheidenden Punkt schon genannt: „[...] der schmerzvolle Tod eines Kindes [...] kann kaum als *Mittel zu irgendwelchen Zwecken* moralisch gerechtfertigt werden" (meine Hervorh.). Menschen dürfen niemals nur als Mittel eingesetzt werden – zumindest wenn Kant mit seinem praktischen Imperativ Recht hat: „Handle so, daß du die Menschheit sowohl in deiner Person, als in der Person eines jeden andern jederzeit zugleich als Zweck, niemals bloß als Mittel brauchest." (Kant *Grundlegung*, IV 429) Wenn das so ist, kann aber kein Wesen, nicht einmal Gott, darin gerechtfertigt sein, das Leiden oder Sterben eines Menschen hinzunehmen, um auf diese Weise ein anderes Ziel zu erreichen. Für alle diese Fälle gilt: Was immer man durch das Leiden und Sterben erreichen will, es ist *kein höherwertiges* Gut!

Von Kutschera bezieht sich im Zusammenhang mit der zitierten Bemerkung auf D. Z. Phillips, der in seinem Buch *The Concept of Prayer* diesen Punkt sehr eindringlich herausgearbeitet (Phillips 1968, 92ff.). Wenn wir herausfinden wollen, ob eine Handlung moralisch richtig oder falsch war, fragen wir in vielen Fällen nach den Konsequenzen dieser Handlung. Aber, so Phillips, bestimmte Handlungen sind richtig oder falsch völlig unabhängig davon, was für Folgen diese Handlungen haben oder hatten. Unschuldige Personen zu töten, ist immer und auf jeden Fall falsch – egal, was mit einem solchen Tötungsdelikt erreicht werden soll.

> Wenn jemand bei einem Versuch, eine solche Handlung zu rechtfertigen, eine Liste von Konsequenzen anführen würde, wäre alles, was wir sagen sollten, dass dadurch gezeigt wird, dass die Handlung noch schlechter ist. Das zeigt sich klar, wenn man an die Antworten denkt, die Mitchell und Crombie auf Flews Beispiel des Kindes, das an Krebs stirbt, geben. Mitchell sagt, dass es dafür Gründe gibt, nach denen wir im Augenblick aber nicht fragen dürfen. Crombie zufolge werden wir diese Gründe erfahren, wenn wir – nach der Auferstehung der Toten – das vollständige Bild sehen. Wir werden dann sehen, weshalb das Kind leidet: der Zweck liegt in Gottes Plan. Diesen Philosophen zufolge sollen wir also ganz beruhigt sein. Denn wir sind nicht mit einem Fall sinnlosen Leids konfrontiert, sondern mit einem Fall geplanten Leids und darüber hinaus mit einem Fall von Leid, das zu einem Plan unendlicher Größenordnung gehört. (ebd., 92)

Aber zu hören, dass das Leiden und Sterben des Kindes zu einem Plan gehört, macht die Sache, so Philipps, nicht besser, sondern schlechter. Es mache einen Unterschied, ob jemand eine andere Person aus blinder Wut töte oder ob er sie vorsätzlich, überlegt und um eines Zweckes willen ums Leben bringe. Dieser zweite Fall wiege in der Regel deutlich schwerer als der erste.

> Mord ist ein furchtbares Verbrechen unabhängig davon, wie er ausgeführt wird. Aber wenn er überlegt und durchdacht ist, wenn er aus einem Grund erfolgt und mit seinen Konsequenzen gerechtfertigt wird, ist er besonders abstoßend. [...] Was sollen wir also zu dem Kind sagen, das an Krebs stirbt? Wenn das Sterben auf eine *Handlung* zurückgeht, ist es schlimm genug, aber wenn es jemand absichtlich getan hat, wenn es von Ewigkeit her so geplant wurde, das wäre das schlimmste Verbrechen. Wenn Gott ein solcher Akteur ist, kann Er Seine Handlungen nicht rechtfertigen, dann offenbart das nur seine bösartige Natur. (ebd., 93)

Wenn wir akzeptieren, dass das Sterben des Kindes auf eine Handlung Gottes zurückgeht, womöglich noch auf eine geplante, überlegte Handlung Gottes, ist der Fall verloren.

> [Mitchells und Crombies] Argumente sind jedoch hinreichende Gründe, um Gott schuldig zu sprechen. Sie sind davon überzeugt, dass Gott für das Übel in der Welt verantwortlich gemacht werden muss. Aber wir, so sagen sie, müssen warten, bis wir von den Toten auferstanden sind, um Gottes Verteidigung zu hören. Und, so sagen sie weiter, diese Verteidigung wird darin bestehen, dass Gott die Konsequenzen aufführt, um deretwillen er das Übel zugelassen hat. Mehr muss nicht gesagt werden. Gott ist schuldig, denn wir sind davon überzeugt, dass keine Konsequenzen rechtfertigen können, dass Kinder zu Tode gequält werden. Einem solchen Übel ein Ziel oder einen Zweck zu geben, heißt dieses Übel noch zu vergrößern. (ebd., 94)

Aus dieser Falle kann man nach Phillips nur entkommen, wenn man leugnet, dass der Tod des Kindes auf ein aktives Tun Gottes zurückgeht. Aber das reicht nicht aus. Denn in dem ursprünglich diskutierten Fall ging es ausdrücklich nicht um ein Tun, sondern um ein Unterlassen. Und dass Gott, wenn er das Kind qualvoll sterben lässt, es unterlässt, das Kind zu retten, ist unbezweifelbar wahr. Darüber hinaus gelten für Unterlassungen dieselben Argumente. So wie kein möglicher Zweck es rechtfertigen kann, ein unschuldiges Kind zu töten, kann auch kein möglicher Zweck zur Rechtfertigung einer unterlassenen Hilfeleistung herangezogen werden. Unterlassene Hilfeleistungen können nur durch Unvermögen entschuldigt werden, und das kann es bei Gott nicht geben.

Das logische Problem des Übels ist also keineswegs gelöst. Denn es sollte deutlich geworden sein, dass es Fälle von Schmerz, Leid und Tod gibt, die Gott nicht verhindert, obwohl er dies könnte, und für die gilt: Keine wie auch immer geartete Konsequenz kann diese unterlassene Hilfeleistung rechtfertigen. Denn unterlassene Hilfeleistung um einer solchen Konsequenz willen würde in jedem dieser Fälle bedeuten, dass ein Mensch nur als Mittel behandelt wird.

Aus dieser Überlegung ergibt sich auch der in meinen Augen entscheidende Einwand gegen Hicks irenäische Theodizee. Hick vertritt die Auffassung, dass die moralische Höherentwicklung des Menschen nur in einer Welt möglich ist, in der es auch Schmerz und Leid gibt. Nur wenn ich erlebe, wie elend Menschen in den Armutsvierteln der Großstädte dieser Welt vegetieren, kann ich Mitgefühl für sie entwickeln und vielleicht beginnen, mein Leben ganz (oder auch teilweise) dem Ziel zu widmen, dieses Leid zumindest ein bisschen zu lindern. Aber denken wir etwa an den Fall Neugeborener, die an *Spina bifida* leiden oder einer anderen Krankheit, die ihnen selbst ein bewusstes selbstbestimmtes Leben unmöglich macht. Dieses Leid kann nicht dazu führen, dass sie sich selbst spirituell und moralisch weiter entwickeln. Vielleicht führt ihr Leid dazu, dass andere zu besseren Menschen werden. Aber das würde wieder bedeuten, dass ihr Leid als Mittel eingesetzt wird, um einen Zweck zu erreichen, der mit ihnen selbst nichts zu tun hat. Das aber ist in jedem Fall moralisch verwerflich.

7.5 Analoge Begriffsverwendung und negative Theologie

Aus dem Problem des Übels ergibt sich also – sowohl in der logischen als auch in der evidentiellen Form – ein sehr starkes Argument gegen die Existenz eines christlich verstandenen Gottes. Allerdings: Dieses Argument spricht nicht generell gegen die Existenz eines oder mehrerer Götter oder gegen die Existenz anderer übernatürlicher Kräfte. Übel sind offensichtlich mit der Existenz eines deistisch verstandenen Gottes vereinbar, der die Welt zwar erschaffen hat, sich jetzt aber nicht mehr um sie kümmert. Und sie sind angesichts eines manichäischen Weltbildes sogar zu erwarten, demzufolge die Welt von zwei Prinzipien beherrscht wird – dem Guten und dem Bösen –, die miteinander in heftigem Streit liegen. Übel sind ebenfalls vereinbar mit der prozesstheologischen Annahme, dass ein keineswegs allmächtiger Gott die Welt nicht aus dem Nichts erschaffen hat, dass die Schöpfung vielmehr ein ständiger Prozess ist, in dem Gott selbst sich immer weiter entwickelt. Die Existenz von Übeln, die durch keinerlei Konsequenzen gerechtfertigt werden können, spricht vielmehr gerade gegen die christliche Gottesvorstellung, der zufolge Gott nicht nur allmächtig und allwissend, sondern eben auch vollkommen gut ist.

Aus diesem Grunde mag ein weiterer Einwand nahe liegen: Alle Begriffe, die wir verwenden, um Gott Eigenschaften zuzuschreiben, haben – auf Gott angewandt – eine *andere Bedeutung*, als wenn wir sie zur Charakterisierung von Menschen gebrauchen. Menschliche Begriffe sind auf Gott nur *in analoger Weise* anwendbar. In der spätantiken und mittelalterlichen Philosophie wird in diesem Zusammenhang auch von der „dreigliedrigen Transformation gesprochen" (*via affirmative, via negativa* und *via eminentiae*) – eine Lehre, die Winfried Löffler sehr schön erläutert:

> Erster Schritt (*via affirmativa*): Wenn man von Gott kognitiv sinnvolle Aussagen machen will, muss man von bestimmten Eigenschaften ausgehen, die auch irdischen Dingen grundsätzlich zusprechbar sind, und sie Gott zusprechen, etwa: Gott ist eine Ursache, Gott ist eine Person, Gott erkennt, Gott liebt, und anderes mehr. Zweiter Schritt (*via negativa*): Sämtliche Beschränkungen, wie sie für innerweltliche Dinge charakteristisch sind, müssen Gott aber abgesprochen werden, wenn er wirklich die erste Ursache der Welt sein soll. Auszuschließen ist von Gott etwa, dass er als Ursache gemäß den Naturgesetzen wirkt, dass sein Verursachen lokal beschränkt sei, dass sein Erkennen auf Sinnesorgane angewiesen und damit deren physikalisch-biologischen Grenzen unterworfen; dass sein Lieben – anders als menschliches Lieben – sich nicht auf beliebig viele Personen gleichzeitig beziehen kann, und ähnliches mehr. Dritter Schritt (*via eminentiae*): Wenn Gott wirklich die letzte Erklärung der Wirklichkeit sein soll, müssen ihm die in *via affirmativa* und *via negativa* geklärten Eigenschaften in einem Ausprägungsgrad zukommen, der unübersteigbar ist, und der der Grund aller irdisch-beschränkten Vorkommnisse dieser Eigenschaften ist. Gott sei etwa die Liebe selbst, das Erkennen und die Weisheit selbst, die Güte selbst, die Allmacht selbst etc. (Löffler 2006, 171)

Im Zusammenhang mit dem Problem des Übels heißt das: Wenn wir von Gott sagen, er sei vollkommen gut, dann bedeutet das Wort „gut" etwas anderes, als wenn wir von einem Menschen sagen, er sei gut. Doch so plausibel sich dies auf den ersten Blick auch anhören mag, so problematisch ist es wieder bei genauerem Hinsehen. Wir hatten gesehen, dass es dem menschlichen Verständnis von „gut" zufolge (nennen wir dieses Verständnis „gut$_M$") Handlungen und Unterlassungen gibt, die *in sich* schlecht sind, d. h., die durch keinerlei Konsequenzen gerechtfertigt werden können. Sind diese Handlungen und Unterlassungen auch in dem Sinne *in sich* schlecht, in dem wir die Begriffe „gut" – und „schlecht" – auf Gott anwenden („gut$_G$")? Offenbar entsteht hier ein Dilemma: Entweder wir nehmen an, dass diese Handlungen und Unterlassungen auch in diesem Sinne *in sich* schlecht sind; dann spricht die Tatsache, dass manche Kinder qualvoll sterben und Gott dies nicht verhindert, auch gegen die These, dass Gott, wenn es ihn gibt, gut$_G$ ist. Oder wir nehmen an, dass die Tatsache, dass manche Kinder qualvoll sterben und Gott dies nicht verhindert, durchaus damit vereinbar ist, dass Gott gut$_G$ ist. Doch dann müssen wir uns fragen lassen, was denn Gutsein im Sinne von „gut$_G$" überhaupt noch mit unserem herkömmlichen Verständnis von Güte zu tun hat. Jemand der ein Kind qualvoll sterben lässt, obwohl er dies verhindern könnte, handelt moralisch verwerflich. Wenn wir eine solche Person trotzdem gut$_G$ nennen, zeigt das nur, dass „gut$_M$" und „gut$_G$" nicht einmal einen gemeinsamen Bedeutungskern haben. Die Lehre von der analogen Begriffsverwendung beinhaltet damit die Gefahr, „den Aussagen von Gott jeglichen präzisen Inhalt zu nehmen" (ebd., 131). Oder, wie Norbert Hoerster schreibt:

> Wenn jene Güte, die der Gläubige in maximalem Ausmaß Gott zuschreibt, nicht einmal jene bescheidene Form der Güte, die man sinnvollerweise einem Menschen zuschreiben kann, zu umfassen braucht, dann hat der Gläubige seine Überzeugung[, dass Gott allgütig ist, also ein Maximum an Güte besitzt,] offenbar falsch formuliert. Eine „Güte", die mit dem, was wir gewöhnlich im menschlichen Bereich unter diesem Begriff verstehen, nicht in Zusammenhang steht, ist ein leeres Wort. (Hoerster 1985, 408)

Die Grundannahmen dessen, was man „negative Theologie" nennt, verschärfen dieses Problem noch. Denn sie besagen, dass man wegen der absoluten Transzendenz Gottes überhaupt keine wahren positiven Aussagen über ihn machen kann. Man könne von Gott nur sagen, was er nicht ist, nicht, was er ist.

> Die Verneinung positiver Bestimmungen ist nicht als Bejahung von ihnen entgegengesetzten Bestimmungen zu verstehen. Die Aussage, Gott könne nicht als gut bezeichnet werden, bedeutet nicht, dass er als schlecht bezeichnet wird. Vielmehr lehrt die negative Theologie, Begriffe wie „gut" und „schlecht" seien auf Gott nicht anwendbar. (http://de.wikipedia.org/wiki/Negative_Theologie – Abruf 06.02.2012, 12.20 Uhr)

Eine wichtige zeitgenössische Vertreterin der negativen Theologie, Karen Armstrong, schreibt:

> Wir reden heute viel zu oft über Gott. Denn als aufgeklärte Zeitgenossen meinen wir genau zu wissen, was Gott für einen Gläubigen darstellt: das Höchste Wesen, das die Welt und alles in ihr geschaffen hat. Erschrecken würden wir, wenn man uns erklärte, wie grob unpräzise die Rede von einem Höchsten Wesen klingt, weil Gott überhaupt kein Wesen ist. Wie kommen wir eigentlich dazu, ihn als „gut", „weise" oder „intelligent" zu apostrophieren? Viele Gläubige und die meisten Theologen räumen zwar theoretisch ein, dass Gott ganz und gar transzendent sei, trotzdem haben sie erstaunlich konkrete Vorstellungen, wer „er" ist und was er von uns erwartet. Wir neigen dazu, sein Anderssein zu zähmen und ihn unseren Wünschen anzuverwandeln. (Armstrong 2010)

Doch jedes positive Gottesbild, so Armstrong, sei „naiv". Wir sollten zu einem vormodernen Bewusstsein zurückkehren, das die Schwierigkeiten, über Gott zu sprechen, ernst genommen habe:

> Große jüdische, christliche und muslimische Theologen erklärten, dass wir, wenn wir das Göttliche in Worte fassen, notwendigerweise an die Grenzen des Sagbaren gelangen. Sie empfahlen spirituelle Übungen, die die Sprache transzendieren und den Gläubigen zu der Einsicht bringen sollten, dass unsere Worte für die Welt vielleicht hinreichend, aber für Gott unzulänglich sind. Manche Mystiker scheuten sich vor der Behauptung, dass Gott „existiere", weil sie die menschliche Vorstellung von Existenz an sich viel zu beschränkt

> fanden. Einige weise Theologen bezeichneten Gott als ein „Nichts", weil er nun mal kein Wesen sei. [...] Jüdische, christliche und muslimische Theologen haben jahrhundertelang darauf bestanden, dass Gott nicht existiert und dass da draußen das „Nichts" ist; mit dieser Aussage wollten sie nicht die Wirklichkeit Gottes leugnen, sondern Gottes Transzendenz bewahren. (ebd.)

Auch hier mag man einräumen, dass diese Überlegungen *prima facie* plausibel erscheinen mögen. Doch um welchen Preis? Vertreter der negativen Theologie wollen offenbar keine Antwort auf die Frage geben, *was* man eigentlich glaubt, wenn man an Gott glaubt. In ihren Augen glaubt man an ein großes unbekanntes X, von dem es sogar schon falsch wäre zu sagen, dass es existiert. Dieses X ist weder gut noch schlecht, es ist keine Person im herkömmlichen Sinn. Hat es die Welt erschaffen und lenkt es diese Welt auch jetzt noch? Hat es Sinn, zu diesem X zu beten, es um etwas zu bitten? Wer diese Fragen mit „Nein" beantwortet, vertritt offenbar eine Religion, die sich fundamental von den herkömmlichen Religionen unterscheidet. Und, was noch schlimmer ist, er bleibt uns eine Antwort auf die Frage schuldig, warum wir unter diesen Umständen überhaupt noch an Gott glauben sollen. Karen Armstrong schreibt:

> Wozu brauchen wir dann noch Gott? Natürlich als Halt und Trost. Die Naturwissenschaft kann uns erklären, warum wir Krebs haben, sie kann unsere Krankheit vielleicht sogar heilen. Aber sie kann die Angst, die Enttäuschung und das Leid nicht lindern, die mit der Diagnose einhergehen, und lehrt uns auch nicht, in Würde zu sterben. Die Religion, immerhin, kann uns dabei helfen. (ebd.)

Es ist mir völlig unbegreiflich, wie mir ein großes unbekanntes X, von dem ich nicht einmal sagen kann, ob es existiert, Halt und Trost geben können soll. Warum soll es mir Halt geben, wenn ich an ein solches X glaube? Wie kann mich dieser Glaube trösten? Nüchtern betrachtet kann mir der Glaube an ein X doch nur dann Halt und Trost geben, wenn ich *berechtigterweise* davon überzeugt bin, dass ich bei diesem X in guten Händen bin, dass sich dieses X für mich interessiert, dass es sich um mich sorgt, dass es mir im Zweifel beisteht. Doch all dies ist der negativen Theologie zufolge nicht wahr (und sein Gegenteil wohl auch nicht). Das soll mich trösten? Und wie soll der Glaube an ein großes unbekanntes X mich lehren, in Würde zu sterben? Dafür ist in meinen Augen zumindest erforderlich, dass mir der Glaube an das große unbekannte X *berechtigterweise* die Angst vor dem Tod nimmt. Doch warum sollte der Glaube an dieses X das leisten, wo ich doch so rein gar nichts über dieses X weiß? Könnte es nicht sein, dass ich ihm egal bin und dass ihm auch egal ist, was mit mir nach dem Tode geschieht? Der Glaube an Gott kann mir doch nur dann Halt und Trost geben, wenn ich zu Recht davon überzeugt sein kann, dass ich Gott *nicht* egal bin. Doch die negative Theologie bestreitet genau das. Der Satz „Gott kümmert sich um mich" ist ihr zufolge genau so falsch wie seine Negation „Gott kümmert sich nicht um mich".

Auch die Annahme, dass menschliche Begriffe auf Gott nur in analoger Weise angewandt werden können, und die These der negativen Theologie, über Gott seien überhaupt keine positiven Aussagen möglich, ermöglichen also keine befriedigende Lösung des Problems des Übels; vielmehr führen sie Schritt für Schritt nur dazu, dass immer unklarer wird, *was* ein Christ, ein Jude, ein Muslim oder ein Buddhist eigentlich glaubt. Das Apostolische Glaubensbekenntnis jedenfalls ist diesen Auffassungen zufolge entweder nicht wörtlich zu nehmen oder sogar nur eine Ansammlung sinnloser Sätze:

> Ich glaube an Gott, den Vater, den Allmächtigen, den Schöpfer des Himmels und der Erde. Und an Jesus Christus, seinen eingeborenen Sohn, unsern Herrn, empfangen durch den Heiligen Geist, geboren von der Jungfrau Maria, gelitten unter Pontius Pilatus, gekreuzigt, gestorben und begraben, hinabgestiegen in das Reich des Todes, am dritten Tage auferstanden von den Toten, aufgefahren in den Himmel; er sitzt zur Rechten Gottes, des allmächtigen Vaters; von dort wird er kommen, zu richten die Lebenden und die Toten. ...

8. Religiöse Erfahrungen

Eine Reihe von Menschen machen religiöse Erfahrungen oder zumindest Erfahrungen, die sie religiös deuten. Sprechen nicht wenigstens diese Erfahrungen für die Existenz übernatürlicher Wesen und Kräfte? Die Erfahrungen, um die es hier geht, können sehr unterschiedlich sein. Es gibt Visionen, Träume und Auditionen (das Hören von Stimmen), bei denen die Betroffenen unmittelbar den Eindruck haben, dass etwas Übernatürliches mit ihnen in Kontakt getreten ist. Es gibt numinose Erfahrungen, bei denen die Betroffenen eine Situation als besonders, als über das Profane herausgehoben, als heilig erfahren; Erschütterung, Ergriffenheit und Ehrfurcht sind typische Reaktionen in einer solchen Situation. Es gibt mystische Erfahrungen, „Erfahrungen glückhafter Vereinigung mit einer letztlich bedeutsamen Wirklichkeit, die von einem Gefühl der Freiheit von Zeit, Raum und dem individuellen Ego getragen sind" (Löffler 2006, 77). Sind nicht wenigstens diese Erfahrungen epistemische Gründe für die Existenz Gottes oder zumindest für eine übernatürliche Wirklichkeit? Offenbar geht es bei dieser Frage darum, ob es neben der sinnlichen Wahrnehmung auch so etwas wie religiöse Wahrnehmung gibt und ob uns diese Art der Wahrnehmung verlässlich über die Existenz nicht-natürlicher Wesen und Kräfte informiert.

8.1 Sinnliche Wahrnehmung

Wahrnehmungsüberzeugungen unterscheiden sich von vielen anderen Überzeugungen dadurch, dass sie auf eine spezifische Weise *direkt* sind. Wenn ich sehe, dass vor mir auf dem Tisch eine Tasse steht, dann erschließe ich das nicht aus anderen Tatsachen, ich sehe es einfach. Entsprechend führe ich, wenn ich gefragt werde, woher ich denn wisse, dass da eine Tasse auf dem Tisch steht, auch keine Gründe an; ich sage einfach „Das sehe ich doch". Wenn Wahrnehmungsüberzeugungen nicht durch Gründe gestützt werden, wodurch werden sie dann gerechtfertigt? Ist es für mich rational zu glauben, dass vor mir auf dem Tisch eine Tasse steht, wenn ich sehe, dass dies der Fall ist?

Die heute weithin akzeptierte Antwort auf diese Fragen lautet: Man ist in einer Wahrnehmungsüberzeugung gerechtfertigt, wenn der Wahrnehmungsprozess, auf dem diese Überzeugung beruht, *verlässlich* ist, d. h., wenn er in der Regel zu wahren Überzeugungen führt. Bleiben wir zunächst bei der sinnlichen Wahrnehmung. Wie sehen die Prozesse aus, auf denen z. B. die visuelle Wahrnehmung beruht? Einige Dinge sind heute unumstritten. Visuelle Wahrnehmung setzt voraus, dass die Gegenstände in unserer Umgebung Licht reflektieren (wenn sie nicht selbst Licht ausstrahlen), das in unsere Augen gelangt und dort durch die Linse so gebündelt wird, dass auf der Retina ein Bild dieser Gegenstände entsteht. Auf der Retina befinden sich über 100 Millionen lichtempfindliche Zellen, die, wenn sie durch das Auftreffen von Photonen gereizt werden, elektrochemische Impulse erzeugen, die über den Nervus opticus und den Tractus opticus zunächst in die lateralen Kniehöcker und von dort in die primäre Sehrinde weiter geleitet werden. Dort findet eine erste Verarbeitung statt. Die verschiedenen Areale der sekundären Sehrinde erhalten ihren Input im Wesentlichen von der primären Sehrinde.

Soweit ist die Physiologie der visuellen Wahrnehmung relativ klar. Aber was passiert nun weiter? Eine traditionelle Sichtweise besagt: Irgendwie gelingt es dem Gehirn, auf unser Bewusstsein einzuwirken und dort ein Bild der wahrgenommenen Szene zu erzeugen. Dieses Bild wird von unserem Geist angeschaut, der auf diese Weise – indirekt – über die physische Umwelt informiert wird. Es ist klar, dass diese Sichtweise zu großen Problemen führt. Das gravierendste dieser Probleme ergibt sich aus der skeptischen Frage, ob man denn sicher sein kann, dass das vom Gehirn erzeugte Bild der Umwelt diese Umwelt tatsächlich zutreffend wiedergibt. Innerhalb der traditionellen Sichtweise ist diese Frage nicht zu beantworten, weil unser Geist ja keinerlei Möglichkeiten hat, dieses Bild mit der Umwelt zu vergleichen. Ich will diese Problematik hier nicht weiter vertiefen, aber doch festhalten, dass neben der genannten skeptischen Frage noch viele andere Gründe gegen die traditionelle Sicht der visuellen Wahrnehmung sprechen.[1] Wenn ich einen Stuhl sehe, sehe ich kein Bild dieses Stuhls, sondern den Stuhl selbst, und ich sehe auch, welche Form dieser Stuhl hat, welche Farbe er hat, wo er sich befindet usw.

Trotzdem bleibt natürlich eines richtig: Welche Dinge ich sehe und wie mir diese Dinge erscheinen, hängt davon ab, wie mein Gehirn die von den Augen kommenden elektrochemischen Impulse verarbeitet. Und auch ein zweiter Punkt kann heute als gesichert angesehen werden: Bei dieser Verarbeitung nutzt das Gehirn nicht nur die von den Augen kommenden elektrochemischen Impulse, es greift auch auf gespeicherte Erfahrungen und Muster zurück und es nutzt einige grundlegende Strukturen der wahrzunehmenden Welt. Wahrnehmung ist also ein konstruktiver Prozess; oder, so würde ich mich lieber ausdrücken: Aus den von den Augen kommenden elektrochemischen Impulsen *rekonstruiert* das Gehirn – unter Rückgriff auf gespeicherte Muster und Erfahrungen – die Umwelt, die diese Impulse kausal hervorgerufen hat. Dabei kann offen bleiben, ob bei diesem Prozess ein Bild entsteht, das unser Geist ansieht; denn am Ende mündet der Wahrnehmungsprozess auf jeden Fall in Wahrnehmungs*überzeugungen* – Überzeugungen wie die, dass sich vor mir ein Tisch befindet, dass auf dem Tisch eine Tasse steht, dass die Tasse rot ist, dass neben der Tasse ein Buch liegt usw.

Und hier geht es allein darum, ob diese Überzeugungen im Allgemeinen wahr sind.

Gerade manche Neurowissenschaftler haben aus dem konstruktiven Charakter des Wahrnehmungsprozesses geschlossen, dass wir davon ausgehen müssen, dass das *nicht* der Fall ist. Woher soll unser Gehirn schließlich wissen, welche von den Augen kommenden elektrochemischen Impulse von einem Tisch und welche von einer Tasse hervorgerufen werden? Auch das Gehirn hat ja keinen direkten Zugang zur Außenwelt, der es ihm ermöglichen würde, diese Fragen zu beantworten. Auch in der Wahrnehmungspsychologie wird immer wieder die Fehlbarkeit unserer Wahrnehmung betont. Dennoch: Wer sich klar macht, wie häufig wir uns im Alltag *zu Recht* auf unsere Wahrnehmungsüberzeugungen verlassen, der kann kaum einen Zweifel haben, dass unsere sinnlichen Wahrnehmungen in den allermeisten Fällen verlässlich sind.[2]

Ich sitze am Frühstückstisch und sehe vor mir eine Tasse; ich greife nach der Tasse, führe sie zum Mund und trinke einen Schluck Tee. Mir jedenfalls ist es noch nie passiert, dass ich ins Leere gegriffen habe, dass da gar keine Tasse war oder dass sich da statt einer Tasse ein Meerschweinchen befand oder dass die Tasse fünfzig Zentimeter weiter rechts stand. Wenn ich zur Tür gehe und auf die Klinke drücke, um die Tür zu öffnen, habe ich es noch nie erlebt, dass da gar keine Klinke war, sondern eine Menge von Wattebäuschen. Zigtausende von Menschen fahren los, wenn die Ampel auf Grün springt, und halten an, wenn die Ampel Rot anzeigt – offenbar weil diese Zigtausende die jeweils richtigen Wahrnehmungsüberzeugungen haben. Wenn ich jemandem zur Begrüßung die Hand geben will, habe ich noch nie daneben gegriffen. Viele sind in der Lage, einen Ball zu fangen, der ihnen zugeworfen wird. Wenn unsere Wahrnehmungsüberzeugungen häufig falsch wären, würden wir in unserem Verhalten immer wieder scheitern, wir würden stürzen und uns verletzen oder zumindest nicht das erreichen, was wir erreichen wollen. Wahrnehmung dient der Verhaltenssteuerung; wenn sie unzuverlässig wäre, würden wir nicht überleben. Nur Mister Magoo gelingt es, trotz zum Teil grotesk falscher Wahrnehmungsüberzeugungen immer wieder unbeschadet auch die heikelsten Situationen zu überstehen.[3] Natürlich heißt das nicht, dass meine Wahrnehmungsüberzeugungen immer wahr sind, natürlich irre ich mich manchmal. Die Beleuchtungsverhältnisse können schlecht sein; es kann sein, dass da statt einer Tasse nur ein Hologramm ist; und es kann sogar sein, dass ich unter einer Halluzination leide. Aber das sind offensichtlich Ausnahmefälle; in der Regel kann ich mich auf meine Wahrnehmungsüberzeugungen verlassen.

Gegen diese Art von Argumentation könnte man einwenden, dass sie im Grunde genommen zirkulär ist. Denn die Überzeugung, dass ich den Ball gefangen habe und jetzt in der Hand halte, beruht doch auch auf Wahrnehmung.

Die Annahme, dass sinnliche Wahrnehmung im Allgemeinen verlässlich ist, wird also im Wesentlichen selbst durch Wahrnehmung gestützt. Diese Beobachtung ist richtig; aber sie ist kein wirklicher Einwand – zumindest nicht, wenn man die grundsätzliche epistemische Situation des Menschen berücksichtigt.[4]

Spätestens seit Descartes haben Philosophen immer wieder versucht, die generelle Zuverlässigkeit sinnlicher Wahrnehmung *a priori* – ohne jeden Rückgriff auf Wahrnehmung und Erfahrung – zu beweisen. Descartes' eigener Beweis orientiert sich ganz an seinem eigenen Erkenntnismodell:[5] Wir beginnen mit *intuitiv* gewissen, d. h. klaren und deutlichen Prinzipien, die so einleuchtend sind, dass wir an ihrer Wahrheit nicht zweifeln können, um dann aus diesen Prinzipien weitere wahre Aussagen *deduktiv* logisch abzuleiten. Zu den intuitiv gewissen Prinzipien gehören für Descartes auch die Aussagen

(1) Ich finde in mir die Idee eines im höchsten Maße vollkommenen Wesens

und

(2) In der vollständigen wirkenden Ursache muss mindestens ebensoviel Realität enthalten sein wie in dem von dieser Ursache Bewirkten.

Aus diesen Aussagen folgt in seinen Augen aber deduktiv

(3) Es gibt einen Gott, d. h. ein absolut vollkommenes Wesen.

Ein absolut vollkommenes Wesen würde seine Geschöpfe jedoch niemals mit einem grundsätzlich defekten Erkenntnisvermögen ausstatten. Also folgt aus der Existenz Gottes auch

(4) Unser Vermögen der sinnlichen Wahrnehmung ist wenigstens im Prinzip verlässlich.

Was auch immer man über die Details dieses Beweises denken mag, schon an seinem Anfang steht ein außerordentlich kritischer Schritt – die Annahme, dass alles, was wir klar und deutlich auffassen, wahr ist. Descartes selbst sieht, dass auch diese Annahme einer Begründung bedarf; denn es könnte ja zumindest sein, dass es einen bösen Geist gibt, der „es leicht zuwege brächte, dass ich mich irre, selbst in Dingen, die ich mit meinen geistigen Augen aufs klarste zu erschauen meine" (Descartes *Meditationen*, 101). Um zu zeigen, dass das Kriterium „Alles, was wir klar und deutlich auffassen, ist wahr" selbst ein *verlässliches* Wahrheitskriterium ist, muss Descartes daher beweisen, dass es einen solchen bösen Geist nicht gibt bzw. dass Gott uns nicht mit grundsätzlich defekten kognitiven Fähigkeiten ausgestattet hat. Wie wir gerade gesehen haben, kann er diesen Beweis aber nur führen, indem er die Richtigkeit des Kriteriums schon voraussetzt; denn die Begründung der beiden Prämissen (1) und (2) liegt genau darin, dass wir sie klar und deutlich auffassen. Descartes kann den gesuchten Beweis also nur führen, wenn er das voraussetzt, was erst noch bewiesen werden soll. Das heißt, er kann ihn nur führen, indem er sich eines Zirkels schuldig macht. Das ist jedoch keine spezifische Schwäche der Argumentation Descartes'. Es ist nicht Descartes, der hier einen Fehler macht. Vielmehr zeigt sich, wie besonders Leonard Nelson betont hat,[6] am Scheitern Descartes', dass ein völlig voraussetzungsloser Nachweis der Verlässlichkeit unserer Erkenntnisvermögen *grundsätzlich unmöglich* ist.

Warum, so fragt Nelson, betreiben wir überhaupt Erkenntnistheorie? Weil wir uns manchmal irren und weil wir deshalb wissen wollen, wann wir uns irren und wann nicht. Dies ist unseren Überzeugungen aber nicht anzusehen. Also brauchen wir ein Kriterium, für das gilt: Alle Überzeugungen, die dieses Kriterium erfüllen, sind – ganz sicher oder doch zumindest wahrscheinlich – wahr. Die Aufgabe, ein solches Kriterium zu finden, ist jedoch, so Nelson, prinzipiell unlösbar. Wenn nämlich jemand die These vertritt,

(*) Alle Überzeugungen, die das Kriterium K erfüllen, sind (wahrscheinlich) wahr,

dann stehen wir vor dem Problem herauszufinden, ob diese These richtig ist. Wie sollen wir das anstellen? Die einzige Möglichkeit scheint zu sein, dass wir überprüfen, ob diese These – bzw. die entsprechende Überzeugung – ein Kriterium K' erfüllt, von dem ebenfalls gilt:

(**) Alle Überzeugungen, die das Kriterium K' erfüllen, sind (wahrscheinlich) wahr.

Doch genau hier liegt das Problem. Denn entweder sind K und K' identisch; dann ist unsere Überprüfung zirkulär. Oder K und K' sind nicht identisch; dann müssen wir überprüfen, ob (**) wahr ist. Und dabei droht offensichtlich wieder ein Zirkel oder ein Regress. Nelsons Fazit: Es gibt in der Erkenntnistheorie keinen archimedischen Punkt, vom dem aus man alles neu begründen könnte; eine *völlig voraussetzungsfreie* Erkenntnistheorie ist nicht möglich.

Mit anderen Worten: Die Aufgabe, die sich Descartes gestellt hat, ist nicht lösbar. Es gehört zur *conditio humana*, dass wir die Kriterien und Methoden, die uns zur Erkenntnisgewinnung zur Verfügung stehen, nicht zirkelfrei als verlässlich erweisen können. Wir müssen diesen Kriterien und Methoden daher grundsätzlich vertrauen; wir können sie nicht alle zugleich auf den Prüfstand stellen. Wir können höchstens einzelne Methoden überprüfen, wobei wir uns allerdings jeweils auf die anderen verlassen müssen, die wir zur Überprüfung heranziehen. Otto Neurath hat also Recht, wenn er schreibt:

> Es gibt keine tabula rasa. Wie Schiffer sind wir, die ihr Schiff auf offener See umbauen müssen, ohne es jemals in einem Dock zerlegen und aus besten Bestandteilen neu errichten zu können. (Neurath 1932/3, 206)

Auch wenn wir herausfinden wollen, ob sinnliche Wahrnehmung in der Regel zuverlässig ist, können wir nicht bei Null anfangen. Wir müssen mit Überzeugungen – auch Wahrnehmungsüberzeugungen – beginnen, die *prima facie* unproblematisch erscheinen. Aufbauend auf diesen Überzeugungen können wir dann – unter anderem mit wissenschaftlichen Methoden – versuchen, unser Überzeugungssystem zu erweitern. Wenn sich dabei Erkenntnisse ergeben, die den Ausgangsüberzeugungen widersprechen, müssen wir diese eventuell revidieren. Wenn sich am Ende aber alle Überzeugungen des Systems optimal stützen, dann können alle diese Überzeugungen – auch die Ausgangsüberzeugungen – als gut begründet angesehen werden.

Im Endeffekt bedeutet das in meinen Augen, dass nicht nur der durchgängige Erfolg alltäglicher Handlungen (Greifen von Gegenständen, Öffnen von Türen und Fenstern, Halten an roten Ampeln, Ausweichen bei Hindernissen) für die Zuverlässigkeit der allermeisten Wahrnehmungsüberzeugungen spricht; auch wissenschaftliche Untersuchungen zum Einfluss von Wahrnehmungsbedingungen stützen diese These: Bei gutem Licht sehen wir besser als in der Dämmerung; die Einnahme von Alkohol und anderen Drogen beeinträchtigen unser Sehvermögen; aber beim Ablesen der digitalen Anzeige von Messgeräten machen wir sehr selten Fehler, viel seltener jedenfalls als bei der Bestimmung der Farben von Gegenständen (obwohl es auch da klare Fälle gibt). Bei diesen Untersuchungen zeigt sich also, dass es zwar einerseits Bedingungen gibt, bei denen unser Wahrnehmungsapparat nicht sehr gut funktioniert. Aber sie zeigen andererseits genau so, dass es eben auch Bedingungen gibt, bei denen wir uns auf unsere Wahrnehmungsüberzeugungen durchaus verlassen können. Darüber hinaus spricht übrigens auch die Evolutionstheorie dafür, dass wir uns bei unseren Wahrnehmungen nicht ständig irren können. Denn ein grundsätzlich trügerisches Wahrnehmungsvermögen stellt ganz sicher keinen evolutionären Vorteil dar. Alles in allem kann man deshalb sagen: Im Allgemeinen ist die sinnliche Wahrnehmung recht verlässlich; wir kennen aber auch Bedingungen, unter denen das Vermögen zur sinnlichen Wahrnehmung nur noch eingeschränkt oder gar nicht funktioniert.

8.2 Religiöse Wahrnehmung

Nach William Alston sind sinnliche Wahrnehmungen unter anderem durch die folgenden vier Merkmale charakterisiert (Alston 1998, 311):
1. Es gibt Standardmethoden, mit denen wir jede einzelne Wahrnehmungsüberzeugung – auch unter Rückgriff auf andere Wahrnehmungsüberzeugungen – überprüfen können.
2. Auf der Grundlage von Wahrnehmungsüberzeugungen können wir in dem Verhalten der beobachteten Gegenstände Regularitäten entdecken und so das Verhalten dieser Gegenstände in gewissem Ausmaß vorhersagen.

3. Die Fähigkeiten, sinnliche Wahrnehmungen zu machen, „sind bei normalen menschlichen Erwachsenen universell vorhanden".
4. „Alle normalen erwachsenen menschlichen Wesen – aus welchem Kulturkreis auch immer – benutzen im wesentlichen dasselbe Begriffsschema, wenn sie ihre Sinneserfahrung objektivieren."

Religiöse Erfahrungen, so Alston, besitzen diese Merkmale nicht. Doch dies spricht in seinen Augen nicht unbedingt gegen ihre Verlässlichkeit. Denn wenn man bestimmte Zusatzannahmen[7] macht, muss man geradezu damit rechnen, dass religiösen Erfahrungen die genannten vier Merkmale fehlen, obwohl auch sie grundsätzlich verlässlich sind (ebd., 314). Mir scheint, dass es auch hier lohnt, die Dinge noch einmal genauer zu betrachten.

Zunächst: Zwischen den vier Merkmalen gibt es interessante Beziehungen. Wenn jemand aufgrund von visueller Wahrnehmung die Überzeugung ausbildet, dass auf dem Tisch eine Kerze steht, und wenn wir überprüfen wollen, ob diese Überzeugung wahr ist, dann gehört es zu den absoluten Standardmethoden zu fragen, ob andere die Kerze ebenfalls sehen, wenn sie auf den Tisch schauen. Wenn nämlich jemand behauptet, etwas wahrzunehmen, das – obwohl die Bedingungen dies zuließen – kein anderer wahrnimmt, dann lässt das zumindest ernsthafte Zweifel an der geäußerten Wahrnehmungsüberzeugung aufkommen. Wir überprüfen Wahrnehmungsüberzeugungen in erster Linie, indem wir sie erstens mit anderen eigenen Wahrnehmungsüberzeugungen vergleichen (Wenn ich wegschaue und dann wieder hingucke, sehe ich dann immer noch eine Kerze? Wenn ich versuche, die Kerze mit der Hand zu berühren, habe ich dann die entsprechenden taktilen Wahrnehmungseindrücke?) und indem wir zweitens prüfen, welche Wahrnehmungen andere in der gleichen Situation machen. Natürlich ist es möglich, dass Einzelne über Wahrnehmungsfähigkeiten verfügen, die andere nicht besitzen. Vielleicht gibt es Menschen, die einen Sinn für elektrische Ladungen haben, den wir anderen nicht haben. In diesem Fall gibt es zwei Möglichkeiten. Die eine ist, dass wir in der Lage sind, mit Hilfe von Messungen die Wahrnehmungsüberzeugungen dieser Menschen zu überprüfen. Wenn die von ihnen wahrgenommenen Ladungswerte mit den von uns gemessenen übereinstimmen, ist alles in Ordnung. Wenn nicht, sollten wir daran zweifeln, dass sie tatsächlich elektrische Ladungen wahrnehmen können. Die andere Möglichkeit ist, dass wir die Korrektheit der geäußerten Wahrnehmungsüberzeugungen nicht überprüfen können. Dann, denke ich, sollten wir uns zumindest des Urteils enthalten.

Zweitens: Wir hatten schon gesehen, dass man untersuchen kann, unter welchen Bedingungen sinnliche Wahrnehmung relativ zuverlässig ist und unter welchen nicht. Dabei hat sich gezeigt, dass auf der einen Seite äußere Umstände eine Rolle spielen wie etwa die Beleuchtungsverhältnisse oder die Entfernung der wahrgenommenen Gegenstände. Andererseits beeinträchtigen aber auch

Erkrankungen der entsprechenden Sinnesorgane unser Wahrnehmungsvermögen ebenso wie Schädigungen der Teile des zentralen Nervensystems, die für die Verarbeitung der von den Sinnesorganen kommenden Impulse zuständig sind. Schließlich spielen auch abnormale psychische Zustände eine wichtige Rolle, wie sie durch Schizophrenie, die Einnahme von Drogen, starke Erschöpfung oder Schlafentzug hervorgerufen werden. Religiöse Erfahrungen der ersten Art – Visionen, Träume und das Hören von Stimmen – ähneln nun sehr stark dem, was in der Psychiatrie unter dem Begriff der Halluzination zusammengefasst wird. Optische Halluzinationen sind vielleicht den meisten als das Sehen bewegter kleiner Tiere (weißer Mäuse[8]) bei Menschen im *Delirium tremens* bekannt. Weitaus häufiger ist allerdings das Hören von Stimmen, das offenbar auch bei relativ gesunden Menschen vorkommt.

> Das Stimmenhören muss allerdings nicht grundsätzlich krankhaft sein, auch wenn dies in der Psychiatrie bisher zumeist so verstanden wurde. Offenbar hören viel mehr Menschen (2 bis 5 %?) Stimmen, die unter keiner Diagnose zu fassen sind und die auch keine psychiatrische (insbesondere medikamentöse) oder psychotherapeutische Hilfe in Anspruch nehmen. Nicht wenige davon haben entsprechende Fähigkeiten entwickelt, mit ihren Stimmen zu leben, sie zu beeinflussen und sogar von ihnen zu lernen. Inzwischen wird auch in der Psychiatrie immer häufiger über das Phänomen des „nicht-krankhaften Stimmenhörens" diskutiert. Die Wissenschaftler, die das Stimmenhören als nicht ausschließlich krankhaft abgetan sehen wollen, führen dabei auch historische Beispiele an: Hildegard von Bingen, Jeanne d'Arc, Franz von Assisi, Gotthold Ephraim Lessing, Rainer Maria Rilke usw. Wenn auch die Pathographien (Stichwort: Genie, Irrsinn und Ruhm) in ihren Wertungen zum Teil weit auseinandergehen, wird doch zweierlei klar: Zum einen mehren sich die wissenschaftlichen Meinungen, die manches Stimmen-Hören in eine Reihe mit außergewöhnlichen Wahrnehmungsformen stellen (z. B. Nah-Tod-Erfahrungen, Klarträume usw.). Zum anderen gibt es auch lebensnahe Beispiele, die das „normale Stimmen-Phänomen" leichter akzeptieren lassen (Beispiele: Ein Witwer „hört" die Stimme seiner verstorbenen Ehefrau; ein einsamer Wanderer erfährt in einer Extremsituation „höheren Zuspruch" usw. (http://www.psychosoziale-gesundheit.net/psychiatrie/halluzination.html – Abruf 24.02.2012, 17.00 Uhr)

Unabhängig davon, ob das Hören von Stimmen eine im engeren Sinne krankhafte Ursache hat, muss man jedoch festhalten, dass es sich dabei – wie bei anderen Halluzinationen auch – um *Trugwahrnehmungen* handelt. Jemand, der Stimmen hört, hat den Eindruck, dass jemand zu ihm spricht, obwohl tatsächlich niemand mit ihm redet. Nach allem, was wir wissen, beruhen Halluzinationen generell darauf, dass das Gehirn sich sozusagen selbständig macht, dass es beginnt, unabhängig von sensorischem Input Wahrnehmungseindrücke zu erzeugen.

> Auch ein gesundes Gehirn kann seinem Besitzer leicht Streiche spielen. Manchmal reicht bereits eine gewisse Zeit des Alleinseins und der Stille, und das Gehirn beginnt, sich sozu-

sagen selbst Gesellschaft zu leisten. Auch eine Überreizung (zu viel TV oder Daddeln am PC) kann das Gehirn durcheinander bringen. Bei Menschen, bei denen Konzentrations-, Hör- oder Sehvermögen altersbedingt nachlassen, kann es zu harmlosen Halluzinationen kommen. (Elmar Brasse in einem Interview mit bild.de am 26.01.2012 – Artikel „Ab wann bin ich verrückt?" von Nicole Gast)

Wenn man die Erkenntnisse zur Entstehung optischer und akustischer Halluzinationen ernst nimmt, kommt man jedoch unweigerlich zu der Schlussfolgerung, dass entsprechende Wahrnehmungseindrücke und -überzeugungen grundsätzlich nicht der Wirklichkeit entsprechen. Hier zeigt uns unser Gehirn die Welt nicht, wie sie ist; vielmehr erfindet es eine Welt. Halluzinationen beruhen nicht auf der normalen, sondern auf einer Fehlfunktion des Gehirns, das offenbar in gewissen Situationen dazu neigt, ohne entsprechenden sensorischen Input *von sich aus* Wahrnehmungseindrücke zu erzeugen. Auch numinose oder mystische religiöse Erfahrungen können durch Drogen erzeugt werden oder dadurch, dass man einen Menschen in eine außergewöhnliche, vielleicht sogar in eine Extremsituation bringt. Auch hier liegt also die Vermutung nahe, dass das Gehirn in diesen Situationen nicht normal funktioniert, sondern von sich aus entsprechende Erfahrungen erzeugt. Bertrand Russell hat es in seinem Buch *Religion and Science* so formuliert:

> Von einem wissenschaftlichen Standpunkt aus können wir keinen Unterschied machen zwischen dem, der wenig ißt und den Himmel sieht, und dem, der viel trinkt und Schlangen sieht. Beide sind in einem abnormalen physischen Zustand und haben daher abnormale Wahrnehmungen. (Russell 1997, 188)

Das ist natürlich salopp formuliert. Aber der Sache nach hat Russell Recht. Nach allem, was wir wissen, produziert das Gehirn in abnormalen Zuständen keine Wahrnehmungen, die der Wirklichkeit entsprechen.

Diese Überlegungen hängen eng zusammen mit einem dritten Punkt. Bei sinnlichen Wahrnehmungen sind uns die kausalen Mechanismen, auf denen sie beruhen, zumindest im Prinzip bekannt. Bei der visuellen Wahrnehmung hatten wir das schon gesehen: Das von den Gegenständen unserer Umwelt reflektierte Licht gelangt in unsere Augen, wo es in elektrochemische Impulse umgewandelt wird; diese Impulse werden ins Gehirn weitergeleitet; und das Gehirn hat die Aufgabe, auf der Grundlage dieser Impulse die wahrgenommene Szene zu rekonstruieren. Es gibt also einen nachvollziehbaren kausalen Weg von den wahrgenommenen Gegenständen hin zu den Wahrnehmungseindrücken und Wahrnehmungsüberzeugungen. Viele Philosophen vertreten sogar die Auffassung, dass Wahrnehmung ohne einen solchen kausalen Weg begrifflich undenkbar ist. Aber wie sollen wir uns einen solchen kausalen Einfluss bei religiösen Wahrnehmungen vorstellen? Gibt es eine übernatürliche Wirklichkeit, die kausal – an welcher Stelle auch immer – auf unser Nervensystem einwirkt, um dann dort entsprechende Wahrnehmungseindrücke und -überzeugungen entstehen zu lassen? Warum geschieht das nicht immer und bei allen Menschen auf dieselbe Weise? Kann die übernatürliche Wirklichkeit etwa entscheiden, wann und wo sie auf das Nervensystem mancher Menschen einwirkt? Es gibt gewisse Hinweise, dass religiöse Erfahrungen eine neuronale Grundlage haben, dass bei Menschen, die über solche Erfahrungen berichten, bestimmte Hirnareale besonders aktiv sind.[9] Das allein zeigt natürlich nicht, dass religiöse Wahrnehmungen *nicht* der Wirklichkeit entsprechen. Denn auch allen sinnlichen Wahrnehmungen liegen neuronale Aktivitätsmuster zugrunde. Die Frage ist vielmehr: Woher kommen diese Aktivitätsmuster? Gehen sie auf die wahrgenommene Wirklichkeit zurück, die sie auf kausalem Weg erzeugt? Oder sind sie sozusagen „Eigenproduktionen" des Gehirns, das diese Muster ohne jeden Input von Seiten der wahrgenommenen Wirklichkeit hervorbringt?

Der entscheidende Punkt ist damit der folgende: Wenn es *unabhängige* Belege dafür gäbe, dass – und vielleicht auch wie – das Übernatürliche kausal in den Lauf der physischen Welt eingreift, würde das die Annahme der Zuverlässigkeit religiöser Wahrnehmung unter Umständen stützen. Denn dann gäbe es zumindest die Möglichkeit, dass das Übernatürliche unter geeigneten Umständen – auf dem Weg über bestimmte Hirnareale – kausal Wahrnehmungseindrücke und -überzeugungen hervorruft, die uns eine übernatürliche Wirklichkeit zeigen, wie sie wirklich ist. Aber, wie wir schon im dritten Kapitel *Empirische Belege für die Existenz des Übernatürlichen* gesehen haben, ist genau das Gegenteil der Fall. Es gibt keine empirischen Tatsachen, die für ein kausales Eingreifen übernatürlicher Wesen in die physische Welt sprechen. Kurz gefasst: Wenn wir – unabhängig von aller religiösen Wahrnehmung – Gründe für die Annahme hätten, dass es übernatürliche Wesen und Kräfte gibt, die bei besonderen Anlässen in den Lauf der physischen Welt eingreifen, dann würde damit die Möglichkeit eröffnet, ernsthaft über die Zuverlässigkeit religiöser Wahrnehmungen zu diskutieren. Aber solange es diese Gründe nicht gibt, spricht alles dafür, dass religiöse Wahrnehmungseindrücke und -überzeugungen unter abnormalen Bedingungen – ohne jeden Input von außen – vom Gehirn selbst erzeugt werden. Und wenn das so ist, haben wir keinen Grund zu der Annahme, dass uns diese Eindrücke und Überzeugungen wahrheitsgemäß über eine nicht-natürliche Wirklichkeit informieren.[10] Religiöse Erfahrungen und Wahrnehmungen könnten also nur dann ein Grund sein, an eine übernatürliche Welt zu glauben, wenn es auch andere, unabhängige Gründe für diese Annahme gäbe. Solange es diese unabhängigen Gründe nicht gibt, sprechen daher auch religiöse Erfahrungen und Wahrnehmungen nicht für die Existenz einer solchen Welt.

8.3 Reformierte Erkenntnistheorie

Diese Argumente sind auch für eine Überlegung relevant, die wieder auf Alvin Plantinga zurückgeht.[11] Bei dieser Überlegung geht es nicht um außergewöhnliche, z. B. mystische Erfahrungen, sondern um Erfahrungen, die manche Menschen in eher „normalen" Situationen machen. Es geht um Naturerlebnisse bei der Betrachtung eines großartigen Bergpanoramas oder der beeindruckenden Struktur der Mundwerkzeuge eines Insekts, die spontan zu der Überzeugung führen „All das hat Gott geschaffen". Es geht darum, dass manche, wenn sie gegen ihr Gewissen handeln, spontan glauben „Gott missbilligt, was ich tue". Es geht um beglückende religiöse Feiern oder die Rettung aus gefährlichen Situationen, die spontan zu der Überzeugung führen, dass Gott größter Dank gebührt. Und es geht um einschneidende zwischenmenschliche Erlebnisse wie Liebe, Geburt, Krankheit und Tod, die oft ebenfalls zu entsprechenden religiösen Überzeugungen führen (vgl. Löffler 2006, 87, 90).

Wir hatten schon gesehen, dass Überzeugungen, die auf sinnlicher Wahrnehmung beruhen, auf eine spezifische Weise direkt oder basal sind. Das zeigt sich unter anderem daran, dass man, gefragt, warum man diese Überzeugungen hat, in aller Regel keine Gründe anführt, sondern einfach sagt „Das habe ich doch (mit meinen eigenen Augen) gesehen". Trotzdem ist es im Allgemeinen nicht irrational, seinen Wahrnehmungsüberzeugungen zu trauen; trotzdem scheint man in diesen Überzeugungen unter bestimmten Bedingungen gerechtfertigt zu sein. Dies führt Plantinga zu der Frage: Kann es nicht sein, dass die gerade angeführten religiösen Überzeugungen (häufig wird hier von „Manifestationsüberzeugungen" gesprochen) einen ähnlichen Status haben wie Wahrnehmungsüberzeugungen? Kann es nicht sein, dass diese Überzeugungen in demselben Sinn basal sind, so dass wir – wieder unter bestimmten Bedingungen – auch in ihnen durchaus gerechtfertigt sind?

In früheren Arbeiten (z. B. Plantinga 1983) hat Plantinga versucht, die Ähnlichkeiten zwischen Wahrnehmungs- und Manifestationsüberzeugungen herauszuarbeiten und so für die These zu argumentieren, dass es zumindest möglich ist, dass Gläubige in ihren Manifestationsüberzeugungen genauso gerechtfertigt sind wie wir alle in unseren Wahrnehmungsüberzeugungen. In späteren Arbeiten (besonders Plantinga 2000) geht er weiter und argumentiert für die These, dass es für Gläubige tatsächlich rational ist, ihren Manifestationsüberzeugungen zu trauen. Hintergrund dieser Argumente sind Plantingas grundsätzliche erkenntnistheoretische Überlegungen zum Thema *warrant* (Plantinga 1993a, 1993b).

„Warrant" scheint auf den ersten Blick dasselbe, oder zumindest etwas Ähnliches, zu bedeuten wie „justification". Beide Ausdrücke kann man mit „Rechtfertigung" ins Deutsche übersetzen. Plantinga verwendet „warrant" jedoch als *terminus technicus*, dessen Bedeutung sich deutlich von der des Ausdrucks „justification" unterscheidet. In der Erkenntnistheorie gab es seit Platon eine weitgehende Einigkeit darüber, dass man „Wissen" definieren kann als „gerechtfertigte wahre Überzeugung". Aber 1963 veröffentlichte Edmund Gettier einen kurzen Aufsatz, der diesen Konsens grundlegend erschütterte (Gettier 1963). Denn in diesem Aufsatz führte Gettier zwei Beispiele an, in denen die Bedingungen *Überzeugung*, *Wahrheit* und *Rechtfertigung* alle erfüllt sind, in denen wir aber trotzdem nicht von *Wissen* reden würden. Seitdem gibt es eine neue und schier endlose Diskussion über die richtige Analyse des Begriffs „Wissen".[12] Dabei sind sich allerdings (fast) alle in zwei Punkten nach wie vor einig: 1. *Überzeugung* und *Wahrheit* werden weiterhin als notwendige Bedingungen für *Wissen* angesehen. 2. *Wissen* erschöpft sich nicht in diesen beiden Bedingungen; es muss noch etwas hinzukommen. Für dieses etwas – für das, was noch hinzukommen muss – verwendet Plantinga den Ausdruck „warrant".

In *Warrant: The Current Debate* (1993a) erläutert und kritisiert Plantinga zunächst Vorschläge anderer Autoren, was zu *Überzeugung* und *Wahrheit* hinzukommen muss, damit wir von *Wissen* reden können, um dann in *Warrant and Proper Function* (1993b) eine eigene Antwort auf diese Frage zu formulieren. Wie sich schon aus dem Titel des Buches ergibt, lautet der Zentralbegriff dieser Antwort „proper function". Etwas erfüllt seine *proper function*, wenn es korrekt, bauplangemäß funktioniert, d. h. wenn es so funktioniert, wie es funktionieren soll. Mit Hilfe dieses Begriffs kann man Plantingas neue Position so formulieren:

> Wenn eine Person, deren Erkenntnisapparat bauplangemäß funktioniert, in einer passenden Umgebung ohne Störfaktoren aus einem Wahrheitsstreben heraus Meinungen bildet (egal ob basal oder abgeleitet), dann haben diese Meinungen *warrant*, und zwar umso stärkeren *warrant*, je stärker sich diese Meinungen der Person aufdrängen. [...] Die religionsphilosophische Pointe dieses Ansatzes ist klar: Wenn Menschen, deren Erkenntnisapparat tadellos funktioniert, in bestimmten Situationen religiöse Manifestationsmeinungen bilden (die sich teils stark aufdrängen), dann sind diese Meinungen vertretbar, sie haben *warrant*, ähnlich wie etwa die Meinungen eines versierten Beobachters *warrant* haben. (Löffler 2006, 94)

Gegen diesen Vorschlag scheint allerdings sofort zu sprechen, dass wir ja schon gesehen hatten, dass im Falle religiöser Überzeugungen viel dafür spricht, dass bei der Entstehung dieser Überzeugungen unser Erkenntnisvermögen gerade *nicht* so funktioniert, wie es funktionieren soll, da das Gehirn diese Überzeugungen von selbst, ohne entsprechenden Input hervorbringt. Auf diesen – naheliegenden – Einwand hat Plantinga eine originelle Erwiderung: Was spricht eigentlich dagegen, dass wir außer über unsere fünf Sinne auch noch über einen *sensus divinitatis* verfügen, ein spezielles Wahrnehmungsvermögen für das Übernatürliche, und dass Manifestationsüberzeugungen häufig genau dann entstehen, wenn dieser *sensus divinitatis* so funktioniert, wie er funktionieren soll? Zumindest so entstandene Manifestationsüberzeugungen hätten *warrant*, könnten also zu Recht beanspruchen, als Wissen zu gelten.

Wenn man von der zuvor erläuterten naturalistischen Sicht der Wahrnehmung ausgeht, spricht allerdings viel gegen einen *sensus divinitatis*.[13] Dieser Sicht zufolge ist Wahrnehmung ein physischer Prozess, in dem physische Kausalbeziehungen eine entscheidende Rolle spielen. Die wahrgenommene Realität verursacht physische Veränderungen in unseren Sinnesorganen; diese Veränderungen werden in elektrochemische Impulse umgesetzt, die ins Gehirn weitergeleitet werden; dort werden – auf der Grundlage dieser Impulse – in aller Regel richtige Repräsentationen der Umwelt erzeugt.[14] So gesehen spricht gegen einen *sensus divinitatis* zuallererst, dass nicht zu sehen ist, worin das entsprechende physische Sinnesorgan bestehen soll. Zweitens stellt sich die Frage, wie die übernatürliche Realität physische Veränderungen in diesem Sinnesorgan kausal hervorbringen soll. Und drittens schließlich: Wie hat man sich den Prozess vorzustellen, der ausgehend von den Impulsen, die von diesem Sinnesorgan ins Gehirn gelangen, zutreffende Repräsentationen der übernatürlichen Realität erzeugt? Kurz: Ein *sensus divinitatis* passt einfach nicht in das Bild, das die Naturwissenschaften von uns und unserer Umwelt zeichnen.

Warum Plantinga trotzdem an der Idee eines *sensus divinitatis* festhält, wird erst in seinem neusten Buch *Where the conflict really lies* (Plantinga 2011b) deutlich. Denn in diesem Buch argumentiert er für die These, dass die Ergebnisse der Naturwissenschaften keineswegs für eine naturalistische Weltsicht sprechen – eine Weltsicht, in der kein Platz ist für übernatürliche Kräfte und Wesen, in der nicht einmal Platz ist für immaterielle Seelen. Ganz im Gegenteil: Richtig verstanden sind die Ergebnisse der Naturwissenschaften in seinen Augen viel besser vereinbar mit der Annahme, dass es einen Gott gibt, der die Welt erschaffen hat und immer noch lenkt. Erstens sprechen Plantinga zufolge *Fine Tuning*-Argumente eindeutig dafür, dass unsere Welt nicht zufällig entstanden ist, sondern auf dem Plan eines Schöpfers beruht.[15] Zweitens hat, so Plantinga, die Evolutionsforschung eine Menge Fakten ans Tageslicht gebracht, die sich viel besser erklären lassen, wenn man annimmt, dass der Prozess der Evolution kein Zufallsprozess ist, der auf blinden Kausalmechanismen beruht, sondern ein Prozess, der von Gott auf bestimmte Ziele hin gelenkt wird.[16] Drittens schließlich, und dieser Punkt ist Plantinga sehr wichtig: Wenn wir annehmen, dass wir mit Erkenntnisvermögen ausgestattet sind, die zu unserer Welt passen, d. h., die es uns – zumindest im Prinzip – gestatten, diese Welt so zu erkennen, wie sie ist, lässt sich auch das in seinen Augen eigentlich nur erklären, wenn man annimmt, dass uns ein wohlwollender Schöpfergott, der uns auch in diesem Punkt nach seinem Ebenbild geschaffen hat, diese Erkenntnisvermögen mitgegeben hat; dass solche Erkenntnisvermögen durch einen evolutionären Zufallsprozess entstanden sind, ist, so Plantinga, absolut unwahrscheinlich. Mich überzeugen diese Argumente nicht, und dies geht offenbar auch anderen so. So kommt Michael Ruse im Dezember 2011 in einem Blog des *Chronicle of Higher Education* zu dem harten Urteil: „It is America's tragedy. Crude religion perverts everything."[17] Trotzdem, denke ich, hat Plantinga eine Diskussion angestoßen, die schon bald zu einem äußerst interessanten Austausch von Argumenten führen wird.

9. Nachwort: Ohne Glauben leben

Ich habe in diesem Buch zu zeigen versucht: Es gibt kaum, wenn überhaupt, *epistemische* Gründe *für* die Existenz eines christlich verstandenen Gottes. Auf der anderen Seite aber spricht das unermessliche Leid, das es in dieser Welt gibt, und das geradezu dröhnende Schweigen Gottes angesichts dieses Leids in meinen Augen eindeutig *gegen* seine Existenz.[1] Sicher mag es manche geben, die nach einer Genesung aus schwerster Krankheit oder Rettung aus höchster Not den *Eindruck* haben, es habe ihnen jemand geholfen. Doch viel spricht dafür, dass dieser Eindruck trügt. Wenn wir die Heilerfolge in Lourdes betrachten oder das Ergebnis der Untersuchungen von Krucoff und Benson zur Frage, ob beten hilft, zeigt das doch, dass es keinen Grund für die Annahme gibt, das übernatürliche Kräfte zumindest manchmal in den Lauf der Welt eingreifen. Es mag auch nach wie vor viele geben, die davon überzeugt sind, dass das Universum eine Ursache haben muss und dass diese Ursache nur ein intelligentes Wesen sein kann. Aber selbst wenn das so wäre, käme man doch an Humes Argument nicht vorbei, dass die vielen Unvollkommenheiten der Schöpfung ganz sicher nicht dafür sprechen, dass der Schöpfer ein allmächtiges, allwissendes und vollkommen gutes Wesen war. Vielmehr sind sie eher Indizien dafür, dass es diesem Schöpfer gar nicht darum ging, eine möglichst vollkommene Welt zu schaffen, oder dass ihm dazu die Macht fehlte. Angesichts dieser Alternative scheint es mir plausibler anzunehmen, dass es überhaupt keinen Schöpfer gab und dass sich das Universum, so wie wir es vorfinden, aus natürlichen Anfängen in einem rein natürlichen Prozess entwickelt hat. Zumindest wird diese Hypothese durch die Tatsache, dass unsere Welt so ist, wie sie ist, weit besser gestützt als die Annahme, dass diese Welt von einem allmächtigen, allwissenden und vollkommen guten Wesen geschaffen wurde.

Wir sind also *nicht* in der von William James beschworenen Situation, dass die Frage, ob es einen christlich verstandenen Gott gibt, „ihrer Natur gemäß nicht aus intellektuellen Gründen entschieden werden kann" (James 1896, 138). Es gibt kein Patt zwischen den Gründen, die für, und denen, die gegen die Existenz eines solchen Gottes sprechen. Das Problem des Übels wiegt so schwer, dass es die wenigen Gründe *pro* mehr als aufwiegt.[2] Und deshalb gebietet es die intellektuelle Redlichkeit, nicht zu glauben, dass es einen solchen Gott gibt. Die epistemischen Gründe jedenfalls sprechen eine deutliche Sprache. Dennoch denken sicher viele, dass wir auch die nicht-epistemischen Gründe nicht außer Acht lassen dürfen. Können wir mit dem Ergebnis, dass es keinen Gott gibt, überhaupt leben? Und wie können wir mit diesem Ergebnis leben?

Das Unangenehme an Religionskritikern wie Dawkins und Hitchens ist ihre auftrumpfende Attitüde. Jetzt, so scheinen sie zu sagen, haben wir all denen, die immer noch an Gott glauben, endlich gezeigt, was für furchtbare Deppen sie sind. Aber sie sind keine Deppen; sie kämpfen für etwas, das ihnen wichtig ist, das ihnen, wie Karen Armstrong sagt, „Halt und Trost" gibt, ohne das sie nicht leben mögen. Atheisten können mit ihnen in einem Punkt durchaus einig sein: Wenn es keinen christlich verstandenen Gott gibt, ist die Welt ärmer und in gewisser Weise auch kälter. Es wäre schön, wenn es einen solchen Gott gäbe. Aber, und da unterscheiden sich die Auffassungen, es gibt ihn eben nicht; zumindest gibt es keine guten Gründe, die für seine Existenz sprechen. Jürgen Habermas hat einem Artikel von 2007 den Titel „Ein Bewusstsein von dem, was fehlt" gegeben. Auch er, der sich selbst bei seiner Dankesrede zur Verleihung des Friedenspreises des Deutschen Buchhandels 2001 als „religiös unmusikalisch" bezeichnet hat, scheint also zu denen zu gehören, die das Fehlen eines christlich verstandenen Gottes bedauern. Aber, so möchte man hinzufügen: Was fehlt, fehlt eben. Man kann das bedauern. Aber wenn etwas nicht da ist, ist es nicht da, auch wenn man sich sehnlichst wünscht, dass es anders wäre. Besonders eindrucksvoll hat diese Situation Herbert Schnädelbach in seinem Aufsatz „Der fromme Atheist" beschrieben.

> Der fromme Atheist gehört ferner nicht zu den Fröhlichen im Lande. Er kann nicht von sich sagen: „Ich dank' es dem lieben Gott tausendmal, dass er mich zum Atheisten hat werden lassen." Er jubelt auch nicht mit Heinrich Heine: „.... den Himmel überlassen wir/ den Engeln und den Spatzen." Dieser Atheismus war einmal das Denkmal einer Befreiung gewesen, eines Aufatmens, einer Gottlosigkeit im Sinne des „Endlich sind wir den Alten los!". Nicht mehr mit der Angst vor der ewigen Verdammnis tyrannisiert werden zu können, wurde hier gern mit der Hoffnung auf die ewige Seligkeit bezahlt, denn es gibt ein Leben vor dem Tod. So viel diesseitiger Frohsinn aber ist dem frommen Atheisten verdächtig, denn er bedenkt die Kosten; sein Unglaube ist für ihn vor allem das Denkmal eines Verlustes. Im Kinderlied hieß es von Gott, der die „Sternlein ... gezählet" habe: „Kennt auch dich und hat dich lieb"; das hatte das Kind fest geglaubt, und der Erwachsene kann dies nicht vergessen. Den Schlusschoral aus Bachs Johannes-Passion „Ach Herr, lass dein lieb Engelein ..." oder das Doppelquartett „Denn er hat seinen Engeln befohlen über dir ..." aus Mendelssohns Elias vermag er nicht anzuhören, ohne mit den Tränen zu kämpfen: Was sich da einstellt, ist eine Mischung aus Trauer und Wut, dass das alles nicht wahr ist. Der Ausweg einer vollständigen Ästhetisierung solcher Werke ist ihm verschlossen, und weil er hier nicht nur seufzen kann „Wie schön!", verzichtet er lieber darauf, sie überhaupt anzuhören. Er gehört somit nicht zu denen, die jedes Jahr für teures Geld eine Aufführung von Bachs Matthäus-Passion besuchen und schon im Vorhinein wissen, wann sie vor Rührung weinen werden: „Wenn ich einmal soll scheiden ...". „Es ist vollbracht!" konzertant in der Berliner Philharmonie – für ihn stimmt da irgendetwas nicht. (Schnädelbach 2007, 13f.)

Der fromme Atheist weiß, was fehlt, wenn es keinen Gott gibt. Er nimmt das Bedürfnis derer, die von der Religion nicht lassen können, ernst.

> So ist der fromme Atheist nicht „gegen Gott"; er lehnt nichts ab, leugnet nichts und bekennt nichts Gegenteiliges, sondern er *hat* nicht, was der fromme Theist zu haben beansprucht – den Glauben an Gott. Der ist ihm abhanden gekommen, und so weiß er, *was* er nicht hat. (ebd., 14f.)

Möglicherweise war der fromme Atheist als Kind selbst gläubig und hat die Erinnerung an die „Geborgenheit im Glauben" nicht vergessen. Aber nachdem sie einmal gestellt wurde, kann er der Frage nach den Gründen nicht mehr ausweichen. Er bemüht sich, intellektuell redlich zu sein, und muss mit der Erkenntnis leben, dass kaum Gründe für, aber viele Gründe gegen die Existenz Gottes sprechen. Man kann es mit „dem illusionslosen Erwachsensein-Müssen" vergleichen. Die Eltern sind nicht mehr da. Man steht allein. Es gibt niemanden, der seine schützende Hand über einen hält, niemanden, der am Ende alles gut werden lässt. Aber so düster ist die Situation nun auch wieder nicht. Man kann das Erwachsensein nicht nur aushalten, man kann es meistern. Man kann sein Leben selbst in die Hand nehmen. Und: Man ist eben nicht allein, sondern hat, wenn es gut geht, eine Reihe von Menschen, mit denen man Freude und Leid teilen kann, die für einen da sind, die einen auffangen, wenn es einem schlecht geht, und denen man selbst zur Seite stehen kann, wenn sie Hilfe benötigen. Ein zentrales Element von Religion ist die Nächstenliebe, und die kann man auch praktizieren, wenn es keinen Gott gibt.

Aber warum sollte man sich um seinen Nächsten kümmern? Was wird überhaupt aus der Moral? Hat nicht Dostojewski in seinen Briefen geschrieben „Wenn Gott nicht existiert, ist alles erlaubt"?[3] Wir hatten schon im zweiten Kapitel *Wovon dürfen wir überzeugt sein?* gesehen, dass es auch zu den Kernthesen des früheren Kardinals Joseph Ratzinger gehört, dass insbesondere die unbedingte Geltung von Menschenwürde und Menschenrechten nur durch Rekurs auf Gott zu begründen sei. „Diese allem politischen Handeln und Entscheiden vorangehende Gültigkeit der Menschenwürde verweist letztlich auf den Schöpfer: Nur er kann Rechte setzen, die im Wesen des Menschen gründen und für niemanden zur Disposition stehen." (Ratzinger 2005) Diese Auffassung ist schon so oft kritisch diskutiert worden,[4] dass ich nur einige Punkte noch einmal hervorheben möchte.

Erstens: Wer annimmt, dass moralische Regeln in Gott gründen, meint offenbar, dass sie nur deshalb gelten, weil Gott es so will. Wenn er etwas anderes wollte, wären auch die moralischen Regeln andere. Wenn Gott es so wollte, wäre es vielleicht gar nicht verwerflich, sondern sogar geboten, kleine Kinder ohne Grund zu quälen. Gottes Wille selbst unterliegt nach dieser Auffassung keinerlei Regeln; er ist völlig unbegrenzt – außer vielleicht dadurch, dass selbst Gott nichts Widersprüchliches wollen kann. Eine solche Gottesauffassung wurde von einer ganzen Reihe von Philosophen vertreten – etwa von Duns Scotus und René

Descartes. Descartes war sogar der Meinung, Gott könne die Gesetze der Logik ändern oder dafür sorgen, dass die Summe von 2 und 3 nicht 5, sondern 6 ist. Aber das klingt doch außerordentlich merkwürdig. Könnte es wirklich sein, dass es moralisch *gut* ist, seinem Nächsten nicht zu helfen, sondern ihn sadistisch zu quälen? Wenn das *nicht* möglich ist, liegt es aber offenbar nicht an Gottes Willen, welche moralischen Gesetze gelten. Vielmehr ist es so, wie schon Platon im Dialog *Euthyphron* feststellt: Eine Handlung ist nicht fromm, weil sie den Göttern gefällt; sie gefällt den Göttern, weil sie fromm ist. Im Übrigen wird Gott zumindest im Christentum als allmächtig, allwissend und vollkommen gut angesehen. Die letzte Bestimmung wäre aber völlig trivial, wenn es an Gottes Willen läge, was gut ist und was nicht.[5] Das ganze Problem des Übels würde in sich zusammenfallen: Alles, was Gott tut, ist *per se* gut; denn er will es ja so. Das Problem des Übels ist aber ein echtes Problem: Wie kann es gerechtfertigt sein, ein unschuldiges Kind qualvoll sterben zu lassen? Auch das zeigt, dass es eben nicht von Gottes Willen abhängt, welche Handlungen moralisch gut sind und welche nicht.

Zweitens: Man kann auch der Auffassung sein, dass nur die Annahme Gottes sicherstellt, dass zumindest nach dem Tode jeder bekommt, was er verdient – die, die Gutes getan haben, werden belohnt; die, die moralisch falsch gehandelt haben, bestraft. Und, so könnte man weiter argumentieren: Nur die Aussicht auf eine gerechte Belohnung und Bestrafung kann Menschen überhaupt motivieren, sich moralisch korrekt zu verhalten. Auf der einen Seite ist dies eine äußerst zweifelhafte empirische Behauptung. Ich kann mir z. B. nicht vorstellen, dass Mutter Teresa sich nur deshalb entschlossen hat, den Armen in Kalkutta zu helfen, weil sie sich davon ewigen Lohn im Himmel versprach. Auf der anderen Seite ist es aber auch eine gut belegte soziologische Einsicht, dass Normensysteme, die nur wegen der mit ihnen verbundenen Sanktionen befolgt werden, äußerst instabil sind – so z. B. Max Weber im Abschnitt 5 „Begriff der legitimen Ordnung" im ersten Kapitel „Soziologische Grundbegriffe" seines Hauptwerks *Wirtschaft und Gesellschaft*.[6] Weber zufolge kann die Legitimität normativer Ordnungen garantiert sein (a) innerlich – (i) affektuell „durch gefühlsmäßige Hingabe", (ii) wertrational „durch Glauben an ihre absolute Geltung als Ausdruck letzter verpflichtender Werte", (iii) religiös „durch den Glauben an Abhängigkeit eines Heilsgüterbesitzes von ihrer Innehaltung" – oder (b) äußerlich „durch die Erwartung spezifischer äußerer Folgen" (Weber 1982, 576). Ordnungen, die nur äußerlich garantiert sind, sind in Webers Augen, wie gesagt, eher labil.

> Eine nur aus zweckrationalen Motiven innegehaltene Ordnung ist im allgemeinen weit labiler als die lediglich kraft Sitte, infolge der Eingelebtheit eines Verhaltens, erfolgende Orientierung an dieser: die von allen häufigste Art der inneren Haltung. (ebd., 574)

Mir persönlich scheint für die Stabilität einer normativen Ordnung entscheidend, dass die Mitglieder der entsprechenden Gesellschaft diese Ordnung innerlich akzeptieren, dass sie es – zumindest die allermeisten von ihnen – für richtig halten, dass diese Normen gelten, dass sie *wollen*, dass diese Normen gelten. Sie wollen, dass andere sich an diese Normen halten, und sie sind auch selbst bereit, diesen Normen zu folgen – selbst wenn dies für sie mit Kosten verbunden ist und unabhängig davon, ob abweichendes Verhalten sanktioniert wird. In der Debatte um die Geltung der Grundrechte ist ja eins nicht zu übersehen: Alle Beteiligten – Ratzinger, Habermas, Böckenförde und viele andere – *wollen*, dass die Grundrechte gelten; sie sind davon überzeugt, dass es richtig ist, wenn sich unser Normensystem an diesen Grundrechten ausrichtet. Genau deshalb suchen sie nach Begründungen. Dabei sind diese Begründungen gar nicht entscheidend. Ein Normensystem, von dessen Legitimität die Mitglieder einer Gesellschaft nicht überzeugt sind, wird keinen Bestand haben – ganz unabhängig davon, wie gut sich dieses Normensystem begründen lässt. Entscheidend ist, dass die Mitglieder einer Gesellschaft von dieser Legitimität überzeugt sind, dass sie selbst wollen, dass diese Normen gelten. Mögliche Strafen spielen nur eine untergeordnete Rolle.

Schließlich natürlich noch die Frage: Und was ist mit dem Tod? Ist der Gedanke nicht schrecklich, dass mit dem biologischen Ende alles vorbei sein soll? Sicher geht uns viel verloren, wenn unser Leben – in näherer oder fernerer Zukunft – irgendwann einmal einfach vorbei ist. Wir können keine Freuden mehr genießen. (Müssen aber auch keine weiteren Schmerzen erleiden.) Wir müssen uns von allen, die wir lieben und mögen, endgültig verabschieden. Das ist ohne Zweifel ein herber Verlust. Auf der anderen Seite: Die Aussicht, dass es nach dem biologischen Tod doch noch weitergeht, hat durchaus auch negative Aspekte. In der ursprünglichen griechischen Mythologie war der Hades – der Ort, an den unterschiedslos alle Menschen nach dem Tode kamen[7] – eine unwirtliche Gegend in der Unterwelt, neblig und düster. Dort konnte man nur ein freudloses Dasein fristen. Dass dieses Dahinvegetieren nach dem Tod ein erstrebenswertes Ziel war, kann man also wirklich nicht behaupten. Nach spätantiken Vorstellungen kamen die Verstorbenen zuerst vor die Totenrichter, die über ihr weiteres Schicksal entschieden. Die meisten durften sich in die elysischen Gefilde begeben, wo sie als Schatten schmerzlos fortexistierten oder auch in ewiger Glückseligkeit lebten. Diejenigen aber, die Unrecht begangen hatten, wurden in den Tartaros gestoßen, wo sie ewige Qualen litten. Hier gibt es ganz offensichtlich große Ähnlichkeiten zu der christlichen Lehre, dass am Ende der Tage einige – vielleicht nach einer mehr oder weniger langen Zeit im Fegefeuer – in den Himmel kommen, während die anderen ewige Höllenqualen erleiden müssen. Augustinus war der Meinung, dass der überwiegenden Mehrzahl aller Menschen – aufgrund der Erbsünde –

das Schicksal ewiger Verdammnis beschieden ist; nur einige wenige werden durch Gottes Gnade errettet. Ist diese Aussicht wirklich erfreulicher als die, dass mit dem Tode das Leben endgültig vorbei ist?

Epikur geht es in seiner Philosophie in erster Linie darum, den Menschen von unnötigen Ängsten zu befreien – vor allem von der Angst vor den Göttern und der Angst vor dem Tod. Als ich zum ersten Mal die *Ilias* las, war ich verblüfft darüber, wie häufig und direkt in den Augen Homers die Götter in das Leben der Menschen eingreifen. Gleich zu Beginn ist es Apollon, der mit seinen Pfeilen im Lager der Griechen eine furchtbare Krankheit auslöst, die vielen den Tod bringt. Den Grund dafür hatte ich schon genannt:[8] Agamemnon hatte Apollon beleidigt, da er sich, obwohl ihm ein hohes Lösegeld angeboten wurde, weigerte, dem Apollon-Priester Chryses dessen Tochter Chryseïs zurückzugeben. Während der Kämpfe unterstützt Poseidon die Griechen, wird aber von Zeus zurückgerufen, der seine eigenen Pläne verfolgt. Als Patroklos in den Kampf eingreift und die Trojaner bis an die Stadtmauer zurückdrängt, ist wieder Apollon zur Stelle; von dichtem Nebel umhüllt tritt er an Patroklos heran und schlägt ihn so in den Rücken, dass Euphorbos und Hektor ihn töten können. Als im direkten Zweikampf Achilles gegen Hektor schließlich ein von Achilles geschleuderter Speer Hektor verfehlt, weil dieser sich rechtzeitig ducken kann, ist es Athene, die den Speer aufhebt und Achilles zurückbringt. Kein Wunder, dass die Menschen vor diesen Göttern Angst hatten und versuchten, sie insbesondere durch angemessene Opfer günstig zu stimmen.

Epikur dagegen versucht, den Menschen die Angst vor den Göttern zu nehmen, indem er zeigt, dass das Bild der Götter, das etwa Homer in der Ilias zeichnet, nicht zutreffen kann.[9] Götter sind – ihrem Begriff nach – ewig und selig. Mit diesen Eigenschaften ist aber nicht vereinbar, ihnen menschliche Eigenschaften wie Eifersucht oder Zorn zuzuschreiben. Man kann einen Gott nicht beleidigen; denn es gehört zum Begriff der Seligkeit, dass Götter durch das, was wir Menschen tun, nicht berührt werden. Man kann sie nicht kränken und auch nicht gegen sich aufbringen. Auf der anderen Seite bleiben die Götter aber auch von unserem Unglück unbeeindruckt; es stört ihre Seligkeit nicht, wenn es uns schlecht geht, wenn wir krank sind, Schmerzen erleiden oder gar qualvoll sterben. Epikur zeichnet ein deistisches Bild von den Göttern. Sie sind sich selbst genug. D. h., wir können „davon ausgehen, dass die Götter sich um die Belange des Menschen gar nicht kümmern, und wenn sich das so verhält, dann gibt es auch keinen Anlass zu denken, sie wollten sich an uns rächen oder uns für unsere Taten bestrafen usw." (Rapp 2010, XXI). Mir scheint dieser Gedanke Epikurs nicht unplausibel. Noch das christliche Bild Gottes erinnert doch stark an das Bild eines aufbrausenden, eigenwilligen und auf seine Ehre bedachten Feudalherrn.[10] Von einem Wesen, das wirklich vollkommen ist, würde ich dagegen erwarten, dass es völlig in sich selbst ruht, dass man dieses Wesen weder beleidigen noch erzürnen kann und dass es diesem Wesen völlig egal ist, ob man gegen seinen Willen handelt oder nicht. All das perlt sozusagen an ihm ab.

Was den Tod angeht, vertritt Epikur zwei Thesen: 1. Es gibt kein Leben nach dem Tode. 2. Dass es kein Leben nach dem Tode gibt, ist kein Grund zur Beunruhigung, im Gegenteil. Die erste These ergibt sich aus Epikurs atomistischer Weltsicht. Alles was es in der Welt gibt und was einen kausalen Einfluss ausübt, besteht aus Atomen. Wie alle anderen antiken Philosophen geht Epikur selbstverständlich davon aus, dass es eine Seele gibt. Denn für die gesamte Antike ist die Seele das, was das Lebende vom Toten unterscheidet. Leben entsteht, wenn die Seele in einen geeigneten Körper eintritt, und das Lebewesen stirbt, wenn die Seele den Körper wieder verlässt. Aber wenn die Seele existiert, dann muss sie, da sie kausal wirksam ist, ebenfalls aus Atomen bestehen. Wie Lukrez ausführlich schildert, muss man annehmen, dass es zwei Arten oder Teile der Seele gibt – *animus* und *anima* –; der erste Teil ist in der Brust angesiedelt, während der zweite über den ganzen Körper verteilt ist. Entscheidend aber ist, dass die Atome, aus denen die Seele besteht, alle äußerst klein, beweglich und schnell sind. Das hat zwei Konsequenzen: Erstens wiegt die Seele insgesamt nur sehr wenig, und zweitens ist es den Seelenatomen, nachdem sie den Körper verlassen und so den Tod herbeigeführt haben, nicht möglich, beieinander zu bleiben. Weil sie so klein und beweglich sind, zerstieben sie sofort in alle Winde, wenn der Körper ihnen keinen Halt mehr gibt.

Was die zweite These angeht, hat Epikur seine Auffassung in dem *Brief an Menoikeus* in dem berühmten Diktum zusammengefasst:

> Das furchterregendste Übel, der Tod, hat also keine Bedeutung für uns, denn wenn wir existieren, ist der Tod nicht anwesend, wenn aber der Tod anwesend ist, dann existieren wir nicht. Daher ist er weder für die Lebenden noch für die Toten von Bedeutung. Denn für die einen hat er keine Bedeutung, und die anderen existieren nicht mehr. (Epikur 2010, 4)

Hinter dieser These steckt folgende Überlegung.[11] Ob es uns gut oder schlecht geht, hängt allein von unseren Empfindungen ab. Es geht uns gut, wenn wir angenehme Empfindungen haben; es geht uns schlecht, wenn wir Schmerz oder Trauer oder sonst etwas Unangenehmes empfinden. Empfindungen aber sind an die Seele gebunden. Wenn diese beim Tod den Körper verlässt und dabei selbst untergeht, hören alle Empfindungen auf. Nach dem Tod haben wir also keinerlei unangenehme Empfindungen mehr, und deshalb ist tot zu sein kein unangenehmer Zustand, vor dem wir uns fürchten müssten. Aber könnte man nicht einwenden, dass man den Tod nicht fürchte, weil er Schmerzen bringe, wenn er denn da ist; vielmehr schmerze er schon jetzt, weil man ja kommen sehe, dass man in nicht allzu ferner Zukunft sterben werde? Das hält Epikur für töricht:

Daher redet der einfältig, der sagt, dass er den Tod nicht fürchte, weil er Schmerzen bringen werde, wenn er da ist, sondern dass er ihn fürchte, weil er jetzt als ein in der Zukunft bevorstehender schmerzt. Denn was keine Beschwerden bereitet, solange es gegenwärtig ist, das bereitet, wenn man es erwartet, allenfalls überflüssigen Schmerz. (ebd.)

In seiner ausführlichen Darstellung der epikuräischen Lehren äußert sich auch Lukrez ausführlich und eindringlich zum Thema des Todes. Wer sich vor dem Tod fürchtet, der hat, so Lukrez, noch nicht richtig begriffen, dass mit dem Tod alle Empfindung vorbei ist, dass alles, was uns jetzt bewegt, uns dann nicht mehr tangiert.

> „Nimmermehr wird dich dein Heim willkommen heißen und nimmer
> Dir dein treffliches Weib und die lieblichen Kinder entgegen
> Eilen mit Küssen, dein Herz mit inniger Wonne erfüllend;
> Nimmermehr kannst du ein Mehrer des Ruhms und den Deinen ein Hort sein;
> Ein unseliger Tag entriß ohn' alles Erbarmen
> Alles dir Armem, was einst dein Leben so herrlich beglückte."
> Also klagt man, doch fügt man nicht zu: „Und du selber, du bist jetzt
> Aller Sehnsucht ledig nach all dergleichen Genüssen."
> Sähen sie dies recht ein im Gemüt und liehen ihm Worte,
> Könnten sie leicht ihr Herz von gewaltigen Ängsten erleichtern:
> „*Du* wirst so, wie du jetzt im Tode entschlummert, auch künftig
> Ruhen, erlöst von allen dich kränkenden Schmerzen und Nöten;
> Doch *wir* standen dabei, als du auf dem schaurigen Holzstoß
> Wurdest zu Asche verbrannt. Wir beweinten dich bitterlich; nie wird
> Kommen der Tag, der den ewigen Gram aus den Herzen uns nähme."
> Hier nun darf man wohl fragen: „Was ist denn so Bittres geschehen?
> Wenn doch die Sache auf Schlaf und auf ewige Ruhe hinausläuft,
> Warum soll sich denn jemand in ewiger Trauer verzehren?"
> (Lukrez 1993, Buch III, 894–911)

Etwas später legt Lukrez der Natur selbst die folgenden Worte in den Mund:

> Sterblicher, sage, was ist dir? Was gibst du so über die Maßen
> Kläglichem Trauern dich hin? Was beklagst und beweinst du das Sterben?
> War dir dein Leben erfreulich, das hinter dir liegt und vollendet,
> Sind dir alle Genüsse nicht etwa kläglich zerronnen
> Wie durch ein leckes Gefäß und ohne Genuß dir entschwunden,
> Warum scheidest du nicht als gesättigter Gast von des Lebens
> Tafel, du Tor, und genießest die sichere Ruhe mit Gleichmut?
> Sind hingegen die Quellen der Freude dir gänzlich zerflossen,
> Ist dir das Leben zum Ekel, was willst du denn weiter hinzutun,
> Was doch wieder verschwindet und ohne Genuß dir zerrinnet?
> Warum machst du nicht lieber ein Ende der Qual und dem Leben?
> Denn was könnt' ich noch weiter ersinnen dir oder erfinden,

> Was dich zu freuen vermöchte? Es bleibt ja doch immer beim Alten.
> Auch wenn die Jahre noch nicht dir den Körper völlig entnerven
> Oder die Glieder dir lahmten, so bleibt doch alles wie vorher,
> Magst du auch alle Geschlechter an Lebensdauer besiegen,
> Ja, selbst wenn du für immer dem Tod zu entfliehen vermöchtest.
> (ebd., 933–949)

Warum soll man den eigenen Tod beklagen? Wenn man ein gutes Leben geführt hat, wird es durch den Tod nicht im Nachhinein entwertet. Also kann man mit dem zufrieden sein, was man hatte, und sich auf die sichere Ruhe nach dem Tode freuen. Wenn man das Leben in vollen Zügen genossen hat, wäre es nicht vermessen, immer noch mehr davon zu fordern? Irgendwann ist es gut, und man sollte ohne Groll gehen. Wenn auf der anderen Seite das Leben ein Kampf voller Schmerz und Leid war, sollte man sich da nicht freuen, wenn dieser dem Ende zugeht? Warum sollte man wünschen, dass Schmerz und Leid immer weiter und weiter gehen? Und überhaupt: Irgendwann wiederholt sich doch alles; selbst wenn man nicht gebrechlich wird, irgendwann wird alles schal, weil man schon alles erlebt hat. Eigentlich ist es doch gut, wenn einmal alles vorbei ist. Zumindest für den, der ein erfülltes Leben geführt hat, ist es unwürdig, sich über das Ende zu beklagen:

> Wenn nun vollends ein alter, gebrechlicher Greis sich beklagte
> Und zu kläglich begänne den nahenden Tod zu bejammern,
> Müßte sie [die Natur] da nicht noch lauter und schärfer die Schelte erheben?
> Weg mit den Tränen, du Narr, und laß dein Klagen und Jammern!
> Alles, was schön ist im Leben, das hattest du: nun bist du fertig;
> Doch weil du immer verschmähst, was du hast, und begehrst, was du nicht hast,
> So entschwand dir dein Leben in unerfreulicher Halbheit,
> Bis sich der Tod urplötzlich zu Häupten dir stellte, bevor du
> Scheiden konntest gesättigt und voll von den Gütern des Lebens.
> Jetzt laß alles im Stich, was sich nicht mehr schickt für dein Alter,
> Mach' den Klügeren Platz, schnell! ohne zu murren: es muß sein!
> (ebd., 952–962)

Ist es wirklich besser, ewig weiter zu leben? Natürlich stirbt nicht jeder im hohen Alter nach einem erfüllten Leben. Und sicher ist es beklagenswert, wenn ein junger Mensch, der noch so viel hätte erleben können, durch Unfall oder Krankheit früh aus dem Leben gerissen wird. Aber gerade wenn wir annehmen, dass hinter all dem kein göttlicher Plan steckt, bleibt als einzig mögliche Reaktion, diese Schicksalsschläge so gelassen wie möglich hinzunehmen. Es gibt niemanden, bei dem man sich beschweren könnte.

> Vielleicht würde [der fromme Atheist] sich, wenn sich etwas ohne sein Zutun gut gefügt hat, gern bedanken, aber bei wem? Oder sich im anderen Fall beklagen, aber wo ist der Adressat? (Schnädelbach 2007, 19)

So lehrt gerade eine atheistische Haltung Demut – Demut vor dem, was unserer Verfügung entzogen ist.

Mir scheint, es ist möglich, auch ohne den Glauben an übernatürliche Wesen und Kräfte und ohne den Glauben an einen christlich verstandenen Gott zu leben. Sicher, es fehlt etwas. Es fehlt ein Wesen im Hintergrund, dem wir grenzenlos vertrauen können, das uns Halt gibt, das immer seine schützende Hand über uns hält, das am Ende alles zum Guten wendet. Aber, wie gesagt, was fehlt, fehlt. Wir können die Welt in diesem Punkt nicht nach unseren Wünschen gestalten; wir müssen sie so akzeptieren, wie sie ist. Das ist der Preis des Erwachsenseins. Wenn wir zu der Überzeugung kommen, dass die empirische Welt, in der wir leben, alles ist, was es gibt, wird uns auch klar, dass wir unser Leben selbst in die Hand nehmen müssen. *Wir* müssen entscheiden, wie wir leben wollen. Und wenn wir nicht in einer Welt leben wollen, in der Selbstsucht und Eigennutz alles bestimmen, dann müssen *wir* dafür kämpfen, dass Nächstenliebe und Solidarität eine Chance haben. Und: Wir müssen uns Freunde und Gefährten suchen, mit denen wir unsere Ziele voranbringen und mit denen wir ein friedliches und emotional befriedigendes Leben führen können.

Anmerkungen

Kapitel 1

1 John Searle, der bei diesem Dinner dabei war, erwähnt diese Begebenheit in Searle 1998, 36f.
2 Siehe unten S. 9f.
3 Vgl. Beckermann 2012b.
4 Vgl. zum Folgenden Beckermann 2011b, 105ff.
5 Natürlich ist hier nur von epistemischer Vernünftigkeit und epistemischen Gründen die Rede; auf diese Begrifflichkeit gehe ich in Kap. 1 ausführlich ein.

Kapitel 2

1 Auch nach Plato schafft Gott die Welt nicht aus dem Nichts; vielmehr bringt der Demiurg Ordnung ins Chaos, um den Kosmos zu gestalten.
2 Eine Vorstellung, die von Juden und Muslimen vehement abgelehnt wird, da sie in ihren Augen der Grundidee des Monotheismus widerspricht.
3 Vgl. das Apostolische Glaubensbekenntnis.
4 Löffler charakterisiert diese Position nur, er macht sie sich nicht zu eigen.
5 Es gibt nur wenig, in dem ich mit Alvin Plantinga einer Meinung bin. Aber in einem Punkt sind wir uns völlig einig: Man muss die mit Religionen verbundenen Überzeugungen ernst nehmen, und eben deshalb darf man der Frage nicht ausweichen, ob sie gut begründet sind oder nicht. Vgl. Plantinga 2000, 2011b.
6 Siehe Jäger 2003.
7 Zur Erkenntnistheorie Descartes' vgl. unten S. 77.
8 Nur so viel sei angemerkt: Natürlich ergibt sich ein ganz anderes Bild, wenn man den Boden des Fundamentalismus verlässt und stattdessen eine kohärentistische Position vertritt. Dem Kohärentismus zufolge gibt es kein festes Fundament von unbezweifelbaren Überzeugungen, auf denen alle anderen Überzeugungen beruhen. Vielmehr haben alle Überzeugungen den gleichen epistemischen Status – alle sind ebenso begründungsbedürftig wie kritisierbar. Überzeugungen sind gut begründet, wenn sie durch möglichst viele andere Überzeugungen gestützt werden. Wenn keine Überzeugung einen Sonderstatus genießt, stellt sich die Frage nach einem Fundament an unbezweifelbaren Überzeugungen aber offenbar gar nicht erst.
9 Siehe unten S. 42.
10 In der Philosophie spielen Substantive wie „Vernunft", „Verstand", „Wille", „Bewusstsein" usw. generell eine äußerst unglückliche Rolle. So wird etwa der Wille oft als die Instanz angesehen, die für unsere Handlungen verantwortlich ist. Dabei bin ich es doch – und nicht mein Wille –, der etwas tun will und es deshalb auch oft tut. Das Verb „wollen" ist hier also entscheidend. Und anstatt zu fragen, was denn wohl der Wille ist und kann, sollten wir lieber fragen, was es heißt, dass jemand etwas will. Das Substantiv „Bewusstsein" kommt in der Alltagssprache nur in Redewendungen vor wie „Er hat das Bewusstsein verloren" oder „Jetzt ist er wieder bei Bewusstsein" oder „Im vollen Bewusstsein seiner Schuld". Und aus diesen Redewendungen sollte man nicht den Schluss ziehen, es gebe da so etwas wie das Bewusstsein. Statt zu fragen, was denn dieses Bewusstsein ist, sollte man daher fragen, was dem tatsächlich fehlt, der nicht bei Bewusstsein ist. Die Liste solcher Beispiele ließe sich leicht verlängern. Und deshalb plädiere

ich generell dafür, beim Gebrauch philosophisch aufgeladener Substantive äußerst vorsichtig zu sein, vielleicht sogar ganz auf sie zu verzichten.
11 Vgl. zu diesen Argumenten Wood (2011, 4).
12 „Der Mahdi […] ist nach traditionell islamischer Glaubensauffassung der von Gott gesandte Messias, der in der Endzeit das Unrecht auf der Welt beseitigen wird. Im Koran finden sich keine klaren Aussagen über einen Messias, der am jüngsten Tag auftreten soll. Dennoch ist der Glaube an die Wiederkunft des Mahdi sowohl ein zentraler Bestandteil der schiitischen Konfession, als auch in den chiliastischen Erwartungen im sunnitischen Islam verbreitet und wird entsprechend in den kanonischen Traditionssammlungen in Form von Hadithen dargestellt." (http://de.wikipedia.org/wiki/Mahdi – Abruf 29.02.12, 17.00 Uhr)
13 Vielleicht ist das aber gar nicht möglich, da viele bezweifeln, dass man zugleich p und q glauben kann, wenn p und q offensichtlich in Widerspruch zueinander stehen.
14 Leider sagt James nur wenig darüber, worin dieses große Gut genau besteht. Aber dies ist für seine Überlegung auch irrelevant.
15 Genauer: „Eine Handlung h_i ist mindestens genauso gut wie eine Handlung h_j, wenn das schlechteste Ergebnis von h_i zumindest ebenso gut ist wie das schlechteste Ergebnis von h_j."
16 Die Minimax-Regret-Regel „basiert […] nicht auf dem unmittelbaren Nutzen der Ergebnisse, sondern auf deren Schadenswerten bzw. Opportunitätsverluste im Vergleich zum maximal möglichen Gewinn. Man wählt diejenige Alternative, welche den potentiellen Schaden minimiert." (http://de.wikipedia.org/wiki/Entscheidung_unter_Ungewissheit#Savage-Niehans-Regel – Abruf 29.02.12, 17.30 Uhr)
17 Dieses Argument wird in der Regel in der Form vertreten: Nur wenn Gott existiert, können moralische Normen objektive Gültigkeit besitzen; es wäre aber fatal, wenn moralische Normen keine objektive Gültigkeit besäßen; deshalb sollten wir annehmen, dass Gott existiert. In dieser Form handelt es sich offenbar um ein nicht-epistemisches Argument. William Craig vertritt das Argument allerdings in leicht abgewandelter Form. Auch er geht von der Prämisse (1) aus: Nur wenn Gott existiert, können moralische Normen objektive Gültigkeit besitzen, fügt dann aber noch eine Prämisse hinzu (2): Die moralischen Normen besitzen objektive Gültigkeit. Aus (1) und (2) schließt er auf die Existenz Gottes. In dieser Form kann man das Argument für ein epistemisches Argument halten – allerdings für ein epistemisches Argument mit sehr angreifbaren Prämissen.
18 Zu diesen Überlegungen siehe auch unten Kap. 9, S. 154.
19 Vgl. zum Folgenden Dawkins 2007, 397–400.
20 Diesen Punkt sieht auch Clifford selbst. Allerdings ist er der Meinung, dass wir immer, wenn wir etwas auf der Grundlage unzureichender Belege glauben, gewissermaßen das Ethos der ganzen Menschheit in Gefahr bringen. (Vgl. Clifford 1877, 74ff.)
21 Ob das auch so ist, wenn die negativen Folgen nur einen selbst betreffen, lasse ich hier offen.
22 Vgl. oben den Bericht der Neuen Westfälischen, S. 15.
23 Natürlich gibt es noch weitere Kombinationen – z. B. die Überzeugungen, die positive Wirkungen haben, wenn sie wahr sind, aber kaum negative, wenn sie falsch sind. (An diese Überzeugungen scheint mir James hauptsächlich zu denken.) Auf diese Kombinationen gehe ich hier nicht ein.
24 Rüdiger Bittner hat im Gespräch sogar vorgeschlagen, den Ausdruck „Grund" für epistemische Gründe zu reservieren. Diesem Vorschlag möchte ich nicht folgen, auch wenn er den Unterschied vielleicht noch klarer unterstreicht. Der Sache nach gibt es zwischen Bittners und meinem Vorschlag aber keinen gravierenden Unterschied.
25 Ob man, wie Clifford meint, den jeweiligen Personen auch vorwerfen kann, ihre Überzeugungen seien insgesamt irrational, lasse ich hier bewusst offen.

Kapitel 3

1 Vgl. hierzu und zum Folgenden Hoerster 2005, 33ff. sowie Hume 1993, Abschnitt X.
2 Natürlich gibt es das Phänomen des Scheintodes. Aber das ist hier nicht gemeint; denn Scheintote sind eben nicht tot, sie leben noch, wenn auch in einer sehr reduzierten Art und Weise.
3 Den gerade angeführten Überlegungen entspricht auch Dawkins' Kritik am NOMA-Prinzip („nicht überlappende Wissensbereiche"); Dawkins 2007, 78–88.
4 Vgl. hierzu auch Beckermann 2012b.
5 Vgl. zum Folgenden Schnabel 2008, 40ff. Über die Studie von Benson et al. berichtet auch Dawkins 2007, 89–95. Ich selbst bin auf die Studien von Krucoff und Benson schon in Beckermann 2012a und 2012b eingegangen.
6 Natürlich kann das Beten für den Betenden selbst positive Effekte haben. Und auch die Tatsache, dass man weiß, dass andere für einen beten, kann positive, aber, wie gerade gesehen, auch negative Effekte haben. Doch diese psychologischen Effekte stehen hier nicht zur Debatte.
7 Die Gesellschaft zur wissenschaftlichen Untersuchung von Parawissenschaften e.V. führt jedes Jahr einen Prognosecheck durch, der auf ihrer Webseite http://www.gwup.org/nachzulesen ist.
8 Vgl. Bunge/Mahner 2004, 230.

Kapitel 4

1 Ich gehe in diesem Buch auf andere Argumente für den Glauben an die Existenz Gottes – etwa Pascals Wette oder Kants moralisches Argument – nicht ein, da es in ihnen nicht um epistemische Gründe geht. Eine sehr ausführliche Darstellung und Diskussion aller gängigen „Gottesbeweise" findet sich neuerdings in Bromand/Kreis 2011; dieser Band enthält auch sehr viele Originaltexte.
2 Zum Begriff des Arguments siehe Beckermann 2011a, Kap. 2 – 8.
3 Zur Analyse und Kritik des Anselmschen Beweises vgl. auch Bromand/Kreis 2011, 31–54.
4 Anselm schwankt leider zwischen den beiden Ausdrucksweisen „etwas (aliquid), über das hinaus ..." und „das (id), über das hinaus ...". Es ist also nicht klar, ob er an eine Kennzeichnung wie „der gegenwärtige Bundespräsident" oder „der älteste Mensch der Welt" denkt oder ob er einen Begriffsausdruck wie „ist ein Dreieck" oder „ist ein Planet" meint. Für das Argument selbst spielt das aber keine entscheidende Rolle.
5 Natürlich kann man mit Thomas von Aquin (Summe I 2 1, 47) bezweifeln, dass tatsächlich alle Menschen unter „Gott" genau „das, über das hinaus Größeres nicht gedacht werden kann" verstehen. Trotzdem scheint mir diese Definition alles andere als unplausibel.
6 Das Verhältnis von Anselm zu seinem Kritiker Gaunilo ist bemerkenswert. Nicht nur zollte er ihm höchsten Respekt. Er hat auch dafür Sorge getragen, „daß Gaunilos Kritik und seine Antwort auf diese mit dem Text des Proslogion zusammen in die Handschriften aufgenommen wurden" (Flasch Einleitung zu Anselm/Gaunilo, 10).
7 Vgl. zu diesem Abschnitt auch Bromand/Kreis 2011, 195–208.
8 Vgl. zum Folgenden auch Bromand/Kreis 2011, 195–209.
9 Eine schöne Darstellung verschiedener Theorien der Existenz, die auch ausführlich auf die Gründe eingeht, die für und die gegen Freges Theorie sprechen, findet sich in B. Miller 2009.
10 Damit ist klar, dass die erste Existenzaussage falsch und nur die zweite wahr ist.

11 Komplizierter wird die Situation, wenn man leere Namen bzw. Individuenkonstanten zulässt oder wenn man auch Kennzeichnungen als singuläre Terme mitberücksichtigt. Aber diese Komplikationen helfen den Vertretern ontologischer Argumente nicht.

12 Ich denke, an dieser Formulierung wird ganz deutlich, dass wir – genau wie Kant sagt – einem Begriff nichts hinzufügen, wenn wir Existenz zu den Merkmalen hinzunehmen, durch die er definiert ist. Denn die Klausel „x existiert" bzw. „∃y(x = y)" ist einfach redundant. Wenn es etwas gibt, das die anderen definierenden Merkmale eines Begriffs erfüllt, erfüllt es automatisch auch diese Klausel.

13 Zum Begriff eines notwendigen Wesens vgl. auch unten Abschn. 4.2.

14 Das Zeichen „□" steht für „notwendigerweise", das Zeichen „◊" für „möglicherweise".

15 Plantinga 2011. Ich stütze mich für das Folgende sehr stark auf Bromand/Kreis 2011, 387–392.

16 Dies kann man sich durch folgende Überlegung veranschaulichen. Nach der Standardlesart der modallogischen Semantik bedeutet die Prämisse (1), dass es mindestens eine mögliche Welt gibt, in der etwas, a, existiert, das unübertrefflich groß ist. Hieraus folgt aufgrund von Prämisse (2), dass a in allen möglichen Welten existiert und in allen möglichen Welten maximal vortrefflich ist. Und hieraus folgt, dass a in allen möglichen Welten – und damit auch in der wirklichen Welt – unübertrefflich groß ist. Also gibt es etwas, was notwendigerweise unübertrefflich groß ist.

17 „Maximale Vortrefflichkeit" wird von Plantinga so verstanden, dass diese Eigenschaft auf jeden Fall die charakteristischen Eigenschaften eines christlich verstandenen Gottes umfasst – Allmacht, Allwissenheit und maximale moralische Vollkommenheit.

18 Weitere Überlegungen zu diesem Thema und insbesondere auch zu Gödels modallogischer Version des ontologischen Gottesbeweises finden sich in Löffler 2006, 58f., und in Bromand/Kreis 2011, Teil V.

Kapitel 5

1 Etwa Platon Phaidros 245 c ff. und Nomoi 891 b ff. sowie Aristoteles Physik VII-VIII und Metaphysik XII.

2 An dieser Stelle folgt eine ausführliche und interessante Begründung für die Aussage (2), auf die ich hier aber nicht eingehen möchte.

3 Und eine solche Begründung ergibt sich meines Erachtens auch nicht aus der im Zitat ausgelassenen Begründung für die Prämisse (2). In der Antike und im Mittelalter war man allerdings grundsätzlich der Meinung, dass Dinge in Ruhe verharren, wenn nichts auf sie einwirkt. Erst mit Galilei ändert sich diese Auffassung: Dinge, auf die keine Kraft wirkt, verharren nicht in Ruhe, sondern bewegen sich gradlinig gleichförmig.

4 Vgl. zum Folgenden auch Mackie 1985, 131–135 und 145–147.

5 Bei der Formulierung dieser Argumentation folge ich Löffler 2006, 126.

6 Dies wird bei dem Parallelbegriff „Universum" noch deutlicher.

7 Im Folgenden nehme ich Überlegungen auf, die sich in gedrängter Form schon in Beckermann 2011, 111f. finden.

8 Nicht von ungefähr finden sich in der philosophischen Literatur immer wieder geometrische Beispiele wie „Die Winkelsumme im Dreieck beträgt 180°" oder „Das Quadrat über der Hypotenuse ist gleich der Summe der Quadrate über den Katheten".

9 Zu den Begriffspaaren „a priori – a posteriori" und „analytisch – synthetisch" vgl. oben S. 57f.

10 Schlüssen von der Ursache auf die Wirkung oder von der Wirkung auf die Ursache.
11 Fast zeitgleich kam Janos Bolyai zu ganz ähnlichen Resultaten.
12 Für die Mathematik selbst bewirkte sie ein völliges Umdenken im Hinblick auf den Begriff des Axioms. Axiome sind in der Mathematik heute nicht mehr unumstößliche erste Prinzipien, an deren Wahrheit man nicht zweifeln kann, sondern Setzungen oder Annahmen. Angenommen, die Axiome A, B und C sind wahr, welche Aussagen sind dann auch noch wahr, weil sie sich aus diesen Axiomen deduktiv ableiten lassen?
13 Zu diesen gehören nach Kant insbesondere alle mathematischen Wahrheiten, die in seinen Augen nämlich synthetisch und nicht – wie Hume meinte – analytisch sind.
14 Diese Formulierung zeigt, dass es auch Descartes um die spezielle Form des Prinzips vom zureichenden Grund geht.
15 Craig 2000, 2002.
16 Dies gilt auch, wenn man unter einer Ursache von B nicht eine hinreichende Bedingung für das Auftreten von B versteht, sondern eine notwendige Bedingung für das Auftreten von B oder eine Bedingung, die das Auftreten von B mehr oder weniger wahrscheinlich macht.

Kapitel 6

1 Dagegen sind alle ontologischen Argumente Argumente a priori; sie gehen nicht von Erfahrungstatsachen aus, sondern allein vom Begriff Gottes.
2 In philosophischen Diskussionen des verwandten Begriffs ‚Funktion' wird häufig ein zusätzlicher Aspekt ins Spiel gebracht: Ein Ding hat die Funktion Z, wenn die Interaktion der Teile dieses Dings einen Effekt Z erzeugt, der in gewisser Weise positiv ist (also etwa dem Überleben dient), und wenn dieses Ding genau deshalb entstanden ist oder erhalten wird, weil es den Effekt Z hat. In diesem Zusammenhang scheint mir dieser Zusatz allerdings nicht notwendig.
3 Der Begriff der natürlichen Religion ist in der Zeit der Aufklärung entstanden. Er steht für eine religiöse Einstellung, die sich allein auf die allen zugänglichen epistemischen Gründe stützt – unabhängig von jeder Offenbarung.
4 Vgl. Hume *Dialoge*, Teil 2.
5 In Humes Dialogen diskutieren drei Personen miteinander – Demea, Cleanthes und Philo. Demea ist ein orthodoxer Theologe, der der natürlichen Theologie eher skeptisch gegenübersteht, Cleanthes dagegen ist ein Anhänger der natürlichen Theologie; sein Part ist daher, den teleologischen Gottesbeweis zu vertreten. Philo schließlich ist der Gegenspieler Cleanthes'; er versucht, die Schwächen in den von Cleanthes vorgetragenen Argumenten aufzudecken. Die Person, die Philo anspricht, ist daher in der Regel Cleanthes.
6 Dass Eigenschaften nützlich, neutral oder schädlich sind, kann natürlich auch an Veränderungen der Umwelt liegen, in der die Wesen leben.
7 Bei den folgenden Überlegungen orientiere ich mich stark an Kitcher 2009, Kap. 3 und U. Kutschera 2007.
8 Die Erdgeschichte wird grob in zwei Phasen unterteilt – das Präkambrium (4600 Millionen Jahre bis 550 Millionen Jahre) und das Phanerozoikum (550 Millionen Jahre bis heute); das Kambrium ist die erste Epoche des Phanerozoikums. Nach heutigen Erkenntnissen gab es erste Lebewesen schon vor 3500 Millionen Jahren (vgl. das nachstehende Zitat).
9 Siehe z. B. Behe 2007a, 2007b.
10 Vgl. zum Folgenden Kitcher 2009, 107.

11 Vgl. zum Folgenden http://de.wikipedia.org/wiki/Pseudogen – Abruf 21.12.2011, 9.22 Uhr.
12 Merkwürdigerweise besteht Behe darauf, dass die Teile einer irreduzibel komplexen Struktur immer *demselben* Zweck gedient haben müssen wie die Gesamtstruktur; vgl. Behe 2007b, 360.
13 K. Miller 2000, 138f. In Kap 5. dieses Buches finden sich noch viele andere Beispiele dafür, wie die Evolution immer wieder aus schon vorhandenen neue Strukturen entwickelt – vgl. etwa das Beispiel des Zitratzyklus S. 150ff.
14 Vgl. zum Folgenden Orr 1996.
15 Vgl. oben S. 48f.
16 Siehe etwa Collins 2003; vgl. zum Folgenden besonders Löffler 2006, 71ff.
17 Vgl. hierzu auch noch einmal die hellsichtigen Überlegungen Humes, die ich am Ende von Abschnitt 6.2 zitiert habe.

Kapitel 7

1 Sehr lesenswerte Diskussionen des Problems des Übels finden sich in Streminger 1992, Kreiner 2005 und Loichinger/Kreiner 2010.
2 Zu den Teilnehmern der Humeschen Dialoge siehe oben Kapitel 6, Fn. 5.
3 Auch Laktanz schreibt dieses Argument Epikur zu. In der Wikipedia kann man aber unter Berufung auf Glei 1988 lesen, diese Zuschreibung sei falsch; das Argument gehe nicht auf Epikur, sondern auf einen unbekannten skeptischen Philosophen zurück – möglicherweise Arkesilaos oder Karneades. (http://de.wikipedia.org/wiki/Theodizee – Abruf 31.01.2012, 11.40 Uhr)
4 Vgl. besonders Rowe 2007, 113–117.
5 Zum Begriff der analytischen Wahrheit vgl. oben S. 57f.
6 Vgl. oben S. 52. Natürlich gibt es auch die dritte Möglichkeit, dass der Schluss von (*) auf (**) weder deduktiv noch nicht-deduktiv gültig ist.
7 Natürlich hat Hume – 100 Jahre vor Darwin – (H_3) selbst noch nicht berücksichtigt; aber für uns ist sie heute eine echte Alternative zu (H_1).
8 Der Begriff „Theodizee" geht zurück auf Leibniz; vgl. Leibniz *Theodicée*.
9 Vgl. Kreiner 2005, 141.
10 Siehe besonders Flasch 2008, Kap. 1+2.
11 Unter Philosophen gibt es den Spruch „Des einen Philosophen *modus ponens* ist des anderen Philosophen *modus tollens*". (Der *modus ponens* besagt, dass man aus „Wenn A, dann B" und A auf B schließen darf; der *modus tollens*, dass man aus „Wenn A, dann B" und nicht-B auf nicht-A schließen darf.) Dies ist ein schönes Beispiel für die Wahrheit dieses Spruches.
12 Siehe z. B. Plantinga 1974 und 1977.
13 Etwa Plantinga 1974, 192, und 1977, 28f.
14 Siehe Swinburne 1987, 276.
15 Diese Problematik wird ausführlich in Beckermann 2008b, Kap. 3 behandelt.
16 Vgl. Mackie 1985, Kap. 9.
17 Dennett 1986, 171.
18 Vgl. aber auch z. B. Hoerster 2005, 106f.
19 Genau diese Denkformen finden sich dann auch in Anselm *Warum Gott Mensch geworden*.
20 Vgl. zum Folgenden Beckermann 2010b.

Kapitel 8

1 Ein weiterer Grund: Man muss sich klar machen, was Bilder eigentlich sind und was es heißt, etwas auf einem Bild zu erkennen. Bilder sind zunächst einmal nichts weiter als zweidimensionale Anordnungen von Farbflächen. Diese Farbflächen interpretieren sich jedoch nicht selbst; sie müssen vom Betrachter, der das Bild anschaut, gedeutet werden. Um zu erkennen, dass ein Bild eine Tasse darstellt, muss der Betrachter eine oder mehrere Farbflächen so interpretieren, dass sie von einer Tasse stammen und daher für eine Tasse stehen. (Mir geht es hier nur um Bilder wie Fotografien, nicht um gemalte Bilder.) Daraus ergeben sich für die traditionelle Sichtweise zumindest zwei Probleme. 1. Wie macht der Geist es eigentlich, zweidimensionale Anordnungen von Farbflächen so zu interpretieren, dass er erkennt, was auf diesen Bildern dargestellt wird? 2. Phänomenologisch trifft es einfach nicht zu, dass wir uns zunächst zweidimensionaler Anordnungen von Farbflächen bewusst werden, die wir erst im Nachhinein interpretieren; wir sehen nicht Farbflecken, sondern Tische, Tassen, Bücher usw.

2 Diese Auffassung lässt sich auch noch auf andere Weise begründen. Autoren wie Gerhard Roth und Wolf Singer stellen das neuronale Geschehen bei der Wahrnehmung manchmal so dar, dass man es karikaturhaft so beschreiben könnte: Das Gehirn sitzt in einem fensterlosen Raum, in dem ständig neuronale Impulse aus der Peripherie ankommen. Das Gehirn überlegt, was diese Impulse wohl zu bedeuten haben, entscheidet dann aufgrund interner Kriterien z. B. „Ach, dieser Impuls kommt wohl von einer roten Tasse", und baut daraufhin die Repräsentation einer roten Tasse auf. Dieses Bild ist völlig verfehlt. Das Gehirn ist kein Akteur, der Informationen empfängt, überlegt, was diese Informationen wohl bedeuten, und daraufhin entsprechende Repräsentationen generiert. Das Gehirn ist ein neuronaler Mechanismus, der schlicht auf der Grundlage einkommender elektrochemischer Impulse alte neuronale Strukturen verändert oder neue generiert. Das Gehirn selbst weiß nichts von der Bedeutung dieser Strukturen; es gehört nicht einmal zu der Klasse von Dingen, bei denen man überhaupt von Wissen reden kann. Dass die erzeugten neuronalen Strukturen z. B. den Inhalt haben „Dort steht eine rote Tasse", hat mit den Ursachen und Wirkungen dieser Strukturen zu tun. Dass eine neuronale Struktur diesen Inhalt hat, beruht u. a. darauf, dass sie in der Regel dann und nur dann erzeugt wird, wenn im Gesichtsfeld des Wesens, um dessen Gehirn es geht, eine rote Tasse auftaucht, und wenn diese Struktur unter bestimmten Umständen die richtigen Handlungen – z. B. Greifhandlungen – auslöst. Der Inhalt neuronaler Repräsentationen wird also durch Umstände bestimmt, die es gar nicht zulassen, dass diese Repräsentationen fast immer falsch sind.

3 Quincy Magoo ist eine Zeichentrickfigur, die 1949 vom Animationsstudio *United Productions of America* geschaffen wurde. Er ist ein älterer Mann, der so extrem kurzsichtig ist, dass er sich immer wieder massiv darüber irrt, wie seine Umgebung beschaffen ist. In der allerersten Episode der Reihe hält er z. B. einen Bären für seinen Neffen Waldo. Und obwohl er dadurch in große Gefahr gerät, fügt es der Zufall immer wieder so, dass er alle misslichen Situationen heil übersteht. (http://de.wikipedia.org/wiki/Mister_Magoo – 5.8.2010, 17.15 Uhr)

4 Vgl. zum Folgenden Beckermann 2010a.

5 Vgl. oben S. 77.

6 Nelson 1908.

7 Diese Zusatzannahmen lauten:
„(A) Gott ist zu verschieden von geschaffenen Wesen – zu ‚vollkommen anders' –, als daß wir fähig wären, irgendwelche Regularitäten in seinem Verhalten zu erfassen. [...]
(B) Wir könnten aus demselben Grund nur die schwächste, flüchtigste und unsicherste Vorstellung davon erlangen, wie Gott ist. [...]

(C) Gott [hat] verfügt, daß ein menschliches Wesen sich seiner Gegenwart nur dann in einer klaren und unmißverständlichen Weise bewußt sein wird, wenn gewisse außergewöhnliche und anspruchsvolle Bedingungen erfüllt sind." (ebd., 314)

8 Meistens halluzinieren Menschen im Delirium tremens aber gar keine weißen Mäuse, sondern eher reptilienartige Tiere – Schlangen, Echsen usw.

9 Vgl. die Untersuchungen von Persinger und Newberg und die daran anschließende Diskussion, z. B. Newberg et al. 2003.

10 Aber könnte es nicht sein, dass uns religiöse Erfahrungen wahrheitsgemäß über eine nichtnatürliche Wirklichkeit informieren, obwohl es keinerlei kausalen Einfluss dieser Wirklichkeit auf unser Gehirn gibt? Zunächst einmal sollten wir uns daran erinnern, dass die Wahrnehmungseindrücke und -überzeugungen, die unser Gehirn erzeugt, wenn es ansonsten ohne Input von außen tätig wird, grundsätzlich nicht der Wirklichkeit entsprechen. Wenn der Alkoholiker glaubt, kleine Tiere zu sehen, sind da in aller Regel keine kleinen Tiere und wenn jemand akustische Halluzinationen hat, dann gibt es in aller Regel niemanden, der mit ihm spricht und der genau das sagt, was er zu hören glaubt. Warum sollte das bei religiösen Wahrnehmungseindrücken anders sein, wenn auch sie nicht auf einem kausalen Input von außen beruhen? Natürlich kann es in seltenen Fällen eine zufällige Übereinstimmung mit der Wirklichkeit geben. Vorstellbar ist etwa Folgendes: Ich habe – im Sinne einer akustischen Halluzination – den Eindruck, dass mein Bruder zu mir spricht und mich daran erinnert, einen wichtigen Termin nicht zu vergessen. Tatsächlich steht mein Bruder draußen vor der Tür und ruft: „Vergiß bitte den wichtigen Termin nicht!" Ich höre ihn aber nicht, d. h., die Schallwellen, die aus seinem Mund kommen, dringen nicht an mein Ohr, weil sich zwischen uns eine dicke Wand befindet. Das wäre möglich; aber darum geht es nicht. Die Frage ist, ob religiöse Wahrnehmungen verlässlich sind, d. h. ob sie *in aller Regel* die Wirklichkeit so darstellen, wie sie tatsächlich ist. Und das kann offenbar nur der Fall sein, wenn es einen systematischen Zusammenhang gibt: In den allermeisten Fällen, in denen mir die religiöse Wahrnehmung sagt, die Wirklichkeit sei so und so, ist die Wirklichkeit auch so und so. Aber worauf soll ein solcher Zusammenhang beruhen? Ich sehe nur zwei Möglichkeiten: Entweder die Wirklichkeit selbst erzeugt die entsprechenden Wahrnehmungen auf die eine oder andere Weise; oder es gibt ein Wesen, das – im Sinne des Okkasionalismus von Geulincx und Malebranche (vgl. Beckermann 2008a, 44f.) – systematisch in mir den Eindruck erzeugt, dass die Wirklichkeit so und so ist, wenn sie so und so ist. Auch im zweiten Fall liegt aber in gewissem Sinn ein kausaler Zusammenhang vor. Ohne einen solchen geht es also nicht.

11 Vgl. zur Reformierten Erkenntnistheorie besonders Löffler 2006, Abschn. 3.

12 Vgl z. B. Baumann 2002, Kap. II.

13 Vgl.: „Die Frage, die ein ‚Gottesleugner' stellt, lautet […], ob es, bei ernsthaftem Nachdenken, einen unabhängigen Grund für die Annahme gibt, dass extravagante Überzeugungen, die durch Bergpanoramen und frei schwebende Schuld hervorgerufen werden, tatsächlich durch Gott (oder das verlässliche Operieren eines sensus divinitatis) verursacht werden. Natürlich gibt es einen solchen Grund nicht – genauso wenig, wie es einen Grund für die Annahme gibt, dass Überzeugungen über Geister, die durch neblige Friedhöfe oder verfallene alte Häuser ‚veranlasst' werden, durch wirkliche Geister verursacht sind (oder durch das Operieren eines ‚sensus spiritatis') ... Und das liegt zum Teil daran, dass es keinen Grund gibt zu glauben, dass Geister oder Gott existieren." (Rey 2007, 250)

14 Zu diesen Repräsentationen vgl. oben S. 167, Fußnote 2.

15 Zu meiner Kritik an dieser These vgl. oben S. 104f.

16 Dabei stützt sich Plantinga unter anderem auf Behes Thesen zum Intelligent Design; siehe oben S. 97–103.

17 http://chronicle.com/blogs/brainstorm/alvin-plantinga-and-intelligent-design/42185 – Abruf 01.08.2012, 8.37 Uhr.

Kapitel 9

1 Winfried Löffler fasst in seiner *Einführung in die Religionsphilosophie* Swinburnes kumulatives Argument für die Existenz Gottes (Swinburne 2004) so zusammen, dass dabei folgender Punkt eine zentrale Rolle spielt: „Die Existenz und das Ausmaß des Übels in der Welt stellen dagegen keinen entscheidenden Beleg gegen die Existenz Gottes dar. Ein Gott im Sinn der traditionellen theistischen Konzeption könne durchaus gute Gründe haben, eine Welt wie die unsere zu schaffen" (Löffler 2006, 84). Das ist in meinen Augen eine groteske Fehleinschätzung des Problems des Übels (ähnlich auch Löffler selbst; ebd., 85).
2 Es gibt also genau dann kein Patt, wenn es um die Frage geht, ob es einen christlich verstandenen Gott gibt – ein Wesen, das allmächtig, allwissend und vollkommen gut ist. Wenn man diese letzte Eigenschaft beiseite lässt, kann man eher sagen: Es gibt keine Gründe, die für die Existenz eines solchen übernatürlichen Wesens sprechen; aber auch keine, die zwingend dagegen sprechen.
3 Günther Patzig hat einmal im Gespräch angeregt, eine Liste der dümmsten philosophischen Sprüche zusammenzustellen. Dieser Spruch Dostojewskis gehörte für ihn ganz oben auf diese Liste.
4 Z. B. in Hoerster 2005, Kap. V.
5 Vgl. Hoerster 2005, 54ff.
6 Vgl. auch Weber 1982, 574.
7 Nur einige wenige waren ausgenommen wie Herakles, der nach dem Tod in den Kreis der Götter aufgenommen wurde.
8 Vgl. oben S. 43f.
9 Siehe etwa Rapp 2010, XX ff.
10 Vgl. oben S. 125.
11 Vgl. Rapp 2010, 23.

Literatur

Alston, W. P., 1998: „Religiöse Erfahrung und religiöse Überzeugungen", in: C. Jäger (Hg.) *Analytische Religionsphilosophie*. Paderborn: Schöningh, 303–316. (Engl. Orig.: „Religious experience and religious belief". *Nous* 16, 1982, 3–12)

Anselm von Canterbury, 1999: *Proslogion II-IV*. In: Anselm/Gaunilo 1999, 51–59.

Anselm von Canterbury/Gaunilo von Marmoutiers, 1999: *Kann Gottes Nicht-Sein gedacht werden? Die Kontoverse zwischen Anselm von Canterbury und Gaunilo von Marmoutiers*. Lateinisch-Deutsch. Übersetzt, erläutert und herausgegeben von Burkhard Mojsisch. Mit einer Einleitung von Kurt Flasch. 2. unveränderte Aufl., Mainz: Dietrich'sche Verlagsbuchhandlung.

Anselm von Canterbury: *Warum Gott Mensch geworden*. Sammlung Zenodot. Berlin: Contumax 2010.

Armstrong, K., 2010: „Zu wem beten die da?" DIE ZEIT, Ausgabe 26, 2010. (URL: http://www.zeit.de/2010/26/Modernes-Gottesbild)

Augustinus, 1911-16, *Des heiligen Kirchenvaters Aurelius Augustinus zweiundzwanzig Bücher über den Gottesstaat*. Aus dem Lateinischen übers. von Alfred Schröder. Kempten; München. (http://www.unifr.ch/bkv/kapitel1919.htm)

Baumann, P., 2002: *Erkenntnistheorie*. Stuttgart/Weimar: Metzler.

Bayertz, K., 2007: „Was ist moderner Materialismus?". In: K. Bayertz, M. Gerhard & W. Jaeschke (Hg.) *Weltanschauung, Philosophie und Naturwissenschaft im 19. Jahrhundert. Band 1: Der Materialismus-Streit*. Hamburg: Felix Meiner, 50–70.

Beckermann, A., 2008a: *Analytische Einführung in die Philosophie des Geistes*. 3. Aufl., Berlin/New York: Walter de Gruyter.

Beckermann, A., 2008b: *Gehirn, Ich, Freiheit*. Paderborn: Mentis.

Beckermann, A., 2010a: „René Descartes: Die Suche nach den Grundlagen sicherer Erkenntnis". In: A. Beckermann & D. Perler (Hg). *Klassiker der Philosophie heute*. 2. Aufl., Stuttgart: Reclam, 226–247. (Wiederabdruck in: A. Beckermann *Aufsätze 2*. Universitätsbibliothek Bielefeld 2012, 125–140)

Beckermann, A., 2010b: „Das logische Problem des Übels ist nicht gelöst". *Zeitschrift für philosophische Forschung* 64, 239–245.

Beckermann, A., 2011a: *Einführung in die Logik*. 3. Aufl., Berlin/New York: Walter de Gruyter.

Beckermann, A., 2011b: „Der kosmologische und der teleologische Gottesbeweis heute", in: P. Becker & U. Diewald (Hg.) *Zukunftsperspektiven im theologisch-naturwissenschaftlichen Dialog*. Göttingen: Vandenhoeck & Ruprecht, 105–122.

Beckermann, A., 2012a: „Der Mensch als Tier und biologische Maschine. Anmerkungen eines Naturalisten zu den Aussichten, den biologischen Tod zu überleben", in: K.-L. Koenen & J. Schuster SJ (Hg.) *Seele oder Hirn? Vom Leben und Überleben der Personen nach dem Tod*. Münster: Aschendorff 2012, 29–48.

Beckermann, A., 2012b: „Naturwissenschaften und manifestes Weltbild. Über den Naturalismus". *Deutsche Zeitschrift für Philosophie* 60, 1–22. (Wiederabdruck in: A. Beckermann *Aufsätze 2*. Universitätsbibliothek Bielefeld 2012, 181–20)

Behe, M. J., 2007a: *Darwins Black Box: Biochemische Einwände gegen die Evolutionstheorie*. Gräfelfing: Resch-Verlag. (Engl. Orig.: *Darwin's Black Box: The Biochemical Challenge to Evolution*. New York: The Free Press)

Behe, M. J., 2007b: „Irreducible Complexity: Obstacle to Darwinian Evolution", in: W. A. Dembski & M. Ruse (eds.) *Debating Design. From Darwin to DNA*. Cambridge: Cambridge University Press, 352–370.

Benson, H. et al., 2006: „Study of the Therapeutic Effects of Intercessory Prayer (STEP) in cardiac bypass patients: A multicenter randomized trial of uncertainty and certainty of receiving intercessory prayer", in: *American Heart Journal* 151 (4), 934–942.

Bluhm, R., 2012: *Selbsttäuscherische Hoffnung*. Münster: Mentis.

Bromand, J. & G. Kreis (Hg.), 2011: *Gottesbeweise von Anselm bis Gödel*. Berlin: Suhrkamp.

Bunge, M. & M. Mahner, 2004: *Über die Natur der Dinge*. Stuttgart: Hirzel.

Clifford, W. K., 1877: „The Ethics of Belief", in: W. Clifford *The Ethics of Belief and Other Essays*. Prometheus Books 1999, 70–96. (Erstveröffentlichung in *Contemporary Review*.)

Collins, R., 2003: „Evidence for fine tuning", in: N. A. Manson (Hg.) *God and Design: The Teleological Argument and Modern Science*. London: Routledge, 178–199.

Craig, W. L., 2000: *The Kalam Cosmological Argument*. Eugene OR: Wipf & Stock.

Craig, W. L., 2002: „The *Kalam* Cosmological Argument", in: W. Craig (Hg.), *Philosophy of Religion. A Reader and Guide*. New Brunswick NJ: Rutgers University Press, 92–113.

Darwin, C., 1992: *Über die Entstehung der Arten durch natürliche Zuchtwahl*. Darmstadt: Wissenschaftliche Buchgesellschaft. (Engl. Orig.: *On the Origin of Species*, London 1859)

Dawkins, R., 2007: *Der Gotteswahn*. Berlin: Ullstein. (Engl. Orig.: *The God Delusion*. London: Bantam Press 2006)

Dennett, D., 1986: *Ellenbogenfreiheit*. Frankfurt a.M.: Anton Hain. (Engl. Orig.: *Elbow Room*. Cambridge MA: MIT-Press 1984)

Descartes, R., 1986: *Meditationes de Prima Philosophia. Meditationen über die Erste Philosophie*. Lateinisch/Deutsch. Übersetzt und herausgegeben von Gerhart Schmid. Stuttgart: Philipp Reclam Jun. 1986.

Descartes, R., 2005: *Die Prinzipien der Philosophie*, übers. und hrsg. von C. Wohlers. Hamburg: Meiner 2005.

Epikur, 2010: *Ausgewählte Schriften*. Übers. und hg. von C. Rapp. Stuttgart: Kröner.

Euklid, 1997: *Die Elemente*, Frankfurt am Main: Harri Deutsch.

Findlay, J. N., 1948: „Can God's Existence be Disproved?" *Mind* 57, 176–183.

Flasch, K., 2008: *Kampfplätze der Philosophie. Große Kontroversen von Augustin bis Voltaire*. Frankfurt a.M.: Klostermann.

Gettier, E., 1963: „Is Justified True Belief Knowledge?" *Analysis* 23, 121–123. (Dt.: „Ist gerechtfertigte, wahre Meinung Wissen?", in: Peter Bieri (Hg.) *Analytische Philosophie der Erkenntnis*. 4. Aufl., Weinheim: Beltz Athenäum 1997, 91-93)

Glei, R. F., 1988: „Et invidus et inbecillus. Das angebliche Epikurfragment bei Laktanz, *De ira dei* 13, 20–21", in: *Vigiliae Christianae* 42, 47–58.

Habermas, J., 2007: „Ein Bewusstsein von dem, was fehlt. Über Glauben und Wissen und den Defaitismus der modernen Vernunft", in: *Neue Zürcher Zeitung* vom 10.02.2007. (Wieder abgedr. in: M. Reder & J. Schmidt (Hg.) *Ein Bewusstsein von dem, was fehlt*. Frankfurt a.M.: Suhrkamp, 26–36)

Harold, F., 2001: *The Way of the Cell*. Oxford: Oxford University Press.

Hick, J., 2010: „Eine irenäische Theodizee", in: Loichinger/Kreiner 2010, 87–103. (Engl. Orig.: „An Irenaen Theodicy", in: S.T. Davis (Hg.) *Encountering Evil. Live Options in Theodicy*. Edinburgh: John Knox Press 1981, 39–52)

Hoerster, N., 1985: „Unlösbarkeit des Theodizee-Problems", in: *Theologie und Philosophie* 60, 400–409.

Hoerster, N., 2005: *Die Frage nach Gott.* Beck: München.
Huber, W., 2011: „Angst, Fragen, Zweifel", in: DIE ZEIT 24.03.2011.
Hume, D., 1989: *Ein Traktat über die menschliche Natur. Buch I*, übers. von T. Lipps, Hamburg: Meiner. (Original: *A Treatise of Human Nature.* Ed. by D.F. Norton & M.J. Norton. Oxford: Oxford University Press 2011)
Hume, D., 1993: *Untersuchung über den menschlichen Verstand*, übersetzt von R. Richter, mit einer Einleitung herausgegeben von J. Kulenkampff. Hamburg: Meiner. (Original: *An Enquiry Concerning Human Understanding.* Ed. by L.A. Selby-Bigge & P.H. Nidditch. Oxford: Oxford University Press 1975)
Hume, D., 1981: *Dialoge über natürliche Religion*, übers. und hrsg. von Norbert Hoerster, Stuttgart: Reclam. (Original: *Dialogues Concerning Natural Religion*, ed. by N. Pike. Indianapolis: Bobbs Merill 1970)
Jäger, C., 2003: „Wittgenstein über Gewißheit und religiösen Glauben", in: F. Uhl & A. Boelderl (Hg.) *Die Sprachen der Religion.* München: Parerga, 221–256.
James, W., 1896: „Der Wille zum Glauben". In: E. Martens (Hg.) *Philosophie des Pragmatismus.* Bibliographisch ergänzte Ausgabe. Stuttgart: Reclam 2002, 128–160. (Original: „The Will to Believe", in: W. James, *The Will to Believe and Other Essays in Popular Philosophy.* Cambridge MA/London: Harvard University Press 1979, 13–33. Erstveröffentlichung: An Address to the Philosophical Clubs of Yale and Brown Universities. Published in the *New World* 1896)
Kant, I., 1998: *Kritik der reinen Vernunft.* Hamburg: Felix Meiner 1998.
Kant, I., 1968: *Grundlegung zur Metaphysik der Sitten.* In: I. Kant, *Werke. Akademie Textausgabe.* Band IV, Berlin 1968.
Kemmerling, A., 2005: *Ideen des Ichs.* 2. Aufl., Frankfurt am Main: Klostermann.
Kitcher, P., 2009: *Mit Darwin leben.* Frankfurt am Main: Suhrkamp.
Kreiner A., 2005: *Gott im Leid. Zur Stichhaltigkeit der Theodizee-Argumente.* Erweiterte Neuausgabe. Freiburg: Herder.
Kutschera, F. von, 1990: *Vernunft und Glaube.* Berlin/New York.
Kutschera, U., 2007: *Streitpunkt Evolution.* 2. Aufl. Berlin: LIT Verlag.
Laktanz, 1919: *Vom Zorne Gottes (De ira dei).* In: *Des Lucius Caelius Firmianus Lactantius Schriften.* Aus dem Lateinischen übersetzt von Aloys Hartl. München. (zitiert nach: http://www.unifr.ch/patr/bkv/kapitel.php?ordnung=12&werknr=58&buchnr=132&abschnittnr=501 – Abruf 28.4.2006, 12:15)
Leibniz, G. W., 1996: *Versuche in der Theodicée über die Güte Gottes, die Freiheit des Menschen und den Ursprung des Übels.* Übersetzt und mit Anmerkungen versehen von A. Buchenau. Hamburg: Felix Meiner.
Leibniz, G. W., 2002: „Auf Vernunft gegründete Prinzipien der Natur und der Gnade", in: G.W. Leibniz, *Monadologie und andere metaphysische Schriften.* Französisch-Deutsch. Übersetzt und herausgegeben von U.J. Schneider. Hamburg: Felix Meiner.
Löffler, W., 2006: *Einführung in die Religionsphilosophie.* Darmstadt: Wissenschaftliche Buchgesellschaft.
Loichinger, A. & A. Kreiner, 2010: *Theodizee in den Weltreligionen.* Paderborn: Schöning
Lukrez, 1993: *Von der Natur.* Hg. und übersetzt von Hermann Diels. Düsseldorf/Zürich: Artemis & Winkler.
Mackie, J. L., 1985: *Das Wunder des Theismus. Argumente für und gegen die Existenz Gottes.* Stuttgart: Reclam. (Engl. Orig.: *The Miracle of Theism.* Oxford: Oxford University Press 1982)

Marcel, G., 1949: *Homo viator: Philosophie der Hoffnung*. Düsseldorf: Bastion-Verlag.
Matzke, N. J., 2006: „Evolution in (Brownian) space: a model for the origin of the bacterial flagellum". (URL. http://www.talkdesign.org/faqs/flagellum.html)
Miller, B., 2009: „Existence", in: Edward N. Zalta (Hg.) *The Stanford Encyclopedia of Philosophy (Fall 2009 Edition)*, URL = <http://plato.stanford.edu/archives/fall2009/entries/existence/>.
Miller, K. R., 2000: *Finding Darwin's God*. New York: HarperCollins.
Miller, K. R., 2007: „The Flagellum Unspun", in: W.A. Dembski & M. Ruse (eds.) *Debating Design. From Darwin to DNA*. Cambridge: Cambridge University Press, 81–97.
Müller, B., 2007: „Das Konzept Gott – warum wir es nicht brauchen". *Merkur* 61 (Heft 694), 93–102.
Nelson, L., 1908: *Über das sogenannte Erkenntnisproblem*, Göttingen.
Neurath, O., 1932/3: „Protokollsätze". *Erkenntnis* 3, 204–214.
Newberg, A., E. D'Aquili & V. Rause, 2003: *Der gedachte Gott*. München: Piper.
Orr, H. A., 1996: „Darwin vs. Intelligent Design (Again)". *Boston Review* 21 (6), 28–31.
Paley, W., 1809: *Natural Theology: or, Evidences of the Existence and Attributes of the Deity*. 12th edition London: Printed for J. Faulder.
Pallen, M. J. & N. J. Matzke, 2006: „From *The Origin of Species* to the origin of bacterial flagella", *Nature Reviews Microbiology*, 4, 784–790.
Pawlik, M., 2006: „Halten wir es doch einfach wie mit dem Yeti", FAZ 04.05.2006, 35.
Phillips, D. Z., 1968: *The Concept of Prayer*. 2nd ed. London.
Plantinga, A., 1974: *The Nature of Necessity*. Oxford: Clarendon Press.
Plantinga, A., 1977: *God, Freedom, and Evil*. Grand Rapids, MI: Eerdmans.
Plantinga, A., 1983: „Reason and Belief in God", in: A. Plantinga & N. Woltersdorf (Hg.) *Faith and Rationality. Reason and Belief in God*. Notre Dame/London: University of Notre Dame Press, 16–93.
Plantinga, A., 1993a: *Warrant: The Current Debate*. New York/Oxford: Oxford University Press.
Plantinga, A., 1993b: *Warrant and Proper Function*. New York/Oxford: Oxford University Press.
Plantinga, A., 2000: *Warranted Christian Belief*. New York/Oxford: Oxford University Press.
Plantinga, A., 2011a: „Gott und Notwendigkeit", in: Bromand/Kreis 2011, 453–482. (Dt. Übersetzung des Kapitels 10 „God and Necessity" aus A. Plantinga 1974, 196–221)
Plantinga, A., 2011b: *Where the conflict really lies*. Oxford: Oxford University Press.
Rapp, C., 2010: „Einleitung", in: Epikur 2010, IX-LIV.
Ratzinger, J., 2005: „Die Seele Europas. Die gläubigen Christen sollten sich als schöpferische Minderheit verstehen". *Süddeutsche Zeitung* 13.04.2005, S. 8. (http://www.sueddeutsche.de/politik/2.220/die-seele-europas-die-glaeubigen-christen-sollten-sich-als-schoepferische-minderheit-verstehen-1.914738)
Rey, G., 2007: „Meta-Atheism: Religious Avowal as Self-Deception", in: L. M. Anthony (Hg.) *Philosophers without God*. Oxford/New York: Oxford University Press, 243–265.
Ricken, F., 2003: *Religionsphilosophie*. Stuttgart: Kohlhammer.
Rowe, W. L., 2007: *Philosophy of Religion. An Introduction*. 4th ed., Belmont CA: Thomson Wadsworth.
Russell, B., 1997: *Religion and Science*. Oxford: Oxford University Press.
Schnabel, U., 2008: *Die Vermessung des Glaubens*. München: Karl Blessing Verlag.
Schnädelbach, H., 2007: „Der fromme Atheist", in *Neue Rundschau* 118, 112–119. (Wieder abgedr. in: M. Striet (Hg.) *Wiederkehr des Atheismus*. Freiburg: Herder, 11–20)
Schreiber, M., 2007: „Die Reise ins Licht". *Der Spiegel* 15/2007 (07.04.2007), 120–134.

Schröder., R., 2008: *Abschaffung der Religion? Wissenschaftlicher Fanatismus und die Folgen.*
 Freiburg: Herder.
Searle, J., 1998: *Mind, Language and Society.* New York: Basic Books.
Smoltczyk, A., 2007: „Der Kreuzzug der Gottlosen". *Der Spiegel* 22/2007 (26.05.2007), 56–69.
Sobel, J. H., 2009: *Logic and Theism.* Cambridge: Cambridge University Press.
Streminger, G., 1992: *Gottes Güte und die Übel dieser Welt.* Tübingen: Mohr Siebeck.
Swinburne, R., 1987: *Die Existenz Gottes.* Stuttgart: Reclam. (Engl. Orig.: *The Existence of God.*
 2. Aufl., Oxford: Oxford University Press 2004)
Swinburne, R., 2006a: *Gibt es einen Gott?* Heusenstamm: ontos verlag. (Engl. Orig.: *Is there a*
 God? Oxford: Oxford University Press 1996)
Swinburne, R., 2006b: „Response to a Statistical Study of the Effect of Petitionary Prayer".
 http://users.ox.ac.uk/~orie0087/pdf_files/Responses to Controversies/Response to a
 Statistical Study.pdf.
Thomas von Aquin: *Summe der Theologie.* Die entscheidenden Passagen finden sich in:
 Thomas von Aquin, *Die Gottesbeweise.* Lat.-Dt., Text mit Übersetzung, Einleitung und
 Kommentar hrsg. von Horst Seidel, 3. Aufl., Hamburg: Meiner 1996.
Weber, M., 1976: *Wirtschaft und Gesellschaft.* 5. Aufl., Tübingen: Mohr.
Weber, M., 1982: *Gesammelte Aufsätze zur Wissenschaftslehre.* 5. Aufl., Tübingen: Mohr.
Wittgenstein, L., 1966: *Lectures and Conversations on Aesthetics, Psychology and Religious*
 Belief, hrsg. von Cyril Barrett, Oxford: Basil Blackwell. (Deutsch: *Vorlesungen und*
 Gespräche über Ästhetik, Psychoanalyse und religiösen Glauben. Düsseldorf und Bonn,
 Parerga, 1996)
Wittgenstein, L., 1984: *Über Gewissheit,* in: *Werkausgabe, Band 8.* Frankfurt/M.: Suhrkamp.
Wood, W. J., 2011: *God.* Montreal & Kingston: McGill-Queen's University Press.

Personenregister

Achilles 44, 156
Agamemnon 43f., 156
Alston, W. 142f.
Anselm von Canterbury 52–56, 60ff., 163, 166
Apollon 43f., 156
Aristoteles 56, 68, 164
Arkesilaos 166
Armstrong, K. 134f., 152
Athene 156
Augustinus 119–122, 125, 155

Baumann, P. 168
Bayertz, K. 40
Beckermann, A. 51, 161, 163f., 166ff.
Beecher, H. 31
Behe, M. 97–103, 165f., 168
Benson, H. 46f., 151, 163
Bittner, R. 162
Bluhm, R. 34–37
Böckenförde, E.-W. 155
Bolyai, J. 165
Bouvard, A. 39
Brasse, E. 145
Breivik, A. 122f.
Briseïs 44
Bromand, J. 63ff., 163f.
Buffet, W. 53
Bunge, M. 163
Byrd, R. 45f.

Capone, A. 123
Chryses 43f., 156
Chryseïs 43f., 156
Clifford, W.K. 19–24, 26f., 30, 33, 162
Collins, R. 166
Cowan, C.L. 103
Craig, W. 83, 162, 165
Crombie, I.M. 130f.

d'Arc, J. 144
d'Arrest, H. 39
Darwin, Ch. 90–97, 101, 106f., 166
Dawkins, R. 2, 4f., 29f., 151, 162f.

Dennett, D. 123, 166
Descartes, R. 12f., 55, 57, 60ff., 77f., 80, 140f., 154, 161, 165
Dostojewski, F.M. 29, 153, 169
Duns Scotus 153

Eichmann, A. 123
Encke, J.F. 39
Epikur 109, 156ff., 166
Erebos 9
Eros 9
Euklid 77ff.
Euphorbos 156

Fermi, E. 103
Findlay, J. 75
Flasch, K. 121, 163, 166
Flew, A. 130
Franz von Assisi 144
Frege, G. 57, 60f., 163

Gaia 9
Galle, J. 39
Gast, N. 145
Gates, B. 53
Gaunilo von Marmoutiers 53, 55f., 163
Gauß, C.F. 78
Gettier, E. 148
Geulincx, A. 168
Glei, R.F. 166
Glücklich, K. 105
Gödel, K. 164
Gott, J.W. 29

Habermas, J. 152, 155
Harold, F. 102
Hektor 156
Helù, C.S. 53
Herschel, F.W. 39
Hesiod 9
Hick, J. 122, 125–128, 132
Hildegard von Bingen 144
Hitchens, Ch. 151

Hoerster, N. 2, 5f., 41, 122ff., 134, 163, 166, 169
Homer 156
Huber, W. 116ff.
Hume, D. 17, 40ff., 72f., 77–82, 87–90, 109, 111f., 114f., 118, 123, 151, 163, 165f.

Ijob 119f.
Irenäus 125

Jäger, Ch. 10–14, 161
James, W. 19, 22–26, 30, 151, 162
Jauch, G. 117
Julian von Aeclanum 121

Käßmann, M. 117f.
Kant, I. 17, 56–62, 74f., 79, 82, 130, 163ff.
Karneades 166
Kemmerling, A. 55
Kitcher, Ph. 92f., 96, 106f., 165
Kreiner, A. 120, 166
Kreis, G. 63, 163f.
Krucoff, M. 46f., 151, 163
Kuhlmann, J. 27f.
Kutschera, F. v. 116, 129f.
Kutschera, U. 94–96, 165

Laktanz 110, 166
Le Verrier, U.J.J. 39
Leibniz, G.W. 62, 73ff., 84, 166
Lessing, G.E. 144
Lobatschewski, N.I. 78
Löffler, W. 10, 75f., 104, 133, 137, 147f., 161, 164, 166, 168f.
Loichinger, A. 166
Lukrez 157ff.

Mackie, J.L. 123, 164, 166
Magoo, Q. 139, 167
Mahner, M. 163
Malebranche, N. 168
Marcel, G. 35f.
Matzke, N.J. 101
Miller, B. 163
Miller, K.R. 100f., 166
Mitchell, B. 130f.
Moore, G.E. 12ff.

Müller, B. 29
Mutter Teresa (Bojaxhiu, T. A) 123, 154

Nelson, L. 141, 167
Neurath, O. 141
Newberg, A. 168
Nyx 9

Odifreddi, P. 2
Onfray, M. 2
Orr, H.A. 166

Paley, W. 85ff.
Pallen, M.J. 101
Pascal, B. 25, 163
Patroklos 156
Patzig, G. 169
Pauli, W. 103
Pawlik, M. 2, 5ff.
Persinger, M. 168
Phillips, D.Z. 130f.
Pierre, M.-S. 32
Pilatus 9, 136
Plantinga, A. 63ff., 122, 124f., 147–150, 161, 164, 166, 168f.
Platon 28, 148, 154, 164
Poseidon 156

Quine, W.V.O. 61

Rapp, Ch. 156, 169
Ratzinger, J. 28, 153, 155
Reines, F. 103
Rey, G. 168
Ricken, F. 16f.
Rilke, R.M. 144
Roth, G. 167
Rowe, W.L. 166
Ruse, M. 150
Russell, B. 1, 145

Schnabel, U. 30–34, 45f., 163
Schnädelbach, H. 152f., 160
Schreiber, M. 1
Schröder, R. 2–5
Searle, J. 161
Singer, W. 167

Smoltczyk, A. 2
Sobel, J.H. 64
Sölle, D. 120
Spaemann, R. 1f.
Streminger, G. 166
Swinburne, R. 47f., 166, 169

Tartaros 9, 155
Tennyson, A. 106

Thetis 44
Thomas von Aquin 5, 67–75, 83f., 163
Toynbee, A. 28

Weber, M. 154, 169
Wittgenstein, L. 10–16
Wood, W.J. 162

Zeus 44, 156

Sachregister

a priori 57f., 64, 78f., 82f., 140, 164f.
a posteriori 57f., 85, 164
ad hoc-Hypothese (siehe Hypothesen, ad-hoc-)
Agnostizismus 23, 65
analoge Begriffsverwendung 132f., 136
Analogieschluss 85, 87, 90
analytische Aussagen 57f., 75, 78f., 82, 87, 110f., 128f., 164ff.
Argument 2, 5f., 8, 10, 23, 30, 51f.
Argument der Willensfreiheit (siehe Theodizeeversuch)
Argumente für die Existenz Gottes 51
- kosmologische 6, 27, 51f., 67–85, 105, 109
- ontologische 27, 51–66, 74, 109, 164f.
- teleologische 6, 27, 51f., 67, 85–107, 109, 165
Atavismen 94f.
Atheismus 23
- fromme 152f.
Auditionen (siehe Stimmenhören)
Auge, Evolution des 99f.
Axiom 77ff., 165

Bakteriengeißel 98–101
Bayes' Theorem 113f.
Belohnung 154
beste Erklärung (siehe Schluss auf die)
Bestrafung 120, 154
Betazerfall 103
Beten (siehe Gebet)
Beweger, unbewegter 68, 70, 83
Beweis 52
Bewusstsein 138, 161
Bild 100, 138, 167

Christophorus-Plaketten 15, 42, 44, 47, 51
Chromosomen 96

Definition 59f., 62, 77f.
- Gottes 53, 60, 163
- der Sünde 121
delirium tremens 144, 168

Demiurg 161
descriptio famosa 53
Distanz, epistemische 127

Embryonalentwicklung 94
Erbsünde 119–122, 125f., 155
Erfahrungen 2f., 6, 13, 58, 79, 82, 85, 88, 112, 138, 140, 165
- Alltags- 6, 47
- mystische 5, 137, 145, 147
- numinose 137, 145
- religiöse 48, 137–150, 165
- Sinnes- 143
- von Leid 120
Erkenntnismodell 140
- Cartesisch/Euklidisches 77, 79
- der frühen Neuzeit 77ff.
Erkenntnistheorie 79, 141
- reformierte 147–150, 168
Erwachsensein 153, 160
Evidentialismus 22
Evolutionstheorie 90–97, 100, 105, 142, 149
Existenz, Begriff der 56f., 59–62

fine tuning 104f., 149
Flagellum (siehe Bakteriengeißel)
free will defence (siehe Theodizeeversuch, Argument der Willensfreiheit)
Freitag, der 13. 15
Fünf Wege 67–73
Funktion 165

Gebet 9f., 15, 43–47, 51, 135, 151, 163
Gedankenlesen 42
Gen 96f., 100
- Pseudo- 100, 166
Genom 96f., 100
Geometrie 77ff.
- euklidische 77ff.
- nicht-euklidische 78f.
- hyperbolische 79
Glaube 2, 6, 9–13, 15f., 18, 23ff., 34, 48, 119, 135, 151, 153f., 160
Glaubensbekenntnis 9, 136, 161

Gnade 121, 156
Gott, Begriff 52, 57
Gottesbeweis 5f., 27, 51f., 56f., 61ff., 65, 163ff.
Gründe 1–8, 10–13, 15–26, 35, 65, 73–76, 88, 115, 128, 130f., 146, 151, 153, 169
- empirische 11f.,
- epistemische 1, 19, 26f., 30, 32–35, 37, 52, 137, 151, 161ff., 165
- nicht-epistemische 19, 26f., 30, 32ff., 36f., 151
Gültigkeit 51f., 56, 71, 166
- deduktive 52, 166
- nicht-deduktive 52, 111, 166

Hades 155
Halluzinationen 144f., 168
Hellsehen 45
Hoffnung, selbsttäuscherische 34–37
Hypothesen 11ff., 15f., 22, 113ff.
- *ad hoc-* 48, 102f., 122
- wissenschaftliche 11, 15f.

Individuenkonstante 164
intelligent design 97–103, 168
intuitiv gewiss 12, 77ff., 80, 140
Intuition 78ff., 82
- rationale 78ff.
irrational (siehe rational)

kalam-Argument 83
Kennzeichnung 163f.
Kohärentismus 161
Komplexität, irreduzible 98–103, 166
Konklusion 51f., 56, 64f., 68, 72, 83f., 89
kontingent, Kontingenz 6, 13, 27, 63, 67, 71–74, 84f.
Kreationismus 91ff., 97
Kultur 2ff., 22, 126, 143

Leben nach dem Tode 14f., 157
Lebewesen 51, 85, 87f., 90f., 93–97, 100, 102, 104ff., 109, 126, 157, 165
Leid 7, 27, 33, 89, 106f., 109–122, 124f., 127–132, 135, 151, 153, 159
Likelihood 113ff.
Likelihood-Regel 114

Lotto 105
Lourdes 30f., 34, 47, 151

Mahdi 22, 162
Maschine 85–89
Mathematik 78f., 165
Maximin-Regel 26
Maximale Vortrefflichkeit 63f., 164
Maximax-Regel 26
Menschenrechte, Menschenwürde 28, 153
Methode des Gegenbeispiels 56
Minimax-Regret-Regel 26, 162
Mögliche-Welten-Semantik 63, 65f., 164
Möglichkeit 13f., 23ff., 42, 55, 59, 62–66, 71–74, 77, 80–84
modus ponens 166
modus tollens 166
Modallogik 62–66, 164
Molekulargenetik 96f.
Moore-Propositionen 12ff.
Moore-Überzeugungen 14

Nationalsozialismus 28
Naturalismus 4, 149
Naturkonstanten 104f.
Neptun 39
Nirwana 14, 33f.
NOMA-Prinzip 163
Normen, moralische 28, 154f., 162
notwendige Wesen 6, 27, 58, 62f., 71–75, 84, 164
Notwendigkeit 27, 57, 62f., 65, 71–75, 102, 164

Okkasionalismus 168
Organe 17, 94f., 97f.
- homologe 94
- rudimentäre 94f.
- Sinnes- 133, 144, 149

Paläontologie 95
Paranormale Phänomene 42, 45, 163
Placebo 31f.
Planet 39, 59, 88, 105, 163
Postulat 77f.
Präkognition 45

Prämisse 51f., 54ff., 64f., 68–72, 83, 88ff., 140, 162, 164
Prinzip vom zureichenden Grund 74–84
Problem des Übels 5ff., 27, 109–136, 151, 154
- logische Version 110f., 128–132
- evidentielle Version 111–116, 132
proper function 148
Pseudogen (siehe Gen, Pseudo-)

Quadrat 55, 59, 62, 164
Quantenphysik 42, 82

Rationalität, rational 2, 10f., 16, 18, 20, 22, 24, 30f., 33f., 36f., 41, 79, 116, 123, 137, 147
reductio ad absurdum 54
Regenmacher 42, 44f., 47
Religion 1–5, 7–10, 14f., 17, 21, 24–29, 32f., 43f., 76, 109, 135, 150, 152f., 161, 165
Religionskritiker 2, 5, 27, 29, 118, 129, 151
Religionsphilosophie 7f., 27, 79, 148
Repräsentation 55, 149, 167f.

Scheintod 163
Schluss auf die beste Erklärung 43, 52, 84, 87, 90ff.
Schmerz 7, 27, 31, 36, 106f., 109–116, 118–123, 125, 127–132, 155–159
Seele 1f., 78f., 149, 157
sensus divinitatis 148f., 168
sensus spiritatis 168
Sinnlosigkeit der Welt 27
Sozialismus 2
Spontanheilung 31, 40
Stalinismus 28
Stimmenhören 137, 144f.
Substanzerhaltung 79
Sühneopfer Jesu 125
Sünde 10, 119–122, 125f., 155
synthetische Aussagen 57, 79, 164f.

Telekinese 42, 45
Telepathie 45
Theismus 23, 161
Theodizee 7, 116, 118, 122, 126, 128, 132, 166
Theodizeeversuch 116–128
- Augustinus' 119–122
- Argument der Willensfreiheit 122–125
- irenäischer 125–128
- Margot Käßmanns 117f.
- Wolfgang Hubers 116ff.
Theologie, negative 134ff.
Tod 1, 10, 14f., 20, 35, 43, 46, 90, 106, 117–120, 123ff., 129ff., 135f., 144, 147, 152, 154–159
Typ-III-Sekretionssystem 100f.

Übel 2, 5ff., 27, 109–113, 116, 118–129, 131ff., 136, 151, 154, 157, 166, 169
- moralische 112, 122f., 127f.,
- natürliche 112, 122, 127
übernatürliche Kräfte und Wesen 5, 8, 34, 37, 39f., 42ff., 46–49, 76, 102f., 105, 114, 126, 132, 137, 146, 148f., 151, 160, 169
Überzeugungen 1–8, 9–16, 18–22, 24, 27f., 32ff., 36f., 43, 80, 84, 86, 115, 134, 137ff., 141ff., 145–148, 160ff., 168
- Alltags- 11, 15f.
- basale 147f.
- Manifestations- 147ff.
- religiöse 1f., 5–8, 9–16, 18, 24, 147f.
- Wahrnehmungs- 137ff., 141ff., 145ff., 168
unübertreffliche Größe 63ff., 164
Uranus 39
Urheber, intelligente 27, 85–91, 102, 104f., 107, 112
Urknall 70, 83f.
Ursache 27f., 44f., 48, 67–77, 80–85, 88, 92, 102, 105, 112f., 118, 122, 133, 140, 144, 151, 165, 167
Ursachen
- Ketten von 67–72, 74f., 83ff.
- unendlicher Regress von 68, 70, 73f.

Vernunft 6, 16ff., 77, 161
Vernünftigkeit 5–8, 14, 16ff., 34, 41, 52, 161
Verstand 30, 41f., 53–56, 74, 79, 112, 115, 161

Wahrheit 1ff., 5f., 8ff., 12f., 16–19, 23ff., 27ff., 33f., 37, 52, 57f., 61f., 64f., 71, 76–79, 82, 87, 106, 110, 129, 140, 148, 165f.

Wahrnehmung 17, 42, 77f., 137–149, 167f.
- Eindruck 55, 143–146, 168
- Psychologie 139
- sinnliche 67, 137–143, 145ff.
- religiöse 137, 142–146, 168
- visuelle 137f., 143, 145

warrant 147ff.
Wiedererweckung von Toten 29, 40, 42f., 49
Wille 161
Willensfreiheit, Argument der (siehe Theodizeeversuch, Argument der Willensfreiheit)
Wissen 9, 11ff.

Wissenschaft 1ff., 5, 11, 15f., 24ff., 29ff., 40, 42f., 45f., 48, 77, 82, 102f., 126, 135, 142, 144f., 149, 163
Wunder 5, 31, 40–43, 47f., 51, 119, 124
Wunderheiler 42, 44
Wunschdenken 29, 30, 35

Zweck 86ff., 90, 93, 98ff., 109, 127, 129–132, 166
zweckmäßige Dinge 6, 27, 51, 85–91, 97, 106
Zweifel 10–16, 77
- methodischer 13

www.ingramcontent.com/pod-product-compliance
Lightning Source LLC
Chambersburg PA
CBHW052056230426
43662CB00037B/1981